公開性の根源
秘密政治の系譜学

大竹弘二

太田出版

公開性の根源

——秘密政治の系譜学

目次

公開性の根源

——秘密政治の系譜学

序論　前室の権力

本書の出発点となっているのは、例外状態が今日の政治のパラダイムになりつつあるという認識である。これは、すでによく知られるようになったジョルジョ・アガンベンのテーゼに示唆されたものである。ただし本書は、アガンベンが行っているような、ファシズムの強制収容所を範型とする生政治の分析には踏み込まない。政治的なものがしだいに法権利ではなく、生物学や優生学によって規定されるようになるという事態は、さしあたり本書の議論の対象外である。本書で扱われるのは、比較的狭い意味での政治思想史的あるいは文学史的な言説である。分析の焦点が当てられるのは、もし例外状態が「執行権力の出番」(旧西ドイツのアデナウアー内閣の内相ゲアハルト・シュレーダーによる定式)であるとするなら、もっぱら法規範と執行権力との関係である。今日の政治は、執行が規範を踏み越える例外状態の常態化という観点から考察できるのではないか。そのような例外状態においては、「法の規範的側面は統治の暴力によってもののみごとに忘却され論駁されて」[1]しまうのである。

例外状態の理論は法学・政治学者カール・シュミットによって人口に膾炙したものである。しかし本書においては、あくまで主権のもとでの例外状態を念頭に置いていたカール・シュミットの認識がラディカル化される。つまり、執行権力は本質的に、法規範のみならず、最高規範としての主権からさえも自由に活動する性格を持っているのではないか(もっとも後述するように、これはシュミット自身も不本意ながら洞察せざるをえなかった事態であるが)。

本書では、このような法や主権に対する執行の優位が、近代国家の生成期である一六世紀にまで遡って分析される。近代主権概念が誕生する直前のこの時期には、法や道徳から自由な統治技法についての数多くの言説が生み出された。そしてこうした行政統治術の系譜は、近代のポリツァイ学を経て、今日の社会国家(福祉国家)にまで繋がっている。ある意味で今日の国家は、それが生まれた近代初期の原形態に回帰しつつあると見ることができるかもしれない。

近代国家は例外状態のなかから誕生した。その限りで、行政執行の活動にこそ近代

1　ジョルジョ・アガンベン『例外状態』上村忠男/中村勝己訳、未來社、二〇〇七年、一七五頁。

国家の本義がある。このような認識は、初期のシュミットが匿名で発表した論文『独裁と戒厳状態』(一九一六)のうちに見て取ることができる。第一次世界大戦の勃発に伴ってドイツ全土が戒厳状態に置かれたことを機に書かれたこの論文では、フランス革命に始まる戒厳状態の法概念史が記述されている。そのなかでシュミットは、権力分立の「歴史的発展」を追究しつつこう指摘している。

あらゆる国家活動の始まりは行政である。のちになってようやくそこから立法と司法が分離したのである。[2]

すなわち、行政こそが国家の「原初状態」だというのである。そしてこの論文の末尾のほうでは、戒厳状態はこうした「原初状態への回帰」であり、それは「権力分立以前の行政国家」にも似ているとされている。[3] 戦時下のドイツはいわば、リベラルな法治国家というよりも、近代初期の行政国家に近づいているのである(ただしこの論文でシュミットは、戒厳状態も独裁もリベラルな権力分立の単なる廃棄ではないことにこだわっているが)。この初期論文には、行政府の長であるヴァイマル共和国大統領に独裁権限を認めたシュミットの例外状態論の萌芽を見出すことができる。

一九二〇年代のヴァイマル期のシュミットにおいては、例外状態とは主権者が統べるものであった。つまり例外状態においては、たとえ法が宙吊りにされるとしても、主権者によって行政執行の活動がコントロールされるというのである。しかし、主権概念への信頼に基づくこうした議論は、後年になると、もっと悲観的な認識に取って代わられることになる。すなわち、いまや近代的な主権の絶対性は取り返し難く失われてしまったという認識である。

第二次世界大戦後にシュミットがラジオ放送での朗読用テキストとして書いた『権力および権力者への道についての対話』（一九五四）では、主権権力が否応なく直面する限界が主題化されている。つまり、いかに絶対的な権力者といえども、所詮は一個の有限な人間存在にすぎないことから来る限界である。絶対君主であっても、否むしろ絶対君主ほど、自らに与えられた権限と自らの人間能力の限界との齟齬に悩まされる。「直接の権力が権力者個人に集中すればするほど、権力者個人はますます孤立して行く[4]」という逆説があるわけである。権力者を見舞うこうした無力ゆえに、影の権

2　Carl Schmitt, »Diktatur und Belagerungszustand«, in: ders., *Staat, Großraum, Nomos*, Berlin 1995, S. 17.
3　Ebd., S. 19.
4　カール・シュミット「権力並びに権力者への道についての対話」、『政治思想論集』服部平治／宮本盛太郎訳、ちくま学芸文庫、二〇一三年、一六五頁（原文参照のうえ訳文変更）。

力者たちの暗躍を許す秘密の陰謀空間が開かれる。権力者の前にはつねにその権力者に至る通廊や控えの間が形成され、そこでは大臣・侍従・愛妾・侍医などが間接的に影響力を行使する。

　君側の奸なり控えの間なりに対して憤激した所で、それを徹底的に除去できるものではありません。また、この前室自体を迂回して通ることも不可能なのです。[5]

したがって問題とすべきなのは、主権者が鎮座する部屋そのものではなく、むしろそこに通じる「前室」である。主権者のいる表舞台ではなく、それを取り囲む秘密の空間こそ、真に権力が作用する場である。ジル・ドゥルーズとフェリックス・ガタリがカフカの小説との関連で述べているように、「壇上」よりも、「廊下、舞台裏、裏口、隣室」で起こることのほうが重要なのである。[6] ここでのシュミットはいわば、権力の「超越性」ではなく、たえず自らの場をずらしていくその「隣接性」に注目している。これは国家主権の称揚者というシュミットの一般的なイメージに反するように見えるかもしれない。

　シュミットがその思考行程の後期にたどり着いたこのような認識は、直接にはゲオルゲ派の文学史家マックス・コメレルによるシラー悲劇（とりわけ『ドン・カルロス』）

の解釈に由来するものである。[7] しかし同時にそれは、すでにヴァルター・ベンヤミンが『ドイツ悲劇の根源』（一九二八）で（シュミットの『政治神学』での主権理論を批判しつつ）展開していたバロック主権論にも極めて類似している。主権者の周りに集い、間接的に権力を行使するバロック宮廷の陰謀家たち。これは主権や法の命令を実行する行政執行権力のアレゴリーである。彼らの存在なくしては、主権者の意志が現実のものとなることはない。つまり、主権的な決断はその可能性の条件としての秘密の権力空間に依存している。この空間は、主権者の決断に実効性を与えもすれば、ときにそれを歪め、あるいは無効にしてしまうような「媒体《メディア》」なのである。

5　同、一六二頁。

6　ジル・ドゥルーズ／フェリックス・ガタリ『カフカ』宇野邦一訳、法政大学出版局、二〇一七年、一〇一頁。

7　マックス・コメレル「行為する人間の創造者としてのシラー」、『文学の精神と文字』新井靖一ほか訳、国文社、一九八八年、一三一―一七三頁。シュミットに対するコメレルの影響については、Reinhard Mehring, »Hitler-Schiller: Carl Schmitts nachgelassene Hitler-Reflexionen im Licht von Max Kommerells Schiller-Deutung«, in: *Leviathan: Zeitschrift für Sozialwissenschaft*, 33 (2005), 216–239; ders., »»Geist ist das Vermögen, Diktatur auszuüben«. Carl Schmitts Marginalien zu Walter Benjamin«, in: Daniel Weidner/Sigrid Weigel (Hg.), *Benjamin-Studien* 2, München 2011, 239–256.

ここでは、法は自分自身を実現することができないというシュミットの有名な認識は、主権者は自分自身を実現することができないという認識へとラディカル化されている。主権者は自らの主権を意のままにすることができない。別言すれば、主権者は統治することができない。まるで超越的な主権者の姿は、統治実践の内在平面のうちに消え去っていくかのようだ。法の執行が当の法そのものを追い越すのがシュミット的な例外状態だとすれば、ここではさらに、統治が法からも主権からも解放されるラディカルな例外状態が現れる。

　後期のシュミットがこうして不承不承ながら顕わにした主権に対する統治の優位こそ、「私たちが生きている例外状態」[8]なのである。そして本書は、こうした意味での例外状態の系譜を近代初期の政治的言説にまで遡ってたどり直すことで、「私たちの時代のこの第一級のアルカナ・インペリイ〔統治の機密〕[9]」の解明を試みる。これはむろん、いまや法的・主権的権力が（ミシェル・フーコーの言う）「統治性」に取って代わられつつあるという認識に繋がるものである。

　だが権力構造のこうした転換を、単なる時系列的な移行として捉えるべきではないだろう。かの例外状態は、法や主権に基づく近代政治の下層につねにすでに存在し続けてきたからである。近代においては法や主権のような規範的審級によって政治の公開性が担保されてきたとするなら、例外状態はつねにその影として取り憑いてきた。

本書が試みるのはいわば、近代的な公開性の根源にあるこの秘密政治の系譜学である。「第Ⅰ部　例外状態としての近代――秘密と陰謀の政治学」では、近代初期のヨーロッパの政治的言説に見られる統治の問題を追究する。ここで対象となる一六／一七世紀は、中世政治秩序が近代主権国家へと移行していく過渡期であり、ヨーロッパ全土を巻き込む宗教内戦の時代であった。つまり、宗教や神学に基づく中世的な秩序は力を失いつつあったが、しかし主権国家という新たな世俗的秩序はいまだ生まれていない混乱期である。この時代の政治的言説の特徴は、「純粋に技術的な関心」[10]に強く規定されているという点にある。すなわち、政治の道徳的な基礎づけよりも、陰謀などの術策を用いた権力獲得や秩序維持のほうに、より多くの理論的関心が注がれるのである。

そうして登場したのが、マキャヴェッリやタキトゥスの影響のもとで展開された国家理性論やアルカナ・インペリイ論であった。このような政治的叡智《プルーデンティア・キウィリス》の理論は、絶

8　ヴァルター・ベンヤミン「歴史の概念について」、『ベンヤミン・コレクション1　近代の意味』浅井健二郎編訳、ちくま学芸文庫、一九九五年、六五二頁（原文参照のうえ訳文変更）。

9　アガンベン『例外状態』、一七五頁（原文参照のうえ訳文変更）。

10　カール・シュミット『独裁』田中浩／原田武雄訳、未來社、一九九一年、二一頁。

対王政の確立以降も、宮廷作法についての教説のうちに残り続ける。しかし、道徳規範に対する一定の自律性をもったこれらの理論は、単なる権力政治論でもなければ、いわゆる「政治的リアリズム」という語で片づけられるものでもない。またそれは、プラトン以来のエリート主義的な秘密政治の理論に尽きるわけでもない。こうした統治技術論は、やがて主権理論によって周辺的なものへと追いやられることになる近代政治のもう一つの系譜を形作るものであり、今日における国家主権の危機をすでに近代の始まりにおいて予感させるものとなっている。

「第Ⅱ部　主権者の憂鬱――代表的公共性の影と光」で扱われるのは、バロック絶対王政期の主権性をめぐる諸問題である。この一七／一八世紀の政治権力は一般に、典礼や祝祭を通じた君主の栄光の上演に特徴があるとされ、その限りで権力の秘密よりも、その公開性のほうが注目されることが多い。つまり、「代表的公共性」(ユルゲン・ハーバーマス)に基づく主権が確立する時代である。

だが、バロック主権者の拠って立つ地盤は、必ずしも安定的なものだったわけではない。まずこの主権者が直面したのは、宗教内戦のなかで噴出した人間情念をいかに克服するかという問題であった。そうしてユストゥス・リプシウスに代表される新ストア主義においては、国家を統治する前提として君主が自らの内面を統治すべきことが説かれるわけだが、しかし、ベンヤミンが読解したドイツ・バロック悲劇、あるいはフランス古典演劇においては、そうした内面統治の難しさが繰り返し主題化される。他方で、絶対主義の典型的な芸術であるオペラ・セリアでは、怒りと復讐の情念を克服するような主権者の「慈悲」が称揚される。こうした慈悲は、法による処罰を宙吊りにする一種の例外状態である。だが、まさにこのような法侵犯を通じてこそ、君主の栄光が「輝き」を得るのであり、法を超えた主権が万人の目に見えるかたちで現前するわけである。そしてこのバロック期の代表的公共性は、市民革命後の近代議会においてもその幾ばくかの名残りを見出すことができる。

「第Ⅲ部　社会国家とその不安——官僚と非行者」では、一九世紀以降の社会国家行政が法の支配に与えた影響が幾つかの文学テキストとの関連で検討されると同時に、二〇世紀における国家危機の徴候としての（フーコー的な意味での）「非行者《デランカン》」の形象について論じられる。

まず、近代国家の官僚制における文書の意味が、メディア論的な視点から考察される。メディア理論家のフリードリヒ・キットラーに倣って言えば、近代的な主体が書字という媒体《メディア》を通じて形成されたように、近代の抽象化された法および法的主体は文書のアーカイヴをその物質的基礎として持ち、また絶えずそれを生産していく。まさにこうした文字の物質性こそが、法の命令や主体化の過程を躓かせることになるのである。

次に検討されるのは、オーストリアの社会保険制度の成立期に労災保険事業に取り組んでいたフランツ・カフカの職業生活である。彼は統計学に基づく保険行政に、法律家として関わっていたサラリーマンであった。こうした観点から見ると、法とその侵犯という彼の文学の主題には、形式的な法の支配が社会国家の行政措置に追い越されるという同時代の統治の変容が反映していることが分かるだろう。

このように法を先回りする行政介入によって社会国家を支える官僚と裏表をなしているのが、周辺的な位置から統治に関与するスパイなどの非行者である。彼らは法と無法が不分明な領域で秘密裏に活動することにより、官僚機構の統治をいわば境界地帯から補完する。だが、二〇世紀に入って隆盛を迎えるスパイ小説で描き出されるのは、国家の防衛のために働きつつも、しばしば当の国家によって裏切られるスパイの姿である。彼らはこうした悲劇のうちで、もはや国家さえも拠り所になりえないような例外状態の空間を顕わにしている。いわば官僚と非行者はともに、法を脱構築する統治を体現する形象なのである。

しかし私たちは、このような例外状態としての統治を政治の本来のあり方とみなすことで満足してはならない。近代的な公開性の原則は無力であり、政治は結局のところ秘密の権力技術に尽きるというわけではない。最終的には、そうした統治の彼岸において、真に政治的なものが発見されなくてはならないだろう。

第I部

例外状態としての近代

——秘密と陰謀の政治学

第1章　主権vs統治

1　民主主義と統治能力

今日、民主主義への疑念が静かに広がりつつあるように見える。民主主義の理念を公然と否定することは、たしかに依然としてはばかられるには違いない。しかし、近代民主主義の基礎である「人民の意志」なるものには、これまでになく不信の目が向けられているようにも思える。そのさい念頭に置かれるのは、あるときは選挙や世論調査に示される「民意」であり、あるときは特定の地域や団体による（しばしば利益誘導を伴う）公共投資あるいは行政給付の要求である。民主主義へのこうした懐疑は、明らかに近年の政治状況によって深まっている。例えば、少なからぬ人達は、政府の公共支出に対する国民の過大な期待が先進諸国の財政危機を深刻化させていることをかねてから指摘している。また、近年各国で高まっているポピュリズム現象は、いまや世界に不安定性をもたらす最大の懸念材料の一つとなっている。このように、現代の政治的危機の多くが民主主義の欠陥に帰せられている。つまり、疑われているのは民主主義の「統治能力《ガヴァナビリティ》」なのである。無責任な民衆《デモス》の支配が統治を危機に陥れるという極めて古典的な問題が、今日の政治情勢のなかで再び浮上してきているのだ。民主的な意志決定と安定的な統治は、果たして両立しうるのか。かくして、現在の民主主義システムが統治の安定を損なっていることに苛立つ人々は、ジャック・ランシエールの言う「民主主義への憎悪」[1]に取りつかれることになる。

実際、新自由主義的な諸価値と親和性をもつ「自由」の理念に比べて、目下のところ「民主主義」の理念は必ずしも旗色が良いとは言えない。とはいえ、これは何も今に始まったことではない。高度経済成長の終焉とともに福祉国家の危機が意識されるようになった一九七〇年代に新保守主義的な「統治不能」論が登場して以来、民主主義の価値切り下げは徐々に進んできた。いわく、政府に対して行き過ぎた要求を課す民主主義の「荷重超過」が「統治能力」の低下をひき起こしている、と。七〇年代半

1　ジャック・ランシエール『民主主義への憎悪』松葉祥一訳、インスクリプト、二〇〇八年。

ばにサミュエル・P・ハンチントンらが執筆した日米欧三極委員会の報告書『民主主義の危機』（邦語タイトル『民主主義の統治能力』）は、終始このようなトーンによって貫かれている。[2] こうして、国民の諸要求の負荷を可能な限り軽減した「小さな政府」が志向されることになる。

九〇年代以降のグローバル化によって、このような言説はますます有力になっているように見える。「新重商主義」とも呼ばれる今日のグローバルな経済競争のなかで、各国はパイとしての「国民総所得」の拡大を至上命令とする。しかし、そのための「国家戦略」においてまず重視されるのは、特定の「成長産業」あるいは「成長分野」を伸ばすことである。こうした「成長戦略」においては、国民への所得再配分は二次的な重要性しか持たなくなるだろう。むしろ、所得の公平性や平等を求める国民の近視眼的な視点は国家の「国際競争力」を低下させ、ひいては国民自身に不利益をもたらすものとして退けられる。グローバル競争の時代にあって、民主主義の「荷重超過」への批判はさらに強固なものとなり、民主主義の危機が加速していくのである。

言うまでもなく、近代においては民主的な意志決定の正統性は「主権」の概念によって担保されていた。すなわち、一六世紀のヨーロッパで誕生したこの歴史的・地理的に固有の概念が、一八世紀以降の人民主権論の基礎となった。近代の絶対主義国家が歴史的に見ていかなる経緯を辿って誕生したにせよ、主権の概念自体は決して単なる事実的な暴力独占に基づく絶対権力を意味するものではない。ボダン、ホッブズ、ルソーのいずれにおいても、主権の本質的定義は、それが「立法権」であるということだ。それは国家のあらゆる実定法の規範根拠であり、統治に規範性をもたらす正統化の源泉である。たしかに、立法者による根源的な法措定は、結局は力に基づくのではないかという問題はある。しかし、主権概念が元来目指していたのは、中世的な宗教規範が崩壊し、宗派内戦に苦しむ近代初期にあって、政治の規範性をより世俗化されたかたちで取り戻すことであった。主権という根本規範がなければ、政治は単なる権力操作の技術に堕してしまったことだろう。

問題は、現代の危機は単に民主主義や人民主権の危機なのではなく、主権の危機、あるいは、この言い方が月並みに過ぎるとすれば、近代の発明物である主権概念が目指していたものの危機ではないかということだ。政治は、より正確に言えば「統治」は、法や主権から離脱しつつあるのではないか。このことは、主権の所在が人格化された君主にあるか、国民もしくは人民にあるかには関わりがない。また、従来の民主主義が国民国家の枠組の内部にとどまっていることを問題視する議論も、ここでは大して

2　サミュエル・P・ハンチントンほか『民主主義の統治能力』綿貫譲治監訳、サイマル出版会、一九七六年。

重要ではない。いま問題にしているのは、ナショナルであれ、グローバルであれ、そもそも統治行為が規範から自立し、正統化の手続きを無用のものにしつつあるという現象であるからだ。統治のこうした変質を前にして、主権の最高の発現である「憲法制定権力」はなお何らかの役割を果たすことができるのだろうか。

これはたしかに古い問題ではある。例えばドイツの社会学の文脈では、すでに戦後の早い時期から、シェルスキーのような保守派であるか、ハーバーマスのような左派であるかを問わず、「産業社会」においてはテクノクラシー的な技術管理が政治的正統化に取って代わるという診断が広く受け入れられていた。だが、正統化のこうした危機を克服しようとするあらゆる努力にもかかわらず[3]、今日、統治はますます技術操作としてのその性格を強めているようにも見える。それはいまや、必ずしも専門家集団を伴う行政官僚機構のテクノクラシーによるだけではなく、統治が国家の外部に民間委託されることによって、すなわち「ガヴァメント」から「ガヴァナンス」への移行によってひき起こされてもいる。

実のところこのことは、単に数十年前から指摘されてきた古い問題であるというのみならず、近代主権国家にとっては、それが誕生当初から向き合わねばならなかったもっとも根本的な問題の一つである。あるいはむしろ、主権概念はまさに統治の技術的性格を克服しようという努力のなかから誕生したのだと言ってもよい。近代の主権理論のこうした意義は、その「世俗化」の機能（つまり中世的な教会権力からの政治権力の自立化）という意義に比べると、考慮されることがあまりにも少ない。近代国家は主権概念によって、技術としての統治行為を馴致することができた。だがいまや、「主権」と「統治」とのこうした接合は切断されつつあるように見える。主権のもとで統治が行われるというのは、分かりやすいが、しかし誤解を招く考え方である。統治というのは、主権による制御が本質的に不可能なのではないか。

まさに統治行為を規範によって拘束することが近代初期における政治理論の最重要の課題の一つであった。近代主権概念はそのために創出されたのだが、しかしそれは、絶対王権のもとで確固たるものとなるまで、しばらくは統治の自立性によって苦しめられた。このことは、一六／一七世紀の政治や文学の諸言説のうちにはっきりと見て取ることができるだろう。そのなかで再三問題にされているのは、主権者を悩ます或るアポリアである。主権理論のこの躓きの石とは一体いかなるものであったのか。私たちは近代初期の政治的言説へと遡行しなければならない。それはまさに、今日の私たちが直面している政治的危機をより根底的に考え直すためである。

3　ユルゲン・ハーバーマス『晩期資本主義における正統化の諸問題』細谷貞雄訳、岩波書店、一九七九年。

2　主権者の転落――カントロヴィッチとシェイクスピア

主権者に付きまとう特有のアポリア。この考察の出発点となるのが、歴史家エルンスト・H・カントロヴィッチの有名な著作『王の二つの身体』（一九五七）である。つまり、王の身体はつねに政治的身体と自然的身体の二重性を帯びている。王の身体には象徴的・儀礼的な側面と可死の個人としての側面があり、いわばそこには神性と人性が共存している、と。この著作は「中世政治神学研究」という副題が付されており、カントロヴィッチはこの概念装置を用いて中世ヨーロッパ王権の詳細な分析に取り掛かる。

しかし、こうした王の身体の二重性は中世王権に固有のものなのか。カントロヴィッチ自身が述べているように、そもそも王の二つの身体という教説は、エドマンド・プラウドンを始めとする一六／一七世紀のエリザベス朝およびスチュアート朝時代のイングランド法学者たちのうちに顕著に見られるものである[4]。これを中世王権全体の分析にまで敷衍したのはカントロヴィッチ特有の歴史理解であり、したがって、この教説の発端はあくまで近代初期に求められなければならない。実際、『王の二つの身体』の冒頭に置かれているのは、まさにエリザベス朝を生きた作家シェイクスピアの悲劇

『リチャード二世』の分析である。カントロヴィッチは一六〇〇年前後に成立したこの劇のうちに、「王の二つの身体」という思想が典型的に表現されていると考えている。

プランタジネット朝最後の王リチャード二世の廃位を描いたこの史劇が舞台としているのは、一四世紀末のイングランドである。だが、シェイクスピアは中世に起きたこの出来事のうちに、宗派内戦がくすぶり続け、いまだ絶対王権が確立したとは言い難い彼自身の時代のイングランドを投影していると見ることができる。ランカスター朝の始祖となるヘンリー・ボリングブルック（のちのヘンリー四世）によって廃位されるリチャード二世は、光栄ある全能の王から弱く悲惨な一個人へ転落する。カントロヴィッチによると、この劇で問題となっているのは、王の二つの身体の一体性というフィクションの解体である。そこでは、王はその政治的身体をはぎ取られ、哀れな自然的身体を顕わにしている。二重の身体をもつ王には、聖なる存在と卑小な存在とがつねに反転する可能性が内在しているのである。

4　エルンスト・カントロヴィッチ『王の二つの身体（上）』小林公訳、ちくま学芸文庫、二〇〇三年、二一、八七頁、参照。

おれの宝石のかずかずをロザリオの珠にかえよう、
おれの豪奢な宮殿を隠者の小屋にかえよう、
おれの華やかな衣装を乞食の衣にかえよう、
おれの意匠を凝らした金杯を木皿にかえよう、
おれの王笏を巡礼の手にする杖にかえよう、
おれの無数の臣下たちを一対の聖像にかえよう、
そして、おれの大きな王国を小さな墓に、
小さな小さな墓に、名も知れぬ墓にかえよう、[5]

いかなる王といえども、不可死で永遠の政治的身体を完全に引き受けることはできない。というのも、彼自身は結局のところ、一個の死すべき人間に過ぎないからだ。

（……）なにしろ、死すべき人間にすぎぬ
王のこめかみをとりまいているうつろな王冠のなかでは、
死神という道化師めが支配権を握っており、
王の威光をばかにし、王の栄華をあざ笑っておるのだ。[6]

シェイクスピアの悲劇の多くは、王座から転落する君主を描き出している。それは、有限な存在者が無限の権能を引き受けざるをえないところから来る悲劇である。

本書の序論で述べたように、すでにカントロヴィッチに先立って、ヴァルター・ベンヤミンは『ドイツ悲劇の根源』(一九二八)のなかで、まさにこの点にバロック時代の悲劇の特徴を見ていた。支配者に認められた絶対的権限と支配者個人の統治能力との「不均衡」[7]が、近代悲劇における君主の憂鬱《メランコリー》をもたらすのである。神にも似た位階を授けられながら彼自身は一個の被造物に過ぎない君主は、主権者として期待されている絶対的決断を担うことができない。主権者はその二重の身体ゆえに、全能の主権者としての自らの役割を果たすことが本質的に不可能なのである。一七世紀ドイツのバロック演劇の主人公とは、このような無力に打ちひしがれて没落する君主たちにほかならない。ベンヤミンにとってはとりわけ、行動できない優柔不断なハムレットこ

5 ウィリアム・シェイクスピア『リチャード二世』小田島雄志訳、白水Uブックス、一九八三年、一二四―一二五頁。
6 同、一一〇頁。
7 ヴァルター・ベンヤミン『ドイツ悲劇の根源(上)』浅井健二郎訳、ちくま学芸文庫、一九九九年、一三〇頁。

そ、こうした近代悲劇の主人公の範型となっている。このように二重の身体に苦しむ主権者というのは、近代初期の悲劇におけるもっとも本質的な主題の一つである。

したがって、王の二重の身体という教説はシェイクスピアの他の悲劇のみならず、バロック時代の悲劇全般に見出されるわけだが、なかでもカントロヴィッチが特に『リチャード二世』に注目するのは、それが近代初期のイングランドの政治状況のなかでとりわけ政治性を帯びた劇となってきたからである。リチャード二世とボリングブルックとの争いは、シェイクスピアの同時代の人々にとっては、時の女王エリザベス一世とその有力な廷臣であったエセックス伯ロバート・デヴルーとの争いを連想させるものであった。この『リチャード二世』は、一六〇一年二月に起こったエセックス伯による蜂起の失敗とその処刑の前後に、シェイクスピア自身それに近いところにいたエセックス派の人々によって繰り返し上演されたと言われている。伝えられているところによると、エリザベスは「私がリチャード二世だということがお分かりにならないのか」と述べて、『リチャード二世』に嫌悪感を示したという。このエピソードが事実かどうかはともかく、この劇に対する彼女の拒否反応は、スコットランド女王メアリー・スチュアートとの王位継承をめぐる争いの記憶もまだ生々しく、宗派内戦も完全に収まったとは言い難い同時代の政治状況を反映したものだと言えよう。この時代の王権はなお脆弱であり、つねに廃位の可能性に怯えねばならなかったのである。

その後『リチャード二世』は、一七世紀後半にはスチュアート朝のチャールズ二世の治世下で上演禁止になったとされている。このようにピューリタン革命後の王政復古期にシェイクスピアのこの劇が嫌われたのは、ピューリタン革命で処刑された「殉教者王」チャールズ一世の運命が人々の意識にありありと記憶されていたからである。カントロヴィッチは、革命期にピューリタン陣営が国王に敵対して掲げたとされるスローガンに言及している。すなわち、「王（King）を守るために王（king）と戦う」。ここでは王の二つの身体の一体性は破壊され、その暴力的分離が白日の下に晒されている。王の政治的身体の名のもとに王の自然的身体が犠牲にされ、チャールズ一世はその殉教者となるのである。とりわけ王党派の人々にとっては、『リチャード二世』は、チャールズ一世を見舞った悲劇を想起させるものであった。

それゆえ、「王の二つの身体」という教説がまさにこの時期のイングランド法学者によって広められたのには、明確な理由がある。それはまさに、絶対的な主権者による統治の確立を目指しつつもその困難に直面していた近代初期の政治的言説の産物だったのである。主権理論のもつ悲劇的性格、あるいはその実現の不可能性は、この時代の人々の意識から決して消え去ることがなかったと言えるだろう。

3　二つの政治神学——シュミットに抗するカントロヴィッチ

『王の二つの身体』は中世の「政治神学」の研究とされているにもかかわらず、そこではカール・シュミットが完全に黙殺されている。両者が扱っている主題の親近性にもかかわらず、カントロヴィッチの著作でシュミットに触れられることは皆無と言ってよい。しかし、三〇年代に亡命するまでドイツの知的環境のなかで成長したドイツ系ユダヤ人のカントロヴィッチがシュミットに無知であったとは考えられない。五〇年代に『王の二つの身体』に先立って書かれたカントロヴィッチの論文を見ると、「政治神学」に関して、「一九三〇年代初頭のドイツでさかんに議論された」問題という注釈がなされている。[8] カントロヴィッチの伝記を著した歴史家アラン・ブーローによれば、これはかつて神学者のエーリク・ペーターゾンが『政治的問題としての一神教』（一九三五）でシュミットの政治神学に差し向けた激しい批判を暗示しているという。[9] いずれにせよ、カントロヴィッチがシュミットの議論をまったく知らなかったということはありえず、彼がほとんどシュミットに言及しないのはそれなりの理由があると考えられる。

実のところ、三〇年代のドイツにおける政治神学をめぐる議論というのは、シュミットとペーターゾンとの論争に限られるものではない。政治神学の親ファシズム的傾向は、シュミットのみならず、ナチスの権力奪取前後の時期にドイツで流行した「ライヒ神学」と呼ばれる思想潮流のうちにも見出すことができるのである。この言説においては、この世の救済に対する終末論的な期待が、（とりわけ第一次大戦敗戦後の）ドイツを苦しめている窮状の克服への期待と結びつけられる。そして、こうしたナショナリズム的な期待の成就をナチス政権のうちに見出そうとしたライヒ神学者たちが少なからずいたのも事実である。ペーターゾンの著作は何よりもまず、このドイツ・ナショナリズム的な政治神学を批判の対象としたものであった。

終末論的な国家救済者を求めるドイツのナショナリズム神話のなかでとりわけ有名なのが、「眠れる皇帝」の伝説である。つまり、いずこかで眠り続けるかつての神聖ローマ帝国の英雄的な皇帝が国難のときに甦り、ドイツを救済するという民間伝承である。眠っている場所がどこであるか、この皇帝が誰であるかについては諸説あるが、この伝説は二〇世紀初めのドイツで新たなリヴァイヴァルを見せており、ライヒ神学の動

8　エルンスト・カントロヴィッチ「国家の神秘」、『祖国のために死ぬこと』甚野尚志訳、みすず書房、一九九三年、三二一、一五〇頁。

9　アラン・ブーロー『カントロヴィッチ』藤田朋久訳、みすず書房、一九九三年、一六三―一六四頁。

向にも少なからぬ影響を及ぼすことになる。そのさいに大きな役割を果たしたのが、詩人シュテファン・ゲオルゲのサークルにほかならない。ゲオルゲらは、いつの日か現実のドイツ国家を超えて復活するはずの「隠れたドイツ」を探し求め、一三世紀の神聖ローマ皇帝フリードリヒ二世に「眠れる皇帝」の任務を託そうとした。かくして、イスラム教徒に対する宗教的寛容で知られるシチリア育ちのこの異端者皇帝が、ゲオルゲ・サークルのうちで一つの神話的な人物像にまで高められることになる。

まさにこのゲオルゲ・サークルのもっとも熱心なメンバーの一人だったのが、若き日のカントロヴィッチであった。その見紛いようもない証言となっているのが、彼の一九二七年の処女作である。すなわち、『皇帝フリードリヒ二世』。戦前に出版されたこの初版の緒言でのみ確認できるエピソードであるが、フリードリヒ二世によって創設されたナポリ大学が七〇〇周年を迎えた一九二四年、カントロヴィッチはサークルの仲間とともにシチリア島のパレルモにある皇帝の柩に巡礼し、「わが皇帝たち、英雄たちに／隠れたドイツ」と刻まれた銘を置いたという。[10] ゲオルゲ派の人々は、フリードリヒ二世が育った地中海・南イタリアのうちに、ドイツの再生をもたらす秘密の地下水脈を探り出そうとしたのである。

したがって、若きカントロヴィッチの『皇帝フリードリヒ二世』のドイツ・ナショナリズム的含意は明白である。たとえゲオルゲ自身がナチスと距離を置いていたとしても、あるいは、ゲオルゲ派のなかからナチスに抵抗する動きが出たとしても、事情は変わらない。例えば、ゲオルゲ・サークルの一員のなかに、一九四四年七月二〇日のヒトラー暗殺計画を首謀することになるクラウス・フォン・シュタウフェンベルク伯爵がいたことは有名である。暗殺計画が失敗し、銃殺される直前にシュタウフェンベルクが叫んだという最後の言葉が伝わっている。「隠れたドイツ万歳」、と。つまり、彼は現実のナチス国家に対する抵抗の拠り所として、来たるべき「隠れたドイツ」の理念に訴えたのである。だが、たとえこうしたエピソードがあるからといって、この種の保守エリート主義的な反ヒトラー運動を過度に称揚する必要はない。ゲオルゲ派に見られる終末論的なナショナリズムがファシズムと一定の親和性をもっていることは、否定さるべくもないのである。

後年のカントロヴィッチは、『皇帝フリードリヒ二世』のこうした危うさを十分に意識していたようである。実際、戦後の彼は『皇帝フリードリヒ二世』を再版することを長い間躊躇していたという。[11] ブーローの伝記によると、カントロヴィッチは、隠

10 Ernst H. Kantorowicz, *Kaiser Friedrich der Zweite*, Berlin 1927, Vorbemerkung. 戦後の再版を底本としている邦訳（『皇帝フリードリヒ二世』小林公訳、中央公論新社、二〇一一年）では、カントロヴィッチによるこの諸言は訳されていない。

れたドイツの勝利とドイツ民族再生への祈りを込めて書かれた二〇年代のこの本が、時代遅れの国家主義を鼓舞する危険があると懸念していたそうである。[12] してみると、戦後の著作『王の二つの身体』には、かつての『皇帝フリードリヒ二世』に対する自己批判が表現されていると見ることも可能かもしれない。すなわち、この世俗的世界のなかで超越を実現することの不可能性である。王の身体の二重性、主権者における神人の共存は、決してそれらの差異の抹消を意味するものではない。カントロヴィッチ自身が言わんとしたこととは異なるかもしれないが、『リチャード二世』の読解から明らかになるのは、主権者の経験的身体は超越的身体を決して引き受けることはできないということである。王の二つの身体はその一体性というフィクションの背後で、つねに対立と分離の可能性を孕んでいる。この限りで、『王の二つの身体』は、ドイツの終末論的な救済を求めるかつてのゲオルゲ派的な立場からの離脱を証言しているとも言える。

カントロヴィッチがシュミットの政治神学への参照を注意深く避けている理由も、ここから理解できるだろう。現世における超越の介入にも似た決断を下すシュミットの主権者は、聖性を担いつつも同時に哀れな一個人へ転落することもあるカントロヴィッチの主権者とは一致するものではない。シュミットの『政治神学』(一九二二)では、たとえ法の内部にあると同時に法の外部にあるという「主権のパラドクス」(アガンベン）が意識されていたとしても、主権者が法の外に遺棄されることで辿る哀れな一個人としての運命は考慮されていない。カントロヴィッチはまさに主権者が免れえないこうした両義性を明らかにしているのであり、その意味で、ブーローが言うように、カントロヴィッチは政治神学についてのシュミットのテーゼを「逆転している」とみなすこともできよう。

後年のシュミットが『王の二つの身体』という著作を知っていたかどうかは不明である。だが、カントロヴィッチへのありうべき反論は、すでにその直前に出版されていたシュミットの後期著作『ハムレットもしくはヘカベ』（一九五六）のうちに見出すことができる。このなかでシュミットは、ベンヤミンの『ドイツ悲劇の根源』に対する反論を試みている。[13] ベンヤミンはシュミットの政治神学を暗に批判し、決断する主権者というバロック絶対王権のイメージを逆転させて、無力で優柔不断な主権者とい

11　Ernst H. Kantorowicz, *Kaiser Friedrich der Zweite*, Stuttgart 1998, S. 6 に付されたエーリヒ・フォン・カーラーの緒言による。
12　ブーロー『カントロヴィッチ』、一二三頁。
13　カール・シュミット『ハムレットもしくはヘカベ』初見基訳、みすず書房、一九九八年、七五―八三頁。

う反対像を差し出していた。その範例としてハムレットを挙げるベンヤミンに対し、シュミットは、こうした憂鬱な君主は単に近代主権国家が成立する以前の状況を映し出したものに過ぎないと反駁するのである。シェイクスピアの劇はいまだ「国家的」ではなく、その意味で「粗野な」もしくは「野蛮な」性格をもっている。したがって、主権者に付きまとう特有の無力は、国家主権が確立するとともに解消されるはずである。ベンヤミンに対するこうした批判は、カントロヴィッチに対してもなされうるだろう。主権者が分裂する二つの身体に引き裂かれるという悲劇的問題は、近代においては起こりえないはずなのである。

しかしながら、シュミットの願望とは裏腹に、近代の主権概念がこの困難を解決できたことは一度もなかった。実のところ、主権者を悩ませるこうしたアポリアは、カントロヴィッチの研究が関心を寄せた中世王権、あるいは主権国家がなお生成途上にあった近代初期の王権だけの問題ではない。さらに言えば、人民主権の定着に先立つ一八世紀までの絶対主義国家のみに当てはまるわけでもない。なぜなら、全能の主権者が自らの物理的限界に躓くということの問題はそもそも、主権権力における権利上の権能と事実上の能力との齟齬に起因するものであるからだ。法措定の絶対的権限を有するとされた主権者は、にもかかわらず実際の統治能力においては必然的に限界をもつ。主権と統治とのこの懸隔は決して埋めることができないどころか、主権者に期待される権能が絶対的であればあるほど拡大していく。主権がその超越の高みに登れば登るだけ、具体的な統治行為の実践はそこから離れていくのである。このことは、君主制のもとであれ民主制のもとであれ変わることはない。それは、主権を一人の人格によって引き受けていたかつての国王だけでなく、近代政治の主権者たる私たち人民も免れえない困難なのである。

したがって、シェイクスピアの悲劇における君主の憂鬱は、今日の私たち自身の憂鬱でもある。統治に関わるすべての政治的決定を主権という一つの規範根拠によって集権的に統御しようという近代の試みは、根本的に不可能性を孕んでいるのではないか。この問いは次のように定式化できよう。主権者は果たして統治することができるのか、と。

4 主権を超える統治

近代の主権概念は決して逃れることのできないアポリアに囚われている。しかしながら、単にこのような主権のアポリアを問題にしているだけでは不十分である。法の最高根拠であると同時に法の外部に遺棄されるという「主権のパラドクス」を指摘して満足している限り、それは単なる思考の閉塞しかもたらさないだろう。「王の二つの身体」という分析は出発点にはなりえても、それ自体としては主権概念をラディカルに再考するところまで達するものではない。私たちは、自らの身体の二重化に悩まされる主権者の悲劇の物語のうちで自足してはならないのである。むしろ目を向けるべきは、超越と経験のこの二重性によって開かれる新たな空間にほかならない。それによって私たちは、悲劇のなかで逡巡する主権者を超えた地平にまで導かれることになるだろう。

この新たな思考の地平は、実のところ、近代初期の悲劇作品でもその姿を見て取ることのできるものである。それを体現するのが、主権者の全能性に対するその統治能力の絶対的不足を補う、あるいはそこに付け込む諸々の人物像である。主権者の回りにはさまざまな人物が徘徊している。それは、シェイクスピアの悲劇ではリア王につき従う道化であり、コルネイユやラシーヌのフランス古典悲劇においては王や皇帝の廷臣たちであり、ドイツ・バロック悲劇においては策を弄する宮廷の陰謀家たちである。彼らの活動する空間はまさに主権者の統治無能力によって作り出されるのであり、主権者の権能はしばしば彼らによって横領される。現実の統治権力が主権から切り離されてしまうのである。君主を支える「宮廷」というのは、こうした両義性に満ちた空間にほかならない。フーコーは指摘している。フランス古典悲劇が行っているのは、君主を主権代表者として現前させる宮廷の儀式と典礼を「反対向きに」することである、と。[14]つまり、そこでは宮廷は、むしろ主権を悲劇的に解体する場として描き出されるのである。

統治権力というのは、主権者を基礎としてというよりも、むしろその背後にあるこうした空間のなかで自立的に作動しているのではなかろうか。この権力の空間のほうこそが、いわば主権の「可能性の条件」をなしているのではないか。こうした新たな地平に関心が向け直されるとき、主権の超越性は、権力の内在性の平面に完全に解消されるとは言わないまでも、この内在平面との離れ難い依存関係のうちで相対化されることになる。主権のもとで統治が行われるというだけでなく、統治行為の効果として主権が生産されるとも言えるのだ。

したがって今日では、「主権」に劣らず、いやそれ以上に「統治」が問題である。だが、これはすでに近代初期の国家理性学派やアルカナ理論家たちが並々ならぬ関心を寄せていた問題でもある。むしろ、もはや中世的な宗教規範は崩壊したが、いまだ近代的な主権概念は確立していないこの時期の政治的言説においてこそ、何らの法規

14　ミシェル・フーコー『社会は防衛しなければならない』石田英敬／小野正嗣訳、筑摩書房、二〇〇七年、一七六―一七八頁。

範にも依拠しない統治のあり方とその帰結についての純粋な思考が展開されていたとみなすこともできるのである。もっとも、新たな政治規範を探し求めていた当時の政治理論家たちにとって、このように単に「技術化」された統治のあり方はもっぱら非難されるべきものにほかならなかった。彼らはマキャヴェッリやタキトゥスに汚名を着せつつ、こうした統治の技術を、公言できない「秘教的な」技法へと追いやった。統治のもつこうした秘密めいた性格は、絶対主義の「代表的（repräsentativ）公共性」（ハーバーマス）が洗練されていくにつれて、徐々に政治理論の主題から消えていくことになる。政治はまさに「公開性」を根本原則とするようになるのであり、それは法の最高根拠である主権者の公的現前によって担保される。統治は主権に下属して、公開性の光のもとで馴致されるのである。

このように公開性のもとでのみ統治に正統性が付与されるというのは、絶対主義の「代表的公共性」のもとであれ、より民主的な「市民的公共性」のもとであれ変わらない。しかし、今日における民主主義への不信は、近代の政治的公開性が機能不全に陥りつつあることの徴候なのではないか。統治から民主主義の「重荷」を軽減しようという近年の風潮に見て取れるのは、統治が政治的公開性の世界から離れて自立化するという事態なのではないか。それを今日ひき起こしているのが、テクノロジーの発達であれ、経済合理性の追求であれ、これはある意味では近代主権概念が誕生する以前の状況の回帰である。つまり、近代初期の政治的著作家たちによって「機密《アルカナ》」と呼ばれた権力空間が再び現れてきているということだ。むろん、当時の政治状況と現在のそれとの安易な同一視はすべきではない。だが、もし現在、統治の規範的正統化が危機に瀕しているとするなら、まさに同種の危機が問題となっていた近代初期の政治的言説に遡行することにも意味があろう。民主主義の再生に向けた新たな思考を探るためにも、公開性から退隠するこの統治空間、すなわち「公開性の根源」にまで遡る必要がある。

したがって、国家主権を前提とした古典的な近代民主主義であれ、そのナショナリズム的な限界を非難するよりラディカルな民主主義論であれ、単に主権概念に問題の所在を見ている限り、民主主義の理論は誤った方向に導かれてしまうであろう。その役割になお期待するのであれ、その危険性を非難するのであれ、主権に今日の政治学の究極的な問題があるわけではない。現在の政治的危機は主権概念によってもたらされているわけではなく、むしろその失効に起因するものにほかならない。仮に近代的な国家主権の再興を図ることがこの危機に対する誤った応答であるとするなら、それは単に、それが時代錯誤の無力な解決策に過ぎないからである。むしろ、まさに主権の可能性の条件をなしている統治の地平を考慮しない限り、民主主義の再生に向けたいかなる試みも不十分のままにとどまるだろう。本書では、近代政治学における主権概念の中心性によって隠蔽されてしまったこの統治空間の系譜を明らかにしていくことになる。これはまた、フーコーが「統治性」と名付けたものを究明するためのささやかな寄与でもある。

主権に対する統治の両義性に満ちた関係。これはまさに、ジョルジョ・アガンベンがその著作『王国と栄光』(二〇〇七)で中心的な主題として取り上げたものである。この著作が解明しようとしているのは、「王国 (regno)」と「統治」との相互依存性であると同時に、それらの必然的な分割にほかならない。統治は「王国」もしくは「栄光」という主権的権威による正統化の契機を不可欠とする。しかし統治はまた、つねにそこから自立して活動する可能性をも孕むのである。主権の行使であるはずの統治行為は、当の主権を無為のうちに追いやって抹消することもありうる。逆に言うと、主権は自らを実効的であらしめるために「執行」されることを必要とするが、まさにその「執行」のうちで自らが無力化されるというパラドクスに囚われるのである。したがって、執行としての統治行為は決して単に主権に従属しているわけではなく、主権の超越性に対して相対的に自立性をもつような独自の内在性の領野を形成している。このように政治権力がつねに超越と内在に分裂するということこそ、近代主権国家の理論が直面してきた根本問題の一つにほかならない。

もっとも、アガンベンはこの考察を、神とその世界統治との関係についての神学的議論にまで遡行させて展開している。つまり、近代国家における主権（「王国」）と統治（「オイコノミア」）との複雑な関係は、すでにそれ以前に神学的パラダイムのうちで議論されていた「無為の神」と「活動する神」、退隠する神と造物主《デミウルゴス》、神の原理《アルケー》とその潜勢力《デュナミス》、「第一原因」と「第二原因」等々の関係が世俗化されたものであるというのである。そこまで思想史的に射程を拡大することは本書の範囲を超えている。本書で重要なのはむしろ、近代国家は神学的な統治機械が孕んでいたアポリアを継承しているというアガンベンの洞察である。すなわち、立法権力ないし主権権力と執行権力ないし統治権力との区別がもたらす超越と内在の二重構造である。[15]近代国家における立法権と行政権の役割分担は、見かけほど分かりやすいものではない。むしろその背後には、主権と統治の関係が孕む本質的な問題が隠れている。アガンベンも引用しているホッブズ『市民論』の一節にはこうある。「最高命令権〔主権〕に属する権利とその執行とは、区別されなければならない。なぜなら、この両者は切り離すことが可能だからである。（……）さて、最高命令権に属する権利とその執行とが切り離されている場合、国家の統治は、万物の第一動因であられる神が、第二原因の秩序を通じて

15　ジョルジョ・アガンベン『王国と栄光』高桑和巳訳、青土社、二〇一〇年、二七二―二七三頁。

自然な結果を生み出される通常の世界統治に似ている」[16]。

統治の執行者は主権者による立法を単に適用しているだけではない。シュミットが指摘しているように、法の執行は、自らが適用しようとしている当の法そのものを超えてしまうことが起こりうる。彼はこれを「例外状態」と呼んだ。これをさらに突き詰めていくことで、「王は君臨（regno）すれども統治（guberno）せず」という有名な言葉のラディカルな含意を引き出すことも可能であろう。執行とは、それが依拠しているはずの当の主権者を無力にすることとさえあるのである。

近代初期の政治的言説においては、このように統治が法規範を超えてしまう可能性がなお強く意識されていた。だがこうした問題は、確立した近代主権国家における三権分立原則のもとでは隠蔽される。執行権力は、主権的決定の場である立法府に従属する行政府へと馴致されるのである。このことが、近代政治学において主権と統治との分離という問題が見えにくくなってしまった理由でもある。主権のもとで統治が行われるというのは、近代主権概念によって構築されたある種のフィクションにほかならない。アガンベンは自らの著作『王国と栄光』の企図を次のように説明している。

統治を単なる執行権力として理解するという誤解は、西洋の政治の歴史における最も重大な過ちのひとつである。その行き着いた先が、近代の政治的な考察が、法、一般意志、人民主権といったような空疎な抽象物の背後で道に迷い、あらゆる観点から見て決定的な問題、すなわち、統治および統治と主権との接合という問題を放置するという事態である。近著〔『王国と栄光』〕で私は、政治の中心的な謎は主権ではなく統治、神ではなく天使、王ではなく大臣、法ではなく警察であることを、より正確にはこれらが形成し動かし続ける、二重の統治機械であることを示そうと努めた。[17]

繰り返すが、統治は主権者の立法を単に適用するだけのものではない。それは主権に飼い慣らされた行政活動に尽きるものではない。統治は本質的に、法や主権から分離していく可能性を孕んでいる。それによって開かれるのは、君主を取り巻く大臣の、法律を執行する官僚や警察の、神の意思を伝達する天使の世界である。統治の空間はいわば主権の「媒体《メディア》」をなしているのである。

16　トマス・ホッブズ『市民論』本田裕志訳、京都大学学術出版会、二〇〇八年、二四九頁。
17　ジョルジョ・アガンベン「民主主義概念に関する巻頭言」太田悠介訳、アガンベンほか『民主主義は、いま?』河村一郎ほか訳、以文社、二〇一一年、一四頁。また、アガンベン『王国と栄光』、五一四—五一五頁も参照。

私たちが近代初期の「公開性の根源」にまで遡ることで探り出そうとするのは、このような媒体《メディア》としての権力空間である。近代主権概念のもとで構築されてきた民主的公開性の諸制度が信頼を失いつつあるなかで、近代政治学のこの地下系譜に目を向けることこそ、民主主義的な統治の再生にとって不可欠と考えるからである。しかしそれは同時に、民主的合意を偽装しているが実際には反民主的であるような政治的公開性に幻惑されないためでもある。その「統治不能」ゆえに「重荷」となった民主主義が、いまやしきりに渇望されている「リーダーシップ」なるものの単なる補完物に切り詰められてはならない。つまり、統治が自らの正統化すなわち「栄光」を、あとはもうポピュリズム的な「喝采」としてしか必要としないようなことがあってはならないのだ。

第2章　政治における秘密

1　現代の「アルカナ・インペリイ」

一九八〇年代にイタリアの政治学者ノルベルト・ボッビオは、現代の民主主義の危機について語るなかで、「アルカナ・インペリイ（統治権の機密 arcana imperii）」の回帰という仮説を提起していた。すなわち、今日の政治は「不可視の権力」によって侵食されつつあり、「アルカナ」、つまり秘密の政治実践がその活動領域をますます拡大させている、と。[1]「アルカナ・インペリイ」という語は、古代ローマの歴史家コルネ

1　Norberto Bobbio, *Il futuro della democrazia*, Torino 1984, pp. 75–100.（英訳 Norberto Bobbio, *The Future of Democracy*, University of Minnesota Press 1987, pp. 79–97.）

リウス・タキトゥスに淵源するものであり、一六／一七世紀の政治的言説のなかでとりわけ活発な議論の対象となった語である。それはまた一八世紀になると、絶対主義の秘密政治（官房政治）を象徴する語として、啓蒙主義の激しい攻撃に晒されることになる。ボッビオはこの古い語を、今日の政治の診断のために呼び戻してきたのである。

このボッビオの主張は、一方では、その当時のイタリアの政治情勢を背景としてなされたものであった。すなわち、左右の両過激派によるテロの応酬が繰り返された一九七〇年代イタリアの特異な国内状況である。このいわゆる「鉛の時代」は、一九六九年一二月一二日にミラノのフォンターナ広場で発生した爆破事件とともに始まる。死傷者一〇〇人以上を出し、左翼活動家が容疑者として大量検挙されたこの事件は、実際には左派勢力に対する市民の不信を高めることを狙った右翼武装組織の犯行であったが、のみならず、イタリア政府の情報機関の関与もが疑われている。ボッビオは、情報機関のこうした不可視の暗躍、およびそれと表裏一体をなす左翼テロリズムの頻発という一九七〇年代のイタリアの情勢のうちに、政治における不透明性と秘密主義の増大を見て取った。

しかし他方で、ボッビオのアルカナ・インペリイの仮説は、一九七〇年代以降の「ポスト・ケインズ主義国家」に共通する政治現象の診断として持ち出されたものでもあった。つまり、政治運営が経済のマネジメントに還元されていくことに伴うテクノクラシー化の進展である。イタリアの政治に限って言うならば、このボッビオの診断は一九九〇年代以降に登場することになる「実務家政権（governo tecnico）」を予見するものであったとみなせるかもしれない。イタリアでは、選挙制度改革や財政・金融政策などの問題に関して民主的手続きを経て選出された政治家が機能不全に陥ったとき、（一九九〇年代半ばのカルロ・チャンピ政権から二〇一〇年代のマリオ・モンティ政権に至るまで）しばしば非政治家・専門家を中心とする内閣に政権運営が委託されてきた。危機克服のため、政治家たちの統治無能力がテクノクラシーによって補われるわけである。だが、このような専門家政治が決して時限的な臨時措置に尽きるものではなく、今日の政治における不可避の一般的傾向であるとしたら、民主主義の未来は一体どうなるのか。ボッビオの懸念はまさにここにある。

テクノクラシーと民主主義は相反的である。もし産業社会の主役が専門家であるならば、一般市民は主役ではありえない。（……）絶対主義国家の時代には、民衆はアルカナ・インペリイから遠ざけられねばならなかった。なぜなら彼らはあまりにも無知だと考えられたからである。今日では民衆はたしかにそれほど無知ではない。だが、インフレとの闘い、完全雇用、より公平な所得配分といった解決されるべき諸問題は、これまでにますます複雑なものになってきているのではないか。[2]

ガヴァナンスの危機を克服するためのアルカナ・インペリイの回帰は、その反面として民主主義的な公開性の危機をもたらすわけである。

これはたしかに古典的な問題ではある。実際、良かれ悪しかれ政治はつねに一定の秘密活動を伴うというのは繰り返し指摘されてきたことである。それは、あるときは円滑で安定した政治運営のために必要なものとして擁護され、またあるときは政治的腐敗の徴候として非難される。政治学者カール・J・フリードリヒは、暴力・裏切り・汚職といった現代の政治的病理を分析した著作『政治の病理学』（一九七二）のなかで、そのような病理現象の一つである「秘密主義」について論じている。[3] 彼もまた、こうした秘密主義の典型を絶対主義時代のアルカナ・インペリイに見ているが、同時にそれは、近代民主主義のもとでもなお役割を失っていないともされている。秘密主義はたしかに、人民を前にした政治過程の透明性・公開性という民主主義の原則とは相容れないものである。しかし他方で、秘密主義は今日でもやはり立法過程（委員会の非公開など）、行政過程（公務員の守秘義務など）、司法過程（陪審審議の秘密厳守など）において、そしてとりわけ外交上の機密に関して必要とされているのであり、その限りで、近代民主主義政治から完全に排除されたわけではない。フリードリヒの見るところ、秘密主義は今日の政治活動においても少なからず有益な機能を果たしているのだ。それゆえ、「秘密主義は、どんなに事細かく論議しても取り除けない、民主主義政治の根本的逆説をなしている」[4]。

だが、非公開と秘密主義には一定の機能と役割があるとしても、フリードリヒが同時代の全体主義を念頭に指摘するように、それが市民にとって抑圧的なものへ転化する危険はつねに残っている（「今世紀の全体主義のもとでは（……）万人に関係することがますます再び統治の機密（アルカナ・インペリイ）になってしまった」[5]）。秘密主義のこうしたネガティヴな側面はいかにして予防できるのか。フリードリヒの結論は極めて妥協的に見える。つまり、適切な程度の秘密保持によって、公開と非公開とのあいだに健全なバランスを取るということである。この「民主主義政治の根本的逆説」

2　Ibid., p. 22.（英訳 p. 37）
3　カール・J・フリードリヒ『政治の病理学』宇治琢美訳、法政大学出版局、一九九七年、一九五―二一二頁。
4　同、一九八頁。
5　同、二一一頁（原文参照のうえ訳文変更）。

は、このようにプラクティカルに解決するしかないのだろうか。

　事実上いかに困難だったにせよ、政治から秘密を追い払うことが近代民主主義の中核をなす要請であったことは疑いない。一八世紀の啓蒙主義の光は、絶対主義における秘密政治（官房政治）の闇を照らし出し、それを人民の前で明らかにしようとした。公開性の要求は啓蒙のプロジェクトの核心である。ルソーは人民の利益を害する「卑小な軽蔑すべき謀略」としての「国是《マクシム・デタ》と官房の神秘」を激しく批判している。[6]秘密もしくは「アルカナ」は、啓蒙主義が絶対主義という敵を弾劾するための闘争用語として用いられていたのである。カール・シュミットは公開性の原則の発生に関して、「一六／一七世紀の多数の著書を支配している国家機密すなわち「国家の機密《アルカナ・レイ・プブリカエ》」の理論」に触れた上で、こう述べている。

> 公開性の要求は次のような考えを自らに固有の敵としている。つまり、すべての政治にはアルカナ、すなわち政治的・技術的な秘密が属し、実際、絶対主義にとってこうした秘密は、私有財産と競争に立脚する経済生活にとって業務上ならびに経営上の秘密が必要であるのと同じように必要である、という考えである。[7]

公開性の原則は絶対主義のアルカナとの闘争のなかから、そのアンチテーゼとして誕生したというわけである。

こうしてフランス革命以後、公開性こそが政治の第一の基礎となる。カントが公開性を道徳と法秩序の原則とみなし、また、ベンサムが恣意的な権力行使の予防策として言論・出版の自由を強調して以後、公開の討議は近代民主主義の疑われることのない前提となっている。政治的正統性の源泉は、もはや支配者が手にしているアルカナではなく、ほかならぬ「世論」となるのである。その反面、一九世紀以降の市民社会では、秘密は私的なものの領域に移植される。ゲオルク・ジンメルが秘密についての社会学的考察のなかで述べているように、近代社会における秘密は社会の個人主義的な分化の一契機である。[8] つまりそれは、他者からの干渉を拒む近代的個人の私的空間

6　ジャン＝ジャック・ルソー『政治経済論』河野健二訳、岩波文庫、一九五一年、二七頁。「国是＝マクシム・デタ（maxime d'État）」とは、フランスの政治学者ガブリエル・ノーデが『ク・デタについての政治的省察』（一六三九）のなかで「ク・デタ（coup d'État）」の対概念として提起した語であり、君主が平時に用いる（法を侵犯しない）統治実践を指している。これについては本書の第8章を参照。

7　カール・シュミット『現代議会主義の精神史的地位』稲葉素之訳、みすず書房、二〇〇〇年、五一頁（原文参照のうえ訳文変更）。

8　ゲオルク・ジンメル『社会学（上）』居安正訳、白水社、一九九四年、三七五頁。

を保護するという機能を果たすのである。そうなると、いまや秘密は公的・政治的領域からは駆逐され、個人のプライヴァシーとしてのみ存在するようにも見える。

だが、今日の政治においても秘密主義の機能と役割があるというフリードリヒの主張を顧慮するとすれば、近代の啓蒙のプロジェクトは根本的に不可能なことを企てていたということなのか。建前上いかに公開性が要求されようと、統治の合理性や安定性のためには一定の秘密が不可欠なのか。だとすると、かつてのアルカナ・インペリイの回帰は不可避なのだろうか。

危機にある民主主義の再検討のためには、まさに公開性の根源にあるとも言えることのアルカナ・インペリイの概念を出発点とすることができる。近代初期の政治的言説へ遡ってみるとき、タキトゥスに由来するこの語は、中世的な宗教規範からの自立性を獲得しつつあった統治術を指す鍵語として用いられていたことが明らかになろう。そして近代主権概念は、こうした統治術との鋭い緊張関係のなかから誕生してきたのである。主権というものが、(絶対主義的な)君主の代表的現示であれ、(民主主義的な)公共の討議であれ、公開性に基づく正統化であるとすれば、アルカナはむしろこうした公開の舞台から遠ざけられたままであらねばならないような秘密の統治実践にほかならない。かくして問題はここでも、主権と統治との対立関係である。統治を人民主権すなわち民主的公開性のもとに服させることはいまなお可能なのか。いささか迂遠にも思える本書でのルネサンス期およびバロック期の政治理論への遡行は、まさにこうした理論的課題ゆえに要求されるのである。

2　神秘とアルカナ

啓蒙主義が絶対主義の護教論として攻撃した「アルカナ・インペリイ」。エルンスト・カントロヴィッチはある論文のなかで、絶対主義初期におけるその典型的な使用例であると彼がみなす事例を挙げている。つまり、一七世紀初めに絶対王政の代表的イデオローグであったイングランド国王ジェームズ一世が好んで用いたとされる「国家の神秘（mysteries of state）」という語である。まさに「国家の神秘」と題されたこの論文でカントロヴィッチは、ジェームズ一世が愛用したこの語がラテン語の「アルカナ・インペリイ」の翻訳であるとみなしている。[9] その博識で知られ、いわゆる王権神授説を自ら唱道したこの国王は、タキトゥスに由来するアルカナ・インペリイの語を王権

9　エルンスト・カントロヴィッチ「国家の神秘」、『祖国のために死ぬこと』、三三頁。

の神秘的根拠付けのために援用したのだ、と。そのさいこの語は、異教世界である古代ローマ時代にタキトゥスが用いていた元々の用法を離れて、むしろキリスト教的な含意のもとで解釈されることになる。すなわち、カントロヴィッチによると、それは君主権力を神学的に基礎付ける「政治神学」の表現だというのである。

近代初期におけるアルカナの用法のこうした解釈は、もしカントロヴィッチが想定するようにジェームズ一世の言う「神秘」が「アルカナ」と同義であるとすれば、もっともらしいようにも思える。たしかに、ジェームズ一世が王権神授説の核心として「神秘」の語を繰り返し用いていることは事実である。彼は一六一六年六月二〇日に星室庁で行った演説のなかで言明している。

> 王権の神秘に関わる事柄に異議を唱えることは認められない。なぜならそれは君主の弱みに付け入り、神の座にある君主に対して払われるべき神秘的な畏怖の念を傷つけることだからである。[10]

「国家の神秘」とは、それを議論することも、その根拠を探ることも許されないような政治の秘密なのである。しかしここでは、アルカナが王権のこうした神秘的基礎を示す言葉であったのかということを改めて問うてみなければならない。「アルカナ」

と「神秘」をこのように同義の概念とみなすことはできるのか。

この論文での「国家の神秘」に対するカントロヴィッチの関心。これは、著作『王の二つの身体』で本格的に展開されている「神秘(的身)体(corpus mysticum)」の議論と密接に結びついている。[11] 国家とは「神秘」をまとった一つの「身体」である。彼によれば、中世以降徐々に広がりを見せたこの「神秘体」という比喩が、絶対王政期の政治神学にまで引き継がれたというのである。

国家を一つの人間身体に喩えるレトリックそれ自体は極めて古く、長い伝統を持っている。[12] 例えば、アリストテレスの『政治学』では、国家を諸部分に先立つ有機的全体として規定するさいに、こう述べられている。

10 James I, "A Speach in the Starre-Chamber. The XX. of Jvne. Anno 1616", in: ders, *The Political Works of James I*, Russell & Russell 1965, p. 333.

11 カントロヴィッチ『王の二つの身体(上)』、二五五—三五〇頁。

12 古代ギリシアから近代に至るまでのこうした「政治体(body politic)」の比喩については、D・G・ヘイル「政治体のアナロジー」、A・P・ダントレーヴほか『国家への視座』佐々木毅ほか訳、平凡社、一九八八年、六二—七六頁、参照。また、こうした比喩の伝統をカントロヴィッチの議論との関連で論じているのは、Ethel Matala de Mazza, *Der verfaßte Körper*, Freiburg im Breisgau 1999, S. 49–129.

国家は、家やわれわれ各人よりも、自然によって先なるものである。（……）たとえば、身体全体が滅びたら、足も手ももはや存在しないであろう。[13]（一二五三a）

同じような身体性の比喩はキリスト教神学においてもその当初から馴染み深いものであり、すでにパウロは新約聖書のなかで頻繁に「キリストの体」について語っている。

体は一つでも、多くの部分から成り、部分の数は多くても体は一つであるように、キリストの体の場合も同じことが言えます。（……）あなたたちはキリストの体であり、また、一人一人はその部分です。（「コリントの信徒への手紙」第一二章一二―二七）

ここで人間の身体に喩えられているのは、むろん国家ではなく、信仰共同体である。この身体の「頭」は「キリスト」であり、その働きによって「おのおのの部分」としての信徒たちが結合し「体全体」を形作るというわけである（「エフェソスの信徒への手紙」第四章一五―一六）。キリスト教とともに、人々の社会的結合についてのこうした身体的イメージは一つの神秘の衣をまとうことになる。カントロヴィッチによれば、キリスト教に発するこの「神秘体」の思想が、近代初期の絶対主義国家に流れ込んでいったとされる。

パウロが用いた身体的比喩は、中世になると、信徒たちの有機的な結合である教会のイメージとして利用されることになる。つまり教会制度こそが、キリストあるいはその代理である教皇を「頭」とする「キリストの体」であるとされるのである。カントロヴィッチの記述に従えば、一二世紀頃には教会は「キリストの神秘体」と呼ばれるようになるわけだが、この「神秘体」という語は、元々は新約聖書に由来するものではなく、カロリング朝以降の神学者がパンや葡萄酒といった聖体（ホスチア）を指すのに使っていた言葉であった。本来はこのように系譜を異にする「神秘体」の語が徐々に教会制度の説明に転用されていくことで、教会は物質の精神化という秘蹟上の意味を帯びて、永遠不滅の身体を備えた霊的団体へと高められる。つまり、単なる自然的身体を超える象徴的身体としての「教会の神秘体（Corpus Ecclesiae mysticum）」が成立するのである。

カントロヴィッチの「中世政治神学」が関心を寄せるのは、まずは教会について言われていたこの「神秘体」の思想が世俗の政治権力へ転用される経緯である。中世政

13　アリストテレス『政治学』牛田徳子訳、京都大学学術出版会、二〇〇一年、一〇頁。

治秩序についての有機体論的な比喩である「神秘政治体」は、教皇を頭、王や皇帝を四肢とするものであったが、しだいに自立化していく政治権力は「神秘体」のイメージを教会の手から奪い取っていくことになる。つまり、キリストや教皇を頭とする「教会の神秘体」から、君主を頭とする「国家の神秘体（Corpus Reipublicae mysticum）」への転換である。このような世俗化によって、「神秘体」は擡頭しつつある近代国家の自己主張に利用される。同時に、身体の超自然的な永遠性という神秘的性格も、教会から政治権力に移植される。この政治的身体は、自然的身体とは違って決して死ぬことがない。一六／一七世紀のイングランド法学者たちに顕著に見られるような、王はその物理的身体とは異なる象徴的身体を持つとする「二つの身体」の教説が、中世後期に登場するわけである。

かくして、絶対主義的な「国家の神秘」の核心にあるのは、国家という神秘的な身体の頭部としての王が不可死であるという観念である。それこそが、国家を永遠に持続する有機的連続体として存立させるのである。君主を頭部とする身体という国家の有機体的比喩は、一二世紀のソールズベリーのヨハネス（ジョン）による政治論『ポリクラティクス』や、一五世紀イングランドの法学者ジョン・フォーテスキューの著作を始め、近代に至るまで繰り返し用いられることになる。

近代初期に見られる「アルカナ」の用法には、国家と人間身体とのこうしたアナロジーを前提としたものがあることは事実である。実際ルネサンス期には、一つの宇宙論的な体系のなかで政治と医学のあいだにある種の共通性が見出され、フランスの神学者ヨハネス・ミヒャエリスの著作『政治体の解剖学』（一五六四）に代表されるように、政治の観察が人体の生理学的診断の比喩で語られることが頻繁に行われた。よく知られているように、パラケルススは当時の錬金術的パラダイムに基づいた医学論『パラグラヌム』（一五三〇頃）のなかで、「アルカナ」の概念に重要な位置を与えている。それは、薬草から抽出された治療用の秘薬を指す言葉として使用されているが、同時にまた、その秘薬が作用を及ぼす人体の内なる秘密をも意味している。おそらくパラケルスス自身は、タキトゥスを意識していたわけではまったくない。だがこの時期、政治と医学とのアナロジーは馴染みのものとなっており、例えばタキトゥスは、政治の病理を診断し、処方箋を指示した著作家として、「政治のヒポクラテス」（トライアーノ・ボッカリーニ）とも呼ばれることになる。身体の内奥の「アルカナ」に関わるという点では医学も政治も同じであり、医者が人間の自然的身体に対して行うことを、政治家や政治学者は政治的身体に対して行うのだと言えるだろう。

　歴史家カルロ・ギンズブルグによると、一六／一七世紀におけるこうした「アルカナ」概念が意味するのは、人間が知ることを禁じられた「高きもの」の存在である。[14]宇宙論において「自然のアルカナ（arcana naturae）」が、宗教において「神のアルカナ（arcana Dei）」があるように、政治においても「アルカナ・インペリイ」がある。ルネサンス期の新プラトン主義的な流出論のなかでは、これら自然・神・政治の諸領域には一つの連続性が想定され、どの領域でも同じように人間の知識の限界が設定されるのである。むろんこのような知的探求の禁止はすぐに啓蒙主義によって踏み越えられることになるが、近代初期にはそうした不可知性の意識が、既存の政治的・宗教的ヒエラルキーの保持に役立っていた。ジェームズ一世の「国家の神秘」が、当時のこうした思想的地平の上で主張されていたことは確かである。それゆえ、「神秘」が「アルカナ」の訳語であるというカントロヴィッチの解釈は支持されるようにも見える。

アルカナ・インペリイは、国家についての神秘主義を表現している語なのだろうか。アルカナとは、国家という政治的身体の有機的統一性を保証し、それを不可死で永遠不滅のものとするような一つの神秘的基礎なのか。たしかに、その語に付きまとう神秘的含意は払拭できない。しかし実のところ、一六／一七世紀のアルカナ概念についてのこうした神秘主義的解釈は、近代初期の政治思想史的事実に照らして見るなら、決して正当化できるものではない。

3　国家機械

カントロヴィッチはその著作のなかで国家の身体的比喩に一貫してこだわっている。そして、そのような政治的身体の有機的連続性を維持する機能を果たしていたのが、「神秘体」の観念であるとしている。彼の研究を暗黙の裡に導いているのは、こうした国家神秘主義が現代に至るまで残り続けているという認識であると思われる。つまり、カントロヴィッチ自身が明示的に述べているわけではないが、彼の念頭にあるのは二〇世紀の全体主義の経験にほかならない。『王の二つの身体』では、「国家の神秘」の分析に引き続いて、「祖国のために死ぬこと（Pro patria mori）」の分析が行われる。不死の永遠性は、「教会」から「国王」を経て、最終的に「祖国」の観念に引き継がれる。いまや「神秘体」を体現するのは、自らの永遠性のための犠牲を求める「祖国」となるわけである。

『王の二つの身体』は禁欲的に中世思想史に記述を限定した著作であり、アクチュ

14　カルロ・ギンズブルグ「高きものと低きもの——十六世紀、十七世紀の禁じられた知について」、『神話・寓意・徴候』竹山博英訳、せりか書房、一九八八年、一一三—一三九頁。

アルな問題への言及は注意深く回避されている。だが、この著作に先立って一九五一年に発表された論文「中世政治思想における「祖国のために死ぬこと」」では、祖国のための死を求める第一次大戦時のベルギーの枢機卿の発言が冒頭に置かれ、また、慎重な表現ながらも、いまだその記憶も生々しいヨーロッパ・ファシズムへの言及もなされている。

「神秘体」という中心的観念が、ずっとあとの、つまりつい最近の時代に、民族的、党派的、そして人種的な教義へと移し変えられることによって受けた歪曲のすべてを説き明かすことは、読者にゆだねたい。ミュンヘンでの国民社会主義者の運動に名づけられた、いわゆる「殉教者の墓」という名称（……）は、もともと尊く崇高であった理念を恐ろしく歪めた、最近の民族主義的な狂乱を例示している。[15]

カントロヴィッチの脳裏には、中世以来の「神秘体」の観念が行き着いたこのような帰結がはっきり刻みこまれていたと考えて良いだろう。

しかしながら、自らもユダヤ人として苦しめられた国民社会主義の一つの源泉を探求しようというカントロヴィッチ自身の問題意識はそれとして理解するとしても、思想史的に見て、有機的な政治的身体のイメージは決して一貫した影響力を持ち続けてきたわけではない。というのも、一六世紀以降、一つの有機的身体という国家の比喩は徐々に変質を被ることになるからである。つまり、近代になると国家はしだいに、有機体的というよりは、機械的なものとして把握されるようになっていくのである。

このことは、人間身体そのものについての理解の変化に対応している。すなわち、人間身体の機械化とも呼べる現象である。それは一方では、近代における自然科学、とりわけ解剖学の発達によってもたらされる。一六世紀に神聖ローマ皇帝カール五世の侍医であったアンドレアス・ヴェサリウスが近代的解剖学を打ち立てて以降、ヨーロッパの各大学には一種の劇場的な解剖実演を行う「解剖劇場（theatrum anatomicum）」が設置されていく。それによる人間身体の物理的・生物学的な理解の進展は、政治的身体の脱神秘化をもたらすことになる。また他方では、宗教改革以降にヨーロッパ全土に拡大していった宗教内戦、および一四世紀以来たびたび発生していたペストの流行も、人間身体の有機体的理解を解体する一因となった。これらの出来事を通じて各地にもたらされた陰惨な死体の山は、死して朽ち果ててゆく身体の物質性を顕わに

15　エルンスト・カントロヴィッチ「中世政治思想における「祖国のために死ぬこと」」、『祖国のために死ぬこと』、二七頁。

することになる。それはまさに、三〇年戦争がドイツ・バロック悲劇のうちに刻印したような、有機的身体の「アレゴリー的細断」〔ベンヤミン〕をひき起こすのである。かくして人間身体は、もはや神秘を孕んでいるわけではない機械的な構成物へと変容していく。それとともに、政治的身体もまた、このような単に物理的という意味での人間の自然的身体に近づいていく。

こうした事情は、王を頭とする神秘体のイメージに影響を与えずにはおかない。王は不滅の政治的身体の頭部なのか。血液循環の発見で世に知られるイギリスの生理学・解剖学者ウィリアム・ハーヴェイは、この時代の転換を象徴するような一つの比喩を用いている。一六二八年に彼が出版した『動物の心臓および血液の運動についての解剖学』の冒頭には、自らが侍医を務めていたイングランド王チャールズ一世への献辞が付されているが、そのなかでハーヴェイが述べるところによると、まさに心臓が動物にとって基礎であるのと同じように、国王は国家にとっての基礎である。

心臓は王の活動の神聖な範型でありますから、ご自身の心臓についての知識は王にとって無駄というわけではありません。人々は小事を大事と比べるのをつねにやっておりました。王のなかの王であり、人間の事象の頂点に立っておられる陛下は、この人体の中心的な動力〔心臓〕とご自身の王権の表徴とを同時に考察することがおできになりましょう。[16]

人間身体は頭ではなく、心臓を中心とする血液循環によって成り立つメカニズムである。それに対応して、政治的身体をもまた、王という動力によって動かされる生理学的身体、すなわち一種の機械となる。

ハーヴェイの著作から大きな触発を受けた同時代人の一人が、まさにその友人であったトマス・ホッブズである。同時代の近代自然科学の発展と地平を同じくするホッブズの方法論の合理的性格についてはすでに再三指摘されているが、このことは、彼の国家論が神秘体の比喩から離脱していくのにも寄与することになった。国家は一つの有機体というよりも、人為的に構成される一個の機械にも似ている。「人工的人間」としての「リヴァイアサン」が語られる『リヴァイアサン』冒頭の有名な一節には人間身体の機械論的把握が反映しているが、そこにはデカルトのみならず、ハーヴェイからの影響も見て取って良いだろう。

16 ウィリアム・ハーヴィ『心臓の動きと血液の流れ』岩間吉也訳、講談社学術文庫、二〇〇五年、一八頁（原文参照のうえ訳文変更）。

すべての自動機械《オートマータ》（時計と同じようにバネと歯車で自ら動く機関）が人工の生命を持つと言ってはならないわけがあろうか。心臓は何かと言えば、一つのバネにほかならず、神経はといえば、それだけの数の紐にほかならず、そして関節はそれだけの数の歯車にほかならず、これらが全身体に、製作者によって意図された通りの運動を与えるのではないだろうか。技術はさらにすすんで、自然の理性的でもっともすぐれた作品である、人間を模倣する。すなわち、技術によって、コモン・ウェルスあるいは国家（ラテン語のキウィタス）と呼ばれる、あの偉大なリヴァイアサンが創造されるのであり、それは人工的人間にほかならない。[17]

ホッブズの国家は、人為的に構成され、場合によっては解体することもありうるような構成物である。それはもはや永遠で不可死の神秘的な身体ではない。つまり、リヴァイアサンはまさに「可死の神」（『リヴァイアサン』第二部第一七章）にほかならないのである。

一般に、近代の社会契約論は、中世以来の政治体の有機体的アナロジーを解体したと言われている。国家はいまやその起源と成立についての問いに晒されることで、人為的な契約の産物とみなされるのである。これは解消することもありうる契約であり、ホッブズにおいては、「保護と服従の連関」が失われたときにリヴァイアサンは解体する（『リヴァイアサン』第二部第二一章）。とはいえ、契約論が基礎付けようとした主権論は、依然として国家の有機的統一というイメージを引きずっていることも事実である。ホッブズの関心はあくまで「群衆（multitude）」を「代表（representation）」によって一つの「人格（person）」へと打ち立てることにあり（『リヴァイアサン』第一部第一六章）、こうした人格主義に有機的な政治体のイメージの残滓を見ることも可能である。

したがって、ホッブズのリヴァイアサンには両義性があることが分かる。すなわち、有機体論的図式と機械論的図式の二元性である。それは一方では、その人格主義的な「代表」の観念によって古い有機的な政治身体の思想を受け継いでいると言えるが、他方では、単に個人の物理的生存の保護を目的としたリベラリズム的な技術装置に過ぎない。そこには人格的統一と機械装置との緊張関係が内在しているわけである。

人格と機械へのリヴァイアサンのこうした分裂は、シュミットを始めとする多くの論者が指摘してきたことであるが[18]、それはとりわけ、一六五一年刊行の『リヴァイア

17　ホッブズ『リヴァイアサン（二）』水田洋訳、岩波書店、一九五四年、三七頁（原文参照のうえ訳文変更）。

18　カール・シュミット「レヴィアタン」長尾龍一訳、『カール・シュミット著作集Ⅱ』長尾龍一編、慈学社出版、二〇〇七年、三三―九七頁。

サン』巻頭に付されたかの有名な口絵からも見て取ることができる。そこに描かれているのは、無数の臣民をその肢体、主権者としての国王をその頭部とするリヴァイアサンのイメージであり、その限りで、中世以来の政治的身体の表象に従っているように見える。しかし他方、より厳密な図像学的分析によると、この口絵におけるリヴァイアサンの人体表象の幾何学的な中心地点は、まさにその左胸、すなわち心臓の位置に設定されていることが明らかにされている[19]（図1）。ここにハーヴェイの影響を見るのはそう難しいことではない。実際、『リヴァイアサン』第一部第二四章では、国家に「栄養」を行き渡らせる物資や貨幣の流通が血液循環の比喩によって論じられている。リヴァイアサンという政治的身体を成り立たせているのは、頭（＝主権）なのか、心臓を動力とする生理学的循環（＝経済）なのか。実のところ、人体＝政治体の中心を頭ではなく心臓に見出す考えはアリストテレス以来のものであり、決して新しくはない。だがそれは、いまや国家についての機械論的理解と結びつけられる。国家の有機体的構成と機械的構成との対立は、いわば、国家の主権的・代表的人格性とその物質的現実との齟齬として現れるのである[20]。

したがって、「人工的人間」としてのリヴァイアサンは、象徴的身体と物理的身体とに分裂している。シュミットの解釈に従うとすれば、まさに当初からこうした困難を抱えていたことによって、人格的代表に基づく国家主権はしだいに、単なる中立化された機械としての行政装置によって置き換えられるに至る。つまり、法規範の根拠としての主権に対し、経済を司る行政機構が優位に立つのである。近代の契約論は主権の根拠付けのための理論である限り、有機体論的な観念は完全には消え去っていない。実際それはホッブズ以上に、ルソーのうちにより強固なものとして見出すことができる。

ルソーの契約論では、「一般意志」という統一不可分の規範源泉に主権を集約しようという強い意図のもと、ホッブズの人為的な政治身体に見られた機械論的性格がほとんど払拭されている。しかしルソーにおいてもなお、主権と機械との緊張関係がその痕跡をとどめていると見ることも不可能ではない。たしかに一七六二年の『社会契約論』では、執行権を担う政府に対して主権者の立法が絶対的優位にあることが確定されている。だが、それに先立って一七五五年に出版された『百科全書』第五巻にルソーが執筆している「政治経済学（économie politique）」の項目では、国家の富を拡大

19　とりわけ、Reinhard Brandt, »Das Titelblatt des Leviathan«, in: Philip Manow et al., *Die Bilder des Leviathan*, Baden-Baden 2012, S. 13–41 におけるリヴァイアサンの口絵の幾何学的分析を参照。

20　近代におけるこうした「国家の二つの身体」についての分析は、Joseph Vogl, *Kalkül und Leidenschaft*, Zurich/Berlin 2008, S. 49ff.

図1

Brandt, »Das Titelblatt des Leviathan«, a.a.O., S. 13.

ホッブズ『リヴァイアサン』の口絵の構成。「したがって、心臓は自然的および人工的人間の生の中心である。それは魂と主権の場である。この学説によって、ホッブズはハーヴェイが唱導した理論に同調している。そしてこの理論はすぐにハーヴェイ自身によって国家論のパラダイムとみなされることになった」(Ebd., S. 27)。

するための行政政策により大きな関心が寄せられている。ルソーはそのなかで、人体における頭と心臓の比喩を、立法を行う主権と公経済を司る政府との区別に重ね合わせている。

なお読者に希望したいのは、わたしがこれから話そうとする公経済(économie publique)、それをわたしは政府(Gouvernement)と呼ぶが、それとわたしが主権(souveraineté)と呼ぶものとを充分に区別することである。その差異は、後者が立法権をもち、ある場合には、国民の集団自体をも拘束するのに反し、(……)前者は執行権しかもたず、特定の個人を拘束しうるに過ぎないという点にある。政治体は、個別的に取り上げれば、組織をもち、生きている個体として、また人間の身体に類似したものとして、考えることが出来る。主権は頭をあらわす。(……)公財政は血液であり、賢明な経済は、心臓の役目をしながら、血液を送り、身体全部に栄養と生命を行き渡らせる。[21]

21 ルソー『政治経済論』、一二―一三頁。

具体的な経済・財政政策への関心が色濃く出ているこの『政治経済論』を、主権理論が確立する『社会契約論』に至る中途の単なる技術論と見るべきではない。そこでは、一般意志の主権性が絶対的基礎として確定されている『社会契約論』よりも、主権と行政統治との緊張関係、すなわち国家における有機体と機械との二元性が、より明確に現れているとも言えるからである。

国家とは、その頭部である主権者の立法によって規範的に統一される象徴的身体なのか、あるいは、その心臓である行政統治を通じて経済的な富を拡大するための機械化された物質的身体なのか。もし、近代国家は歴史が下るにつれその技術的・テクノクラシー的性格を強めているという診断が正しいとすれば、そのことは近代主権理論をその当初から悩ませていた問題の帰結とも言えるのであり、それはホッブズやルソーといった国家主権の父たちの言説にも反映しているのである。

近代の政治的言説は主権理論を生み出しただけではない。近代初期の宗教内戦のなかで旧来の神学規範が信頼性を失い、政治がその束縛から解き放たれたとき、技術化された統治装置、すなわち国家機械が作動し始める。近代政治学はそうした国家機械を主権に下属する行政機構へ馴致しようとしてきた。だが、このような試みはその当初から今日に至るまで、政治の技術化という挑戦に直面し続けているのである。一九世紀のロマン主義以降の国家有機体説が中世の神秘体論とどの程度関連しているかは、また別途検討すべき問題である。[22]

4　技術という起源からの近代国家の誕生

アルカナ・インペリイに話を戻そう。カントロヴィッチが考えるように、「アルカナ」を「神秘」の同義語とし、それを王権の不滅性の不可知の根拠とみなすだけでは、それ以上の具体的なことは何も明らかにできなくなってしまう。二〇世紀のファシズムに「神秘体」の思想が反響していることを読み取ろうとするカントロヴィッチ自身の意図は理解できるとしても、本書で追究すべきことは別にある。彼が想定したのとは逆に、アルカナ・インペリイにはいかなる神秘もなく、いかなる「政治神学」も含意されてはいない。アルカナとは、中世的な政治的身体の有機的アナロジーが崩壊していく近代初期に特有の主題だったのであり、その当時はむしろ、非神学的な合理的権力技術を指す語として用いられていたのである。それゆえ問題なのは、中世政治神学

22　これについては、Marala de Mazza, *Der verfaßte Körper*, a.a.O., S. 131ff. 参照。

のパラダイムに基づく「権威の神秘的基礎」ではない。「アルカナ」とは、ジェームズ一世が語ったような「神秘」からは明確に区別されねばならない。[23]

タキトゥスに由来するアルカナ・インペリイの語は、中世キリスト教世界ではタキトゥスその人とともに完全に忘却されており、近代初期の政治的言説のなかでようやく再発見されたものである。それは異教世界である古代ローマの政治闘争に範を取ったものとして、徹底して世俗的な統治技術を意味する概念として受容された。それはキリスト教的倫理規範とはしばしば両立しがたいような、君主の非道徳的で無神論的な政治算術さえも意味していたのである。つまり、アルカナ・インペリイは当時、いわゆる「マキャヴェリズム」あるいは「国家理性」と置換可能な概念として用いられていた。一六／一七世紀のドイツの法学者クリストフ・ベゾルトは、かつては大衆が「宗教の基礎を探求しない」ようにするための「古代の迷信の禁所」のようなものであった「アルカナ・インペリイ」は、いまや国家の維持や公共善のための「隠れた技術」になったと述べている。[24]近代初期におけるアルカナ概念のリヴァイヴァルが意味するのはむしろ、宗教的神秘が即物的な統治テクニックに場を譲ったという事実である。それは政治の技術化あるいは機械化の徴候なのである。近代政治学の使命の一つは、国家主権概念を打ち立てることで、このように中世的な神学規範から自立した技術的統治に再び規範性を回復することにあった。

例えばシュミットはその著作『独裁』（一九二一）のなかで、近代初期のアルカナ概念を「単に技術的な意味」で解釈し、それを一種の統治テクニックとみなしている。[25]彼によれば、それは官僚機構の行動様式の範型をなすような「政治的実務技術」であり、権力の単なる「合目的的な」執行を意味している。ここには確実に、シュミットが一九一〇年代後半のミュンヘン滞在中に親交を持っていたマックス・ヴェーバーの影響を見出すことができる。すなわち、ここでのシュミットの用語法には、「目的合理的な」行為の制度化という観点から近代官僚制の形成を分析したヴェーバーの理論が明確に反映しているのである。近代国家はその始まりにおいては、高度に技術主義的な軍事・行政執行を中心にして編成されていた。だがシュミットにとってそれは、ボダンに始まる主権概念の確立によって規範的に馴致されたはずのものであった。

もしかしたら「神秘」という語についても、同じような含意を読み取ることが可能

23　このように近代初期における「アルカナ」と「神秘」との明確な違いを指摘しているのは、Michael Senellart, *Les arts de gouverner*, Seuil 1995, pp. 245-259 および、Eva Horn, *Der geheime Krieg*, Frankfurt a. M. 2007, S. 105ff.

24　Christoph Besold, »De Arcanis Rerumpublicarum«, in: Arnold Clapmar, *De arcanis rerum publicarum*, Amsterdam 1644, S. 2.

25　シュミット『独裁』、二二一―三一頁。

なのかもしれない。それはつまり、「神秘（mysterium）」と「代務（ministerium）」という二つの語の関連に目を向けることによってである。これら二つの語は、中世の教会法学者たちによってしばしば意識的に結びつけられ、混同されてきたと言われている。ミサすなわち秘蹟を自らの任務として執り行う司祭にとって、これらの語は同じ事柄を意味したのであり、キリスト教のもとで「代務から神秘への発展」が起こったのだ、と。[26]

二つの語のこうした混同に関して、カントロヴィッチは「代務」として執行される「神秘」のほうに力点を置いて解釈しているようだが、[27]ここではむしろアガンベンのように、「神秘」を「代務」のほうに近づけて理解すべきだろう。[28]「神秘」とは、天上の官僚制（つまり天使）の場合であれ、地上の官僚制の場合であれ、最高権の執行がつねに代務者に委ねられざるをえないという事実に由来するものなのである。つまり、「国家の神秘」とは、ある政治的意志の執行が代理人に委託されるときに生じる不可避の逸脱を意味している。[29]それゆえ、「神秘」と呼ばれるものの内実は、まさに神もしくは王の官吏たちによる行政統治にあるとも言えるだろう。

いずれにせよ、アルカナ概念については、それを神秘化するような解釈は思想史的事実に照らして決して正当化できない。実のところ、一六／一七世紀の政治思想においてアルカナということで問題にされていたのは、何らかの抽象的・神秘的な秘密ではなく、さまざまな政治的術数が繰り広げられる具体的な権力空間である。そしてこのことは、近代初期の政治思想のなかで「陰謀」という問題系が占めていたトポスについての検討を迫ることにもなるだろう。政治の公開の舞台の背後で繰り広げられるこの実地技術的な権力実践は、当時の政治的言説のなかでどのように理解されていたのであろうか。近代の初期には、アルカナ概念と「タキトゥス主義」をめぐっていかなる議論が展開されていたのだろうか。

26 Franz Blatt, »MINISTERIUM-MYSTERIUM«, in: *Bulletin du Cange*, 4 (1928), p. 81.
27 カントロヴィッチ「国家の神秘」、『祖国のために死ぬこと』、三五頁。
28 アガンベン『王国と栄光』、二九九—三〇一頁。
29 ピエール・ブルデュー／ロイック・ヴァカンほか『国家の神秘』水島和則訳、藤原書店、二〇〇九年、九四頁。もっとも、ブルデューが「神秘」と「代務」の連関に注目するのは、ある特定の代弁者に集団の利害表明が委託されるときに生じる象徴的権威を説明するためであるようだ。

第3章　陰謀、時間政治、コミュニケーションの秘密

1　不可視の政治闘争

古代ローマの歴史家コルネリウス・タキトゥスはその著作のなかで、統治に必要とされる「アルカナ」にしばしば言及している。例えばそれは、ローマ帝国成立初期の出来事を記述した『年代記』のまさに冒頭、第二代ローマ皇帝ティベリウス帝の即位にまつわる「悪行」を述べた箇所で語られている。この悪行とは、初代皇帝アウグストゥスの後継をめぐってティベリウスと競合関係にあったポストゥムス・アグリッパの暗殺である。そこに記されているところによると、この暗殺事件の共犯者であったサッルスティウス・クリスプスは、事件の真相を隠匿するためにティベリウスの母リウィアに次のように口止めしたという。

家の秘密《アルカナ》も友人の忠告も兵のしわざも、外にもらさぬように願います。ティベリウスが元老院でみんなぶちあけて、元首の権威をだいなしにしないように気をつけてください。「計算書は、ただ一人に検査されて、始めて都合よく行く」というのが元首政治の本質ですから。[1]（第一巻六）

決して明かされてはならない皇帝家内部の「秘密《アルカナ》」であるこの謀略こそが、ティベリウスによる支配の基礎を形作るわけである。

さらに、ティベリウス帝の政敵であるガイウス・アシニウス・ガッルスが行った政務官選挙の提案に触れた箇所で、タキトゥスはまさに「アルカナ・インペリイ」の語を用いている。曰く、「この〔ガッルスの〕提案が、人々の想像した以上に鋭く、アルカナ・インペリイを見抜き、それを攻撃していたことは確かである」（第二巻三六）[2]。タキトゥスはその著作のなかで、必ずしも頻繁に統治のアルカナに言及しているわけで

1　タキトゥス『年代記（上）』国原吉之助訳、岩波文庫、一九八一年、二〇頁（原文参照のうえ訳文変更）。
2　同、一二一頁（原文参照のうえ訳文変更）。

はない。にもかかわらず、このアルカナ・インペリイの概念は、近代初期に再発見されたタキトゥスその人とともに、一六／一七世紀の政治的言説の中心を占めるまでに至るのである。

タキトゥスの著作で描き出されているのは、古代ローマの帝政初期の不安定な皇帝支配と、その周りに渦巻くさまざまな謀略や陰謀である。それは、同じく脆弱な王権による統治の危機を眼前にしていた近代初期の政治理論家たちにとって、統治に必要なさまざまの政治的術策を示唆してくれるドキュメントとして格別のリアリティを持つことになった。かくして、隠れた政治技術の教師であるタキトゥスは、その「アルカナ」の語とともに、近代初期の政治理論のなかで「タキトゥス主義」と呼ばれる大きな潮流を形作ることになる。

このタキトゥス主義は、今日の観点からすれば単なる些末な思想史上のエピソードにしか見えないとはいえ、近代的な公開性の原理が確立する以前の政治理論に特有の位相を示しているがゆえに興味深い。一六／一七世紀の政治的言説においては、秘密裏に行われる政治的術策、あるいは秘密保持の権力技術は、現実の政治では避けることのできないただの病理的・逸脱的な現象とみなされていたわけではない。つまりその当時、そうした秘密の政治活動は、単に理論からの実践的な偏差として扱われていたのではなく、むしろ、それ自体れっきとした理論的な位置価を持った重要な主題であった。

例えばシェイクスピアに繰り返し見られるように、王の退位や戴冠といった最重要の政治的事件を生み出すのはしばしば、内密のうちに繰り広げられる権謀術数、あるいはプライヴェートな場で弄される手練手管などである。シェイクスピアの同時代人フランシス・ベーコンもまた、ジェームズ一世のもとで「国家の神秘」に携わった枢密顧問官として、王の寵臣や諸々の党派が暗躍する「宮廷」を、その政治分析の主要な対象としている。問題なのは君主その人よりも、その周囲の「助言者たち」であって、こうした取り巻き連中が君主に吹き込む中傷やおべっかにこそ統治にとっての最大のリスクが見出されるのである。王のもっとも親密な存在こそが、虚偽・歪曲・背信の元凶にもなるのであり、それゆえもっとも危険である。彼らはいわば「陰謀家」として、まさに非公開の空間において自らの政治的影響力を最大限に行使する。

近代初期には、このように公開の場から隠れる権力空間は、政治分析の理論的な対象にならない単なる畸形的現象とみなされていたわけではなかった。それはむしろ、当時の政治思想における最重要の理論的主題であったとも言える。実際、陰謀という主題は、この時期のさまざまな著作のうちに繰り返し現れる。とりわけ、権力者とその近臣が繰り広げる葛藤を描き出すバロック期の悲劇作品はすべて、いわば政治的陰謀劇であると言っても過言ではない。そのさい、シェイクスピアの『ユリウス・カエサル』やベン・ジョンソンの『カティリナ、その陰謀』、あるいはコルネイユの『シンナ』やラシーヌの『ベレニス』などに見られるように、古代ローマ史は特に好まれた題材となった。内戦期から帝政初期に至る政治的に不安的なローマは、まさに数多くの陰謀が繰り広げられた舞台だったのであり、人々はそこに自らの生きる近代初期の混沌とした政治状況との類似性を見出したのである。

そのような陰謀分析をいち早く、特筆すべき理論水準で行ったのが、マキャヴェッリの『ディスコルシ』であり、特にそのなかでもっとも長い章を構成している第三巻六章「陰謀について」である。この著作はリウィウスの『ローマ史』を下敷きにしている以上、扱われている事例の多くはカティリナの陰謀やカエサル暗殺など古代ローマから取られたものであるが、しかしマキャヴェッリは明らかに古代ローマと彼の同時代のイタリアとの間に平行性を見ており、近世のイタリア史上で起こった陰謀も少なからず取り上げられている。そしてまた、一五一二年のメディチ家のフィレンツェ復権とほぼ同時期に書き始められたこの共和主義的著作には、まさに同時期に反メディチ家の陰謀の嫌疑で投獄されたマキャヴェッリ自身の自伝的経験も反映しているのかもしれない。

この「陰謀について」という章でマキャヴェッリは、古代ローマやイタリアにおける歴史的実例を挙げながら、それぞれの陰謀の成功および失敗の原因を逐一検討している。そこで行っているのは、あくまで一つの政治技術としての陰謀の分析であり、その道徳的な良し悪しは問題になっていない。陰謀という政治的手段について精通することは、陰謀家にとってはその実行のために、君主にとってはその予防のために有用なのである。

支配者の側から見て陰謀が特に危険なのは、それが公然たる敵対や戦争以上にその支配を危うくするものだからである。私的な秘密の空間で繰り広げられる陰謀は、政治的に公的な立場に就いていなくとも誰もが加わることができる。「君主に向かって公然と戦争を仕掛ける者は、わずか少数の者に限られるが、君主に陰謀を企むことは、誰にでもできるからである」[3]。陰謀は不可視で遍在的である。むしろこの見えない戦争にこそ、君主はつねに警戒しなければならない。しかも、そのさい君主は誰も頼りにすることはできない。なぜなら、陰謀を企む者は多くの場合、君主の友や近習、あるいはその近親者であるからだ。「歴史の示すところによれば、すべての陰謀は上流階級や君主と昵懇の人びとによって計画されている」[4]。つまり、君主に近しい人物で

3　ニッコロ・マキァヴェッリ『ディスコルシ　マキァヴェッリ全集2』永井三明訳、筑摩書房、一九九九年、二九七頁。
4　同、三〇〇頁。

あればあるほど、その裏切りの可能性も増大する。

したがって、陰謀から我が身を守ろうとする君主は、さんざん虐待した相手ではなく、むしろたいへんひいきにしていた人物にこそ、十分警戒をしなければならない。というのは、ひどい目にあわされている連中には、それを果たす機会がないのに対し、寵愛を受けている人物にはそんな機会はどこにでもころがっているからである。[5]

君主に容易に近寄ることができ、彼がもっとも信頼している親族や近習といった者たちこそが、もっとも危険な陰謀家となる。したがって、君主は自らを取り囲んでいる見えない敵意をつねに想定しなければならず、陰謀の可能性を決して脳裏から拭い去ることはできない。

ただし、マキャヴェッリは単に君主にとっての陰謀の危険性を指摘するだけではない。陰謀はむしろ、それを画策する当の陰謀家自身にとっても多くの危険を伴う行為なのである。「すでに説明したように、陰謀を企むのは、いつに変らずたいへんな危険を伴なうものだ。というのは、陰謀を計画し、実行し、成就するという一連の経過を通じて、陰謀は危険をまき散らすからである」[6]。マキャヴェッリがここで指摘したいのは、陰謀の時間的リスクである。つまり、陰謀は成功を期すための準備に時間をかければかけるほど、かえって露見して失敗に終わる可能性が増大するのである。

マキャヴェッリは、陰謀の実行であれその鎮圧であれ、それを時間管理に関わる戦略として考えているようである。つまり、陰謀を企てる側にとって重要なのは、共謀者の裏切りによる発覚を防ぐため、「仲間の誰に対しても、密告できる時間を持たせないようにすること」[7]である。また、陰謀を向けられる側にとって重要なのは、陰謀家に時間があると思わせて行動を先延ばしさせ、その間に先制の一撃を加えることである。

というのは陰謀を企む者は、時間的余裕があると思っているあいだはぐずぐずしていっこうに行動に出ず、逆に時が切迫してくるといかにあわてて行動に移るものであるか、よくわかるからだ。一方、都合のよいように陰謀の暴露の時期をあとにのばそうと思えば、〔陰謀が向けられている〕君主や共和国は、一味の者にこれ

5 同、三〇二頁。
6 同、二九九頁。
7 同、三〇五頁。

からのちに陰謀の実行には次の機会があるとわざと思いこませるべきだ。こうして彼らに時間があると思わせて君主や共和国が陰謀を企む者に鉄槌を加える時間を与えるにしくはない。[8]

したがって、陰謀の成否は「時宜」もしくは「機会」としての時間性を味方にできるかどうか、つまり運命《フォルトゥナ》の前髪を摑むことができるかどうかにかかっている。こうした偶然性を、自らの戦略のための計算可能な時間として利用することのできた者こそが、この不可視の空間での闘争の勝者となる。

この「陰謀について」という章には奇妙な両義性がある。マキャヴェッリは陰謀に対して何らかの価値判断を下しているわけではないものの、「君主にはこの危険から身を守るすべを教え、人民にはみだりに陰謀に加担せず、運命によって与えられた政府のもとで満足して暮らしていくように勧める」[9]ためにこの章を執筆したとも述べており、決して陰謀という政治的手段を推奨しているわけではない。しかし他方、この章は陰謀家をその宛先として書かれているようにも見え、陰謀の手順について解説した箇所では陰謀を企てようとする者が一度ならず「諸君」「君」という二人称で呼びかけられている。[10]この著作は君主のためのものなのか、陰謀家のためのものなのか。これは、この著作を執筆した当時のマキャヴェッリが共和主義的であったか君主主義的であったかという古典的な論争にも関係しているかもしれない。それは、フィレンツェにメディチ家が復権した一五一〇年代前半のこの時期に、共和主義的な情熱にあふれた『ディスコルシ』と新しい君主を渇望する『君主論』が同時に執筆されているという事実に起因する論争である。

この問題にここで立ち入るつもりはないが、しかし思想史的には、近代政治学の創始者とされるマキャヴェッリは、しばしば啓蒙主義の系譜に位置付けられることがある。つまり、いかに陰謀・偽装・嘘といった政治的術策を教示しているように見えようと、彼には近代的な公開性原則の萌芽があるというのである。それは、彼が『君主論』をまさに人々に読まれるために執筆したという事実そのもののうちに見出される。あるカント主義者によれば、『君主論』はたしかに剝き出しの権力政治の準則を語ったものであるが、しかしそれをあえて著作にして公然と世間に知らしめたこと自体にマキャヴェッリの功績があるとされる。

8 同、三一九頁。
9 同、二九七頁。
10 同、三〇二―三〇三頁。

これは、何らの道徳的なためらいにもわずらわされない純然たる権力政治の公然たる承認である。それが、かくもあからさまにわれわれの前で述べられたのは、これまでの世界史において初めてのことであり、またおそらく唯一のケースでもあろう。[11]

政治の秘密技術を公の面前で明らかにし、公開性の光に晒したという点に、マキャヴェッリの逆説的な啓蒙性があるというわけである。だが、マキャヴェッリは一六／一七世紀を通じて、多くの場合、単なる権謀術数の理論家として、つまり通俗的な意味での「マキャヴェリスト」として断罪されてきた。この時期におけるタキトゥスのリヴァイヴァルは、まさにこうした時代の雰囲気のなかで起こるのである。

2 タキトゥス主義とは何であったか――ローマの内戦と近代の内戦

中世には完全に忘却されていたタキトゥスが近代初期に再注目されるようになった理由はさまざまあるが、[12]とりわけ最大の理由としては、当時ヨーロッパ中に悪評が広まりつつあったマキャヴェッリの思想の隠れ蓑として、タキトゥスの名前が用いられたことが挙げられる。一六世紀後半にはマキャヴェッリの名は母国イタリアを離れて諸外国へ伝播していくが、その思想は往々にして非道徳的な権力政治を説く通俗化された「マキャヴェリズム」へと歪曲され、各地で激しい非難に晒されることになった。

一六世紀前半のイギリスでいち早く『君主論』に目を通したカトリックのレジナルド・ポール枢機卿は、それを悪魔の手による無神論的著作として弾劾している。また、ユグノー戦争さなかのフランスでは、サン・バルテルミの虐殺の責任をカトリック王党派の「マキャヴェリズム」に帰そうとするユグノー派理論家イノサン・ジャンティエの『反マキャヴェッリ』論（一五七六）が出版される。さらにこの時期には、イエズス会によるマキャヴェッリ攻撃も始まるなど、ヨーロッパでは一七世紀に至るまでカトリックかプロテスタントかを問わず数多くの反マキャヴェリズム文献が生み出されることになった。つまり、「マキャヴェリズム」という語は、対立する諸陣営が互い

11 カール・フォルレンダー『マキァヴェリからレーニンまで』宮田光雄監訳、創文社、一九七八年、一八頁。

12 近代初期の「タキトゥス主義」については、Michael Stolleis, *Geschichte des öffentlichen Rechts in Deutschland*, München 1988, S. 93ff.; ders., »Arcana Imperii und Ratio Status«, in: ders., *Staat und Staatsräson in der frühen Neuzeit*, Frankfurt a. M. 1990, S. 45ff.

に敵対者を攻撃するさいの闘争用語として濫用されたのである。そして、こうした反マキャヴェリズムの嵐によってほとんど禁書同然の扱いとなったマキャヴェッリの代わりに多く引用されるようになったのが、秘密の政治技術の教師であるタキトゥスであった。

表向きはマキャヴェッリの思想に対して激しい道徳的・神学的な批判が浴びせられたが、彼が明らかにしたような政治の裏技術についての知識は、当時の人々にとっては大きな関心の的にほかならなかった。中世の宗教規範が政治へのコントロールを失いつつあるなかで、人々はいまや自律的となった政治がいかなる独自のメカニズムによって動いているのかを知りたがったのである。だが、その探究にあたっては、マキャヴェッリの名前と著作は公然と利用することができない。代わって拠り所とされたのが、古代ローマで繰り広げられたさまざまな権力闘争を透徹した視線で描き出している政治的診断者タキトゥスである。

政治を動かしている隠れた権力技術を明らかにするタキトゥス主義は、一五七四年にタキトゥスの批判版全集を刊行したネーデルランドの法学・文献学者ユストゥス・リプシウスの多大な影響力を通じて、ヨーロッパの知識人の間に大きく広がっていくことになる。当時のヨーロッパは、リプシウス自身もカトリック・スペインからのオランダ独立戦争というかたちで巻き込まれていた宗教戦争の最中にあった。人々は自らが経験しているヨーロッパ宗教内戦を紀元前後のローマにおける政治的混乱に重ね合わせ、共和政末期の内戦から帝政初期に至る激動の時代を生きたローマ人たちの政治的行動に範を求めようとした。

紀元前後ローマと近世初期ヨーロッパとのこうした歴史的類似性が、タキトゥス流行の時代背景を成している。前期ルネサンスにおいて好まれていたキケロ的な人文主義は、一六世紀になるとイタリア戦争やヨーロッパ宗教戦争の発生によって衰退し、代わって、このような時代の混乱に対応した権力技術論が現れる。ポーコックやスキナーといった今日の「共和主義者」たちが憧憬をもって語る市民的人文主義《シヴィック・ヒューマニズム》の時代は終わり[13]、もはや共和主義的な市民の徳ではなく、支配者による統治の方法論が注目されるのである。自らの同時代に起こったさまざまな政治的謀略を描き出しているタキトゥスは、まさにこうした時代の潮流に合致した思想家であった。彼が描き出した秘密の政治技法は、いまや宗教という規範から解き放たれた近代政治のメカニズムを解明する鍵として理解されたのである。

13　J・G・A・ポーコック『マキァヴェリアン・モーメント』田中秀夫ほか訳、名古屋大学出版会、二〇〇八年、七八頁以下、および、クエンティン・スキナー『近代政治思想の基礎』門間都喜郎訳、春風社、二〇〇九年、二〇三―二〇六頁、参照。

近代初期の著作家を悩ませていたのは、宗教や神学が規範としての拘束力を持たなくなったところで、いかにして安定した統治と支配を実現できるかということであった。そして周知のように、政治が何らかの外在的な規範に依拠することなく、自律的に自らの安定性を維持する手段と方法こそ、まさに「国家理性」という主題のもとで問われたことにほかならない。事実、一六／一七世紀のタキトゥス主義は国家理性論との密接な関連のもとで展開し、「アルカナ・インペリイ」はしばしば「国家理性」と同義の概念とみなされた。

マキャヴェッリというより、歴史家フランチェスコ・グィッチャルディーニが初めて使ったとされる「国家理性（Ragion di Stato）」の語が人口に膾炙するようになったのは、言うまでもなく、ジョヴァンニ・ボテロの著作『国家理性論』（一五八九）を通じてである。だが、敬虔なカトリック聖職者であったボテロにとって、異教的なタキトゥス主義はいまだ縁遠いものにとどまっており、イタリアにおけるタキトゥス主義と国家理性論との本格的な結合は、むしろトライアーノ・ボッカリーニやシピオーネ・アンミラートらによって多数のタキトゥス注解が刊行されるようになった一五九〇年代に始まると言ってよいだろう。

とりわけタキトゥス主義の性格を強く帯びた国家理性論者であったのがアンミラートである。[14] タキトゥスを始めとする古典古代の著作から大きく影響を受けたこの歴史家には、ボテロほどのキリスト教的エートスは見られない。たしかに国家理性学派においても政治を道徳規範から完全に切り離そうとした思想家などは存在せず、アンミラートもまた、宗教を政治の道具にする「マキャヴェリズム」は拒否している。しかし、彼は国家理性を、平時に妥当している法・道徳・宗教を侵犯できる権限とみなしてもいる。アンミラートに国家理性の問題に取り組むきっかけを与えたとされるのは、法律上禁じられているにもかかわらず第四代ローマ皇帝クラウディウスとアグリッピーナとの間で行われた近親婚に触れている『年代記』第一二巻である。アンミラートはタキトゥスのアルカナ・インペリイ概念を明確に国家理性の概念と同一視し、それを、必要なさいには法を侵犯することもできる君主の「例外権力」と規定するのである。

このアンミラートの『コルネリウス・タキトゥスについての論説』（一五九四）はイタリアを超えて反響を呼び、国家理性論を諸外国へ広げるのに寄与することとなった。とりわけドイツでその大きな影響を受けた一人の若い教授が、近代初期における一連のアルカナ文献のうちでもっとも重要な著作を残すことになる。すなわち、アルノル

14　アンミラートの国家理性論については、Michael Behnen, »ARCANA — HAEC SUNT RATIO STATUS«, in: *Zeitschrift für Historische Forschung*, 14 (1987), S. 144ff.

ト・クラプマルによる『国家の機密について(De arcanis rerum publicarum)』(一六〇五)である。[15] 一六〇四年にわずか三〇歳で早世したクラプマルのこの遺作が、一七世紀ドイツにおけるアルカナ論争の発端をなすのである。彼がこの著作で試みているのは、自らがリプシウスやアンミラートを経由して身に付けたタキトゥス主義をアリストテレス主義と結合することである。たしかに、政体の分類と類型化に拘泥するその講壇アリストテレス主義的な立場は、今日から見れば時代錯誤の感は否めない。近代政治学のメインストリームである国家主権論の系譜からすれば明らかに些末な傍流に属するこのクラプマルの著作は、にもかかわらず、近代初期の政治的言説のなかでアルカナ概念が占めていた特筆すべき位置を示すドキュメントとなっている。

「私は国家のアルカナを次のように規定する。つまりそれは、国家の根本を成すような、最内奥にあるもっとも秘密の手段もしくは助言であり、公共善という目的のために、あるときは平穏を、またあるときは国家の現状を維持するのである」(第一巻第五章)。[16] クラプマルにとって、アルカナは政治の安定のために有用な秘密手段であり、それはさらに、(アリストテレス的な意味での)「政体」の維持のための「アルカナ・インペリイ」(第二巻)と、そのつどの支配者の保全のための「アルカナ・ドミナティオニス(支配の機密)」(第三巻)に分類される。ただし彼においては、これらの「アルカナ」に対しては、あくまで「法《ユス》」のほうが優位にあることが前提されている(この「法《ユス》」もまた「ユス・インペリイ」（第一巻）と「ユス・ドミナティオニス」（第四巻）に分類される）。彼は「悪しき国家理性」としての「マキャヴェリズム」を非難し、自らのアルカナ概念からマキャヴェリズムの嫌疑を振り払おうとする。アルカナはたしかに政治的安定のための権力技術だが、しかし、法と対立するものであってはならないのである。この著作の最終巻（第六巻）でアリストテレスを引き合いに勧められている「偽装《シムラークラ》」の技術も含め、秘密裏に行使されるアルカナの実践はあくまでも法を基礎とし、法を守るための手段に過ぎない。それゆえクラプマルは、すでにアンミラートが行っていたように、アルカナを悪しき権力技術としての「非行《フラギティア》」から区別することに力を注いでいる（第五巻）。

　クラプマル自身のこうした努力にもかかわらず、アルカナ概念は、単に無規範な政治的術策という疑いを払拭できたとは言い難い。実際それは、ファイト・ルートヴィ

15　クラプマルのアルカナ論については、Herfried Münkler, *Im Namen des Staates*, Frankfurt am Main 1987, S. 285ff.; Behnen, »ARCANA — HAEC SUNT RATIO STATUS«, a.a.O., S. 162ff.; Stolleis, »Arcana Imperii und Ratio Status«, a.a.O., S. 51ff.; Senellart, *Les arts de gouverner*, op.cit., pp. 259–269. 邦語で読めるものとしては、フリードリヒ・マイネッケ『近代史における国家理性の理念』菊盛英夫／生松敬三訳、みすず書房、一九七六年、一七八―一八二頁、参照。

16　Arnold Clapmar, *De arcanis rerum publicarum*, Amsterdam 1644, S. 10.

ヒ・フォン・ゼッケンドルフやディートリヒ・ラインキンクといった一七世紀ドイツの公法学者たちによって、非道徳的で無神論的な「マキャヴェリズム」としばしば同一視された。カール・シュミットもまた、権力技術としてのアルカナを主権概念の対立物とみなしており、まさにこのクラプマルの著作を、近代主権理論の確立とともに克服されるはずの単なる技術的な国家観の典型例として位置付けている[17]。政治の安定をテクニカルに達成することが目的であるならば、それは場合によっては法規範を侵害するような手段をも許容してしまうのではないか。あるいは、そこではなおも良い／悪い手段の区別がなされるべきなのか。統治技術としての「国家理性」をめぐって問われたのはまさにこうした問題である。かくして、クラプマル以降のドイツでは、もっぱらアルカナ・インペリイ概念を中心に国家理性論争が展開することになる。法学者クリストフ・ベゾルトは、クラプマルのアルカナ論を扱った一六一八年の論文においてこう確言している。「アルカナ、これこそ国家理性である[18]」。

少なからぬ批判を受けつつも、クラプマルの著作はタキトゥス主義のアルカナ教説を代表する著作となり、一六七三年までに一三の版を重ねるなど、特にドイツのカルヴァン派諸邦では統治技術の主要教科書になった。ドイツ国外においても、イタリアでルドヴィコ・セッタラがクラプマルの理論を逆輸入して国家理性学派の文脈に導入し直したほか、フランスの政治学者ガブリエル・ノーデの『ク・デタについての政治的省察』（一六三九）もクラプマルのアルカナ論に多くを負っている。現在ではほとんど忘却されているクラプマルの思想は、少なくとも近代初期の一時期にはかなりの影響力を有していたのである。このことから、一六／一七世紀に固有の一つの政治的地平が明らかになろう。すなわち、公共の明るみに出ることのない場で権力が戯れるタキトゥス的な政治の世界であり、それは法や規範からは相対的に自立した技術性の空間を成している。

だが、学問としてのアルカナ論は、一七世紀後半には早くも姿を消していくことになる。それは明らかに、一六四八年のウェストファリア条約による領域国家あるいは主権国家体制の確立と軌を一にするものである。重要なのは、もはや宗教内戦という政治的混乱のなかで秩序を打ち立てる技術としてのアルカナではなく、内政的安定を前提とした「公法（jus publicum）」秩序となるのである。かくして一七世紀半ば以降、「帝国公法論（Reichspublizistik）」と呼ばれるジャンルが全盛を迎える一方で、アルカナ概念に対する公法学者たちの弾劾もあって、理論的主題としてのアルカナ・インペリイは廃れていくことになる。いまや法学が技術に取って代わるのである。

17 シュミット『独裁』、二七—三二頁、および、同『現代議会主義の精神史的地位』、五〇頁、参照。

18 Besold, »De Arcanis Rerumpublicarum«, op.cit., S. 5.

政治技術論の模範とされてきたクラプマルの地位低下は、例えばスピノザの著作のうちに見出すことができる。スピノザはその蔵書のうちにクラプマルのアルカナ論を所蔵しており、彼の著作にはクラプマルを当てこすったと思われる箇所が散見される。[19]なかでも『国家論』（一六七七）の次の一節に現れているのは、クラプマルへの明確な批判である。「国家の正しい諸計画が敵に明らかに知られる方が、暴君たちの悪しき秘密《アルカナ》が国民に隠されているよりもはるかにましである（……）」（第七章第二九節）。[20]ここでは、秘密の統治実践はもはや政治学上の理論的位置価をも失いつつある。公衆の視線に晒され、その道徳的判断に耐えうるものでなければならないということこそが、まさに政治の根本規範となるのである。

陰謀というマキャヴェッリ以来の政治的主題もまた、啓蒙と公開性の時代の到来とともに消えていくことになる。一八世紀後半にはヴォルテールの『救われたローマ、あるいはカティリナ』（一七五二）やシラーの『ジェノヴァにおけるフィエスコの陰謀』（一七八三）など、近世最後の政治的陰謀劇が現れる。しかしながら、ジェノヴァの門閥に対する共和主義者フィエスコの陰謀という史実を題材にしたこの劇の序言のなかで、シラー自身は、そうしたアルカナの空間を演劇の舞台にすることへの違和感を吐露している。[21]単に権力をめぐる葛藤が繰り広げられる国事の陰謀の世界だけでは、もはや人々の共感を喚起するような悲劇性の効果は生み出せないからである。

フィエスコが悲劇的な死を迎えるこの劇の結末はまた、アルカナや陰謀では共和国が救済できないことをも示している。ここでは共和主義とアルカナとの相反的関係は明らかである。いまや、マキャヴェッリやシェイクスピアには見られたような、カエサルを暗殺するブルートゥスのような「共和主義的な陰謀家」の形象はありえない。なるほど一八世紀の啓蒙思想の普及において、「啓蒙の地下文書」や、フリーメイソンなど「秘密の啓蒙団体」が大きな役割を果たしたことは事実である。だがシラーの陰謀劇は、いまや啓蒙が公開性と完全に一体化する時代に足を踏み入れているのであり、それによって、政治的陰謀劇というバロック以来の悲劇のジャンルそのものの終焉も示しているのである。かくして一九世紀以降の市民悲劇は、もはや「権力」ではなく、もっぱら「愛」というメディアをめぐる葛藤として繰り広げられることになるだろう。

19　Vgl. Carl Gebhardt, »Spinoza gegen Clapmarius«, in: *Chronicon Spinozanum*, t. 3 (1923), S. 344–347.
20　スピノザ『国家論』畠中尚志訳、岩波文庫、一九七六年、一一一頁（原文参照のうえ訳文変更）。
21　シラー『フィエスコの叛乱』野島正城訳、岩波文庫、一九五三年、六頁。

3　沈黙の統治技術、媒介者の暴力

しかしながら、政治のすべてを公開し透明化することを目指す啓蒙主義の理念は、今日でもなお貫徹されているとは言い難い。だが、それは単に啓蒙のプロジェクトが不徹底であることに起因するものなのだろうか。それはむしろ、法の公開性あるいは公開の討議というものに内在する何らかの構造的な理由によるものであって、そのことが秘密や不透明性の余地を不可避的に残してしまうのではないだろうか。

近代初期の政治理論に見られたアルカナ論の隆盛。ニクラス・ルーマンはこれを近代における時間理解の転換と結びつけて理解している。[22] 何ものかを戦略的に秘匿する政治技術とは、いわば沈黙を利用する技術である。プルタルコスが『モラリア』の一節（「お喋りについて」）で取り上げて以来、人はいかなる時に語り、いかなる時に沈黙すべきかというのはしばしば問題とされてきたが、これは言ってみれば、コミュニケーションの「時点」への配慮を意味するものにほかならない。人は不都合な場合にはコミュニケーションを中断する、つまり沈黙することができ、そして適当な時期を見計らってコミュニケーションを再開する、つまり語り始めることができる。そのさい、沈黙を通じた隠匿は、コミュニケーションの流れを進めたり遅らせたりするための手段である。したがって秘密保持の政治技術とは、いわば情報の速度をいかに操るかという政治的な「時間管理」の技術なのである。

このような時間操作の可能性は、時間性についての近代的理解の地平の上でこそ成立する。近代になると、それ以前には決して人間が意のままにできず、神にのみ属するものとされていた「時間」が、いわば「人間化」されていく。中世の神学的な時間表象においては、「利子」を設定する商業・金融活動は神の時間を金儲けに利用するものとして弾劾されていたが、そのような時間の不可侵性の思想はいまや近代的な時間表象に取って代わられるのである。[23] その量を測定する尺度として時間を用いる「労働」概念、あるいは、将来の不確実な危険を保険の対象へ飼い慣らす「リスク」概念は、人間によって利用されるものへと変容した近代的時間性の徴候である。時間はもはや単に人間を翻弄する運命や摂理ではない。いまや重要なのは、時を見計らって適切な時機を捉えること、さらには、時間を自らの利益考量のための尺度として利用す

22 ニクラス・ルーマン『社会構造とゼマンティク3』高橋徹ほか訳、法政大学出版局、二〇一三年、五三―一二一頁、および、Niklas Luhmann/Peter Fuchs, »Geheimnis, Zeit und Ewigkeit«, in: des., *Reden und Schweigen*, Frankfurt a. M. 1989, S. 101–137 参照。

23 ジャック・ル・ゴフ『もうひとつの中世のために』加納修訳、白水社、二〇〇六年、五〇―六五頁。

ることである。
マキャヴェッリの『ディスコルシ』において陰謀が一種の時間管理の技術とみなされているということは、先に見たとおりである。ルーマンによれば、近代初期におけるこうした陰謀やアルカナの実践は、まさに時間性を利用した政治的テクニックだったのである。彼の見るところ、その当時「秘密」という問題系があれほどまでに人々を惹きつけたのは、不可知の神秘に対する畏敬からというよりは、より世俗的な「コントロールへの関心」からにほかならなかった。秘密を保持するということは、コミュニケーションする時点を自分で選択できる権利を留保しているということである。君主や支配者の偉大さ、そして敵対者に対するその優位性は、このように行為やコミュニケーションの時点を自ら選べるということのうちにこそある。近代初期の政治学のなかで、公衆に知らしめるべきではない秘教的な「政治的叡智《プルーデンティア・キウィリス》」が繰り返し薦められたのもそれゆえである。政治的行為者には「沈黙できる能力」が必要である。すなわち、彼は語りすぎてはならず、沈黙すること、あるいは偽装することを通じて、適切な時点が訪れるまでは真実を語ることを控えねばならない[24]。

それゆえに国家論における重要な諸概念には、時間的な意味が含まれることになる。つまり、支配者とその助言者には特に叡智《プルーデンティア》が必要だとされるのである。時機をよく見極めること、好機を見抜くこと、好機を徹底的に利用できるように備えておくことの重要性も一貫して強調されている。[25]

問題なのは、コミュニケーションの中断や遅延によって時間を操る技術なのである。

このような新たな時間性のパラダイムの先駆けとも言えるのが、マキャヴェッリによる時間理解の革新である。彼はその運命《フォルトゥナ》概念によって、旧来の神学的な時間性からの離脱を遂行する。それは単に前キリスト教的・異教的な運命観への回帰を意味するわけではない。運命《フォルトゥナ》とはいわば、人間がそれに身を合わせることによって幸運を引き寄せることができるような偶然性の契機である。人は時機を見極めて、時代に合わせて行動しなければならない。つまり、偶然性として降りかかってくる各々の瞬間を自分のために活用できねばならない。「つねに幸運に恵まれたければ時代とともに自分を変えなければならない」（『ディスコルシ』第三巻第九章）のである。「運命《フォルトゥナ》は変化するものである。人が自己流のやり方にこだわれば、運命と人の行き方が合致する場合は成功するが、しない場合は不幸な目を見る」[26]。

24 Luhmann/Fuchs, »Geheimnis, Zeit und Ewigkeit«, a.a.O., S. 114ff.
25 ルーマン『社会構造とゼマンティク3』、七七頁（原文参照のうえ訳文変更）。

したがって、人が行動するときに重要なのは、その「時点」である。同じ目的を達成しようとする場合でも、そのつどの状況に応じて、取るべき手段はさまざまでありうる。これは、「目的は手段を正当化する」などという通俗的なマキャヴェリズムの準則を言っているわけではない。ルーマンの指摘に従うなら、マキャヴェッリは「時点」としての運命《フォルトゥナ》に目を向けることによって、実のところ、良い目的を達成するための悪い手段は是か非かといった「道徳的アンビヴァレンス」を無効化している。[27] 時間的状況とは無関係に、良い手段もしくは悪い手段を一覧としてカタログ化することなどできはしない。目的と手段との適合性は状況のうちでこそ決定されるのだ。それゆえマキャヴェッリは時代に合わせて自らを変えていく能力を君主に求めるのであり、それこそが彼の言う力量《ヴィルトゥ》にほかならない。それはいわば、一回的な状況に応答する能力である。

彼ら〔モーゼ、キュロス、ロムルス、テセウスなどの建国者たち〕の行動や生涯を調べてみると、いずれも運命《フォルトゥナ》から授かったものは、ただチャンスのほか何ひとつなかったことに気づく。しかもチャンスといっても、彼らにある材料を提供しただけであって、これを思いどおりの形態にりっぱに生かしたのは彼ら自身であった。いいかえれば、こうしたチャンスがめぐってこなければ、彼らの胸に力量《ヴィルトゥ》は生まれなかっただろうし、その力量《ヴィルトゥ》がなかったなら、チャンスがあっても無意味だったろう。[28]

したがってマキャヴェッリの力量《ヴィルトゥ》概念は、王侯貴族や市民たちに賢慮・正義・勇気・節制・誠実・名誉などの「徳《ウィルトゥス》」を求めてきた古代以来の政治倫理の教説からは決定的に断絶している。力量《ヴィルトゥ》とは、そうした実体的内容を持った無時間的な普遍規範ではなく、時間の一回性と結びついた人間能力である。マキャヴェッリにおいては、人間の行為はラディカルに時間化される。運命《フォルトゥナ》と力量《ヴィルトゥ》が合致するのは、人が偶然性としての時間を我がものとし、味方にできたときなのである。

一六／一七世紀における陰謀やアルカナについての理論は、マキャヴェッリに見られるこうした新たな時間理解の地平の上で現れてくる。しかし、そのような秘密の権力技法についての教説は、そのつどの時機を捉えて行為するというマキャヴェッリの主張をさらに超えて、時間性の完全なコントロールさえも目指していたと言える。自

26 ニッコロ・マキァヴェッリ「君主論」池田廉訳、『マキァヴェッリ全集1』筑摩書房、一九九八年、八四頁。
27 ルーマン『社会構造とゼマンティク3』、八一頁。
28 マキァヴェッリ「君主論」、『マキァヴェッリ全集1』、二〇頁（原文参照のうえ訳文変更）。

らの意図を秘匿する者、とりわけアルカナにひきこもる君主は、自らに有利な時点まで行為やコミュニケーションを中断し、遅延させようとする。彼は時間を考慮しつつ、コミュニケーションに参入する時点、自らの決断を明らかにする時点を自分で選択するのであり、それまでは他者からの「観察」を逃れる不可視の立場に自らを置こうとする。[29] 秘密保持の技法とは、沈黙を利用した完全な時間管理の技法である。

だが、ルーマンによれば、観察から逃れることによって自らの超越的地位を保とうとするこうした技法はすぐに時代遅れのものとなる。外部からの観察と計画は神のわざにも似ているが、そもそものようなことは不可能なのである。すべての人間はつねに観察に晒されることで自らの行為の前提を絶えず変えていく。観察者は観察される。近代においては、秩序の安定性であれ正統性であれ、「観察の観察」という自己再帰性を通じて調達するしかない。[30] とすると、一九世紀以降の近代社会は、構造上いかなる秘密の余地も認めないような社会になったと言えるのだろうか。それは理念上、開かれた討議やコミュニケーションを通じて自らについての完全な理解に到達できると期待しうるような社会なのだろうか。

むろんそうではない。ルーマンも例えば一九世紀のロマン主義的な反省概念に関連してしばしば述べるように、近代の再帰的反省は決して意識の透明な伝達を可能にするものではない。彼はコミュニケーションの自己産出のプロセスを強調するが、それは決して透明な理想的コミュニケーションを前提にしているわけではなく、むしろ、絶えず不透明性(「偶有性」)を生み出してしまうような再帰性を念頭に置いているのである。コミュニケーションはつねに遅延・中断・すれ違いの可能性を孕んでいるが、それはコミュニケーションにとって外在的な何らかの障害によってもたらされるのではない。コミュニケーションの透明性(意思伝達の「同時性」あるいは「無時間性」と言ってもよい)が濁らされるというのは、(文字であれ言語そのものであれ)「メディア」というものを通さざるを得ず、それによって不可避的に「速度」というものを持ってしまうコミュニケーションそのものに本質的に内在する困難なのである。

アルカナの権力技法や絶対君主の官房政治が過去のものになったからと言って、政治における秘密がなくなるわけではない。それはおそらく、法律の条文を解釈して執行する行政官僚機構のうちに生き残る。法の純粋性が官僚機構によって汚染され、不透明なものになってしまうことは避け難い。それを伝達し媒介するメディアを通じて、法の本来の指令はつねにあまりに古いものになってしまう。まさにカフカが洞察しているように、皇帝の使者が携えている綸旨は宮殿のあまりの広大さゆえに決して届く

29 Luhmann/Fuchs, »Geheimnis, Zeit und Ewigkeit«, a.a.O., S. 135.
30 ルーマン『社会構造とゼマンティク3』、一一五頁。

ことがなく（『皇帝の使者』・物語集『田舎医者』所収）、城のメッセージは役人たちによって伝達が無限に遅延され、その内容が取り返し難く見失われてしまう（『城』）。権力生成の場は、法規範にではなく、その運用の過程にこそあるのだ。

行政執行機関の権力は、主権者や法律へのアクセス権とその解釈権を独占することから、つまり、法の命令伝達の排他的メディアであることから生じてくる。それは、法の解釈と執行を通じて厖大な文書を蓄積し、巨大なアーカイヴを構成する。クラプマルは、「アルカナ」と「アーカイヴ（archivum）」との語源学的な関連を指摘していたが、[31] 実証的に見れば疑わしいこの着想もあながち的を外しているとは言えないかもしれない。執行権力は、法維持を通じて原初の法措定を解体する。それはいわば、解釈に解釈を積み重ねることで無限に言説を拡大し、主権者や法律によって公然と宣言されたことを秘密裏に取り消していくような「アーカイヴの暴力」なのである。

ルーマンは、近代的な官僚機構が整備されることで、君主による秘密の統治技法は無用になったと指摘している。[32] いまや統治の実務を担うのは、制度化されていない私的な助言者や顧問官、もしくは親族縁者のような取り巻き連中ではなく、秘密保持を職務上の義務とする忠実な官吏になるからである。しかしながら、これが意味するのは、君主から執行権力への秘密の場の転位に過ぎない。執行権力が場を占めるのは主権者と被治者とのアクセス経路であり、まさにそれによって主権者自身の意志は無化される。マックス・ヴェーバーは、「公開禁止」を力の源泉にしている官僚機構の隠然たる権力行使について指摘している。

絶対君主でさえ、また、ある意味ではほかならぬかれこそが、優越した官僚制的専門知識をまえにしては、もっとも無力である。「農奴制の廃止」にかんするフリードリヒ大王の短慮な指令は、すべて、実現途上でいわば脱線したのであるが、それは、官庁機構が、この指令を素人の一時的な思いつきであるとして、そ知らぬふりをしたためである。[33]

官僚機構とは、絶対的だが無力な君主を取り巻いていたかつてのバロック陰謀家たちの末裔であるとも言えるだろう。

だからと言って、単に(「ネオリベ」的に?)官僚・公務員バッシングをしたり、官僚組織の秘密体質を批判したりすればそれで済むわけでもない。行政権力が法の執

31 Clapmar, *De arcanis rerum publicarum*, a.a.O., S. 6.
32 Luhmann/Fuchs, »Geheimnis, Zeit und Ewigkeit«, a.a.O., S. 118f.
33 マックス・ヴェーバー『権力と支配』濱嶋朗訳、講談社学術文庫、二〇一二年、二九四―二九五頁。

行を通じてアーカイヴを増殖させ、それを自らの特権的な専門性の源泉にするというのは、そもそも法それ自体に内在する根源的なアポリアに起因するものであるからだ。法は法として効力を持つためには、法以上のものを必要とする。つまり、法は執行されなければならず、そのさい、法の執行が当の法そのものを超えてしまうことが起こりうるのである。シュミットの言う「例外状態」は、法が不可避的に招来してしまうこのような法侵犯の可能性によってもたらされる。もし統治というものが主権や法の公開性から逃れる秘密めいた性格を帯びるとしたら、それは、そこにおいては法の維持とその解体とが不可分に絡み合っているからにほかならない。

第4章　例外状態と国家理性

1　主権なき行政執行

主権という最高規範は今日、複雑に専門分化した社会の統治を担うにはあまりに無力であるように見える。経済・金融政策であれ、建築・土木などの専門知を必要とする公共事業であれ、原発等に関わるエネルギー政策であれ、あるいはその他の科学・技術政策であれ、それ自身に固有の合理性に基づいて機能する統治の諸分野においては、それを規範的にコントロールする法やルールの設定そのものが、往々にして「その筋の」専門家に委ねられる。いまや主権的決定としての立法権は、技術の論理によって植民地化されているようである。

だが、統治が規範から解き放たれるという問題は、新しいどころか、実のところ近代の政治がそもそもの始めから向き合わねばならなかったもっとも古い問題の一つであった。近代主権概念が誕生し、その担い手である立法府の優位が確立するのは、時期的には比較的後になってからのことである。近代初期の国家はむしろ、「法治国家」というよりは「行政国家」として、つまり、もっぱら統治のための行政執行装置として機能していたのである。当時のこうした状況に対応して現れたのが、まさに「国家理性」の理論であった。すでに本書の序論で述べたように、カール・シュミットは初期著作『独裁』（一九二一）でこのことを指摘している。

近代国家は、歴史的に、政治的実務技術から成立した。近代国家とともに始まるのは、その理論的反映としての国家理性の学説である。すなわちそれは、法と不法の対立を超越し、もっぱら政治権力の維持・拡大の必要性からのみ得られる社会学的・政治的な公理である。軍事的・官僚的に訓練された官僚層、すなわち「執行府」が、その本質からして執行機関であるこの国家の中核なのである。[1]

規範ではなく技術に基づいて統治するこうした国家は、シュミットにとっては非難の対象でしかない。それは単なる技術本位の政治にほかならず、主権概念の確立によって克服されるべきものだからである（もっとも、この技術主義的な国家観がシュミットの例外状態論に着想をも与えていることが問題を複雑にするのだが)。

法は一般的なルールを指示するだけである。だが、現実の統治はつねに個々の具体的なケースの処理であり、そこでは単なる法解釈を超えた判断が求められる。それゆえ、法や道徳それ自体を目的として遵守することよりも、眼前にある特定の目的を効率的に達成することが重要となる場合もしばしばありうる。そしてそのときには、規範を適用・執行する行為が、当の規範を踏み越えてしまうことが起こりうるのである。このように法に対する執行の優位が極限にまで達した状態が、いわゆる「例外状態」と呼ばれる。アガンベンはそれを「規範とその適用とのあいだの対立が極点にまで高まった場所[2]」と端的に定義している。では、近代初期の政治が、このように法規範から執行活動が解き放たれる例外状態にも似たものとなったのはなぜか。

近代の始まりにあったのは危機の時代である。中世末期から教皇をも巻き込んで繰り広げられたイタリアでの都市国家間の抗争、そして宗教改革の開始に伴ってヨーロッパ全土に拡大した宗教内戦のなかで、宗教や神学は政治を律する力を失っていく。もはや宗教規範に頼ることができなくなった政治は、こうした戦争と政治的混乱を収

1　シュミット『独裁』、二五―二六頁(原文参照のうえ訳文変更)。
2　アガンベン『例外状態』、七四頁。

拾するための新たな統治論理を必要とすることになる。統治はいまや哲学的もしくは道徳的に考案された何らかの理想をモデルとするのではなく、危険と無秩序への恐れを出発点とする。したがって、近代政治の母型は秩序や規範ではなく、危機と非常事態である。宗教内戦という秩序の欠落状況のなかから、統治の新たな手段としての国家理性の思想が生まれてくる。それは、神学・宗教はすでにその権威を失墜したが、国家主権はいまだ生まれていない過渡期の時代の産物なのである。

ルーマンの言葉を借りれば、近代においては、政治は宗教から機能分化することで、固有の論理で動く自律的なシステムとなる。国家理性論は、宗教に対する政治のそうした相対的自立性を示すものにほかならない。このように宗教から自立した近代政治は一般にマキャヴェッリに始まるとされているが、彼の著作には「国家理性（Ragion di stato）」の語はいまだ見られず、近代におけるその最初の用例は、歴史家フランチェスコ・グィッチャルディーニの著作『フィレンツェの政体をめぐっての対話』（一五二三―二七）に見出すことができる。そこでグィッチャルディーニがピサ人捕虜の殺害を正当化する論理として「国家の理性と慣習」[3]に言及したのに続いて、聖職者でもある人文主義思想家ジョヴァンニ・デラ・カサは、パルマ公の代理として神聖ローマ皇帝カール五世に領地の返還を求めた『ピアチェンツァ市の返還のための嘆願』（一五四七）のなかで、この語を引き合いに出しながら、皇帝の非キリスト教的な権力政治を諫めている。これらの例を始めとして、国家理性という語はすでに一六世紀前半のイタリアで、政治利害の合理的な算定という意味で日常的に使用されていたとされる。[4] そして周知のように、ボテロの『国家理性論』（一五八九）を嚆矢として、イタリアでは一六世紀末以降にいわゆる国家理性学派が興隆することになる。

国家理性の思想はすぐにヨーロッパ各国に伝播していくことになるが、「国家理性」という語がどの国でもそのまま人口に膾炙したわけではない。ドイツでは、一六〇〇年前後に公法学者ヤーコプ・ボルニッツがその著作のなかで（ラテン語表記の）「ratio status」をいち早く（批判的に）論じていたものの、[5] 国家理性をめぐる実質的な論争は、むしろ「アルカナ・インペリイ」という概念をめぐって展開されることになる。他方、一七世紀のフランスやオランダでは、例えばルイ一三世治下のフランスの政治家ロアン公アンリの著書『キリスト教国の君主と国家の利益について』（一六三八）に見られるように、もっぱら「国家利益」の語が用いられることが多かった。そして、一七世

3　フランチェスコ・グイッチァルディーニ『フィレンツェの政体をめぐっての対話』末吉孝州訳、太陽出版、二〇〇〇年、二四一頁。
4　Stolleis, *Geschichte des öffentlichen Rechts in Deutschland*, a.a.O., S. 197f.
5　Ebd., S. 198f.

紀に入ってからも三〇年戦争をはじめとする戦乱が続いたドイツでは、アルカナ・インペリイが主として内政的安定のための政治技術として考えられていたのに対し、一六世紀末のナント勅令で宗教内戦（ユグノー戦争）を終結させ、すでに国内平定を達成していたフランスの場合、国家利益の語は何よりも国家の外交的利害関心を指すものとして用いられたのである。三〇年戦争においてカトリック教国であったフランスがプロテスタント陣営に立って参戦したのは、言うまでもなく、反ハプスブルクという世俗政治的な「国家利益」に基づく宰相リシュリューの決断によるものであった。ともあれ、ドイツのアルカナ・インペリイにせよ、フランスの国家利益にせよ、これらの概念は、宗教的あるいは道徳的な大義から切り離された政治行為に固有の動因を意味するものとして理解されていたことに違いはない。

近代初期の政治理論に見出される秘密の統治技術の学説は、宗教や神学から自立した政治を表現するものであった。国家理性であれアルカナであれ、それは宗教規範に代わる新たな指導原理として政治権力者たちに勧められたのである。それは、必要な場合、とりわけ対内的安全の維持のために、法や道徳を侵犯して執行される統治技術である。戦争・内乱・陰謀によってつねに秩序の危機に直面していた近代初期の支配者は、法律や道徳規範に違反せざるを得ないような政治的緊急性に絶えず晒されていたのである。

そうした統治技術はまた、「政治的叡智（prudentia civilis/politica）」とも呼ばれた。公安と秩序を打ち立てる支配者が備えねばならないのは、もはや旧来の「君主鑑」（王のための帝王学的な指南書）の伝統のなかで求められていたような「徳《ウィルトゥス》」ではなく、「叡智《プルーデンティア》」である。混乱と内戦の時代にあって、君主には有徳であるよりも、賢く狡猾であることが求められるのである。それゆえ、一六／一七世紀になると、力強い「ライオン」であるとともに狡猾な「キツネ」でもあるという君主のイメージは、マキャヴェッリの『君主論』（第一八節）の有名な記述に始まり、ボテロやリプシウスといった政治思想家の著作、さらにはローエンシュタインなどのドイツ・バロック悲劇においても好んで用いられるお馴染みの比喩となる。[6]「キツネ」は、場合によっては欺瞞や背信といった不正な手段を利用してでも支配を維持する君主の「理想的な」シンボルとなる。

6 Münkler, *Im Namen des Staates*, a.a.O., S. 175ff.

2 「必要は法を持たない」

緊急の政治目的によって強いられる法侵犯。このような規範侵害を正当化する原理として頻繁に持ち出されたのが「必要（necessitas）」の概念であった。これを言い表した有名な格率が、「必要は法を持たない（necessitas non habet legem）」、もしくは、「必要はあらゆる法を打ち破る（necessitas omnem legem frangit）」である。この言い回しは一二世紀の教会法学者グラティアヌスによって定式化されたとされ、近代以前からしばしば見られるものであったが、まさに一六／一七世紀のヨーロッパ宗教内戦の時代に、格段の重要性をもって注目されるようになる。

ネーデルランドの新ストア派政治学者ユストゥス・リプシウスは、オランダ独立戦争のさなかに出版し、多大な影響力を持つことになった著作『政治学』（一五八九）のなかで、セネカの君主鑑『慈悲について』第一巻九節に触れ、その内容をこう要約している。「必要は人間の弱さの大いなる保護者であり、あらゆる法を打ち破る」（第四巻第一四章）。[7] セネカがそこで述べているのは、陰謀と反逆を企てたグナエウス・コルネリウス・キンナに恩赦を与えて自らの友とした初代ローマ皇帝アウグストゥスのエピソードである。ここに現れているのは、法を超えて罪人に慈悲を与える君主こそが国の平和を実現するという近代初期の新ストア派帝王学にお馴染みの思想にほかならない。このような君主の「慈悲（clementia）」による大団円は、同じエピソードを題材としたコルネイユの『シンナ』（一六四一）はもちろん、バロック時代の悲劇作品やオペラ・セリアのうちに繰り返し見て取ることのできるモチーフである。本書の第8章で詳しく論じることになろうが、法に文字通り従って処罰を下すのではなく、法を超えた判断を下す君主こそが「栄光」を手にし、国の平和を作り出すというのが、この当時の「慈悲」の政治思想の核心なのである。[8]

いずれにせよ、カトリック・スペインに対する宗教戦争でもあったオランダ独立戦争の渦中に身を置いていたリプシウスにとって、平和の回復は喫緊の課題となっていたのであり、その目的のためには、しばしば法を超越する君主の例外措置もやむなしとされる。それゆえ彼は（「キツネ」としての）君主に必要な「政治的叡智」について語るとき、場合によっては欺瞞や偽装といった「不純な叡智（prudentia mixta）」をも政治手段として容認することになる（『政治学』第四巻第一三―一四章）。

7　Justus Lipsius, *Politicorum: sive civilis doctrinae libri sex*, Lugduni 1594, p. 251.

8　オペラ・セリアにおける「慈悲」の問題については、イヴァン・ナーゲル『フィガロの誕生』野村美紀子訳、音楽之友社、一九九二年、参照。

こうした事情は一七世紀に戦乱が続いたドイツの理論家たちの場合も同じである。ドイツの公法学者ボギスラフ・フィリップ・フォン・ケムニッツ（別名ヒッポリトゥス・ア・ラピデ）は、三〇年戦争のさなかの一六四〇年代前半に出版した『我々のローマ・ゲルマン帝国における国家理性についての論考』において反ハプスブルク皇帝の立場に立った帝国体制論を提起して、プロテスタント領邦諸侯に大きな刺激を与えた。そのさいケムニッツもまた、セネカの『慈悲について』やアルノルト・クラプマルのアルカナ論に依拠しつつ、支配者が「必要」の名のもとに法を侵犯することを許容しているが[9]、それによって彼は事実上、ドイツの領邦諸侯が領域内の公安と秩序を打ち立てるために法を超えた例外手段に訴えることを正当化している。実際、一七世紀後半のブランデンブルク＝プロイセンの大選帝侯フリードリヒ・ヴィルヘルムは、領邦支配を確立するための中世的諸身分への闘争のなかで、「必要は法を持たない」という格率を好んで引き合いに出したとされている[10]。旧来の中世的な諸権利や諸特権の撤廃が、「必要」の論理を用いて遂行されたわけである。

この「必要」は、しばしば「公共善（bonum publicum）」、「公共の福祉（salus publica）」、「公共の利益（utilitas publica）」とも言い換えられる。例えば、シピオーネ・アンミラートは『コルネリウス・タキトゥスについての論説』（一五九四）のなかで述べている。「国家理性とは、公共の利益（pubulico beneficio）、もしくは、より大きくより普遍的な理性のために通常の法を侵犯することにほかならない」[11]。法侵犯の正当化のためにこれらの概念が持ち出されるとき、その用法はもはやアリストテレス以来のコミュニタリアン的な徳論の伝統とは断絶していると言える。まさにリプシウスが「公共善」を「臣民の利益、安全、安寧（salus）」と規定していることから分かるように（『政治論』第二巻六章）[12]、近代初期の宗教内戦の時代を経ることによって、いまや「公共善」は市民たちが有徳な政治生活を送るための共同目的ではなく、もっぱら公安と秩序の確立を意味する語へと変容していく。後期スコラ学やキケロ的な人文主義ではなお見られた「公共の福祉」についての共和主義的な理解は、全体の利益のための法侵害というように、タキトゥス主義的に解釈変更されるのである。タキトゥスは『年代記』のなかで元老院議員ガイウス・カッシウスに語らせている。「大がかりの見せしめを目的とする罰は、常になんらかの不正を伴う。しかし個人のこうむる損害は、公共の福祉でもって償わ

9　Behnen, »ARCANA — HAEC SUNT RATIO STATUS«, a.a.O., S. 179.
10　Gerhard Oestreich, »Calvinismus, Neustoizismus und Preußentum«, in: *Jahrbuch für die Geschichte Mittel- und Ostdeutschlands*, 5 (1956), S. 171.
11　Zit. nach: Behnen, »ARCANA — HAEC SUNT RATIO STATUS«, a.a.O., S. 148.
12　Lipsius, *Politicorum*, op.cit., p. 46.

れるのである」（第一四巻四四）[13]。

国家理性論においては、必要の名のもとに法を踏み越えることがしばしば許容されるわけだが、自らの例外状態論との親和性があるにもかかわらず、シュミットがそれに「技術本位」[14]という非難を浴びせるのは、そこには恣意的な権力行使を防ぎうるような規範的限界が何ら存在しないと見ているからだ。シュミットは、このような技術主義的な政治理解を克服したのが、まさにジャン・ボダンに始まる近代主権概念であったと考えるのである。

ボダンがユグノー戦争のさなかに主著『国家論』（一五七六）を出したとき、その喫緊の関心がこの宗教内戦の終結にあったことは言うまでもない。彼が属していたのは、ギーズ公アンリが率いる強硬派の「カトリック同盟」ともユグノー勢力とも一線を画す第三勢力としてのカトリック穏健派、いわゆる「ポリティーク派」である。この第三の党派は平和の回復こそを最優先の課題ととらえ、内戦に宗教上の決着をつけることを断念する。宗教的正義や道徳的価値をめぐる争いを棚上げし、それについての決定は主権者に委ねることで対内平和を実現すること、これが近代主権国家のそもそもの任務であった。

とはいえボダンは、国家の意義をもっぱら公安と秩序の維持にのみ見出すプラグマティックな権力技術論者というわけではない。彼は法規範の侵犯を許容するような「マキャヴェリズム」に対しては、それを厳しく非難するからである。彼の定義する主権とは立法権であり、最高権力と最高の法を統一する規範的な概念であった。したがって、近代主権国家には、いわば困難な二正面作戦の遂行が託されているのである。つまり、それは一方では、世俗化された価値中立国家であることによって、「政治の神学化」を防がなければならない。他方でそれは、統治を法規範に繋ぎ止めることによって「マキャヴェリズム」や国家理性論のような「政治の技術化」に陥らないようにせねばならない。近代主権概念は、神学に対すると同時に技術に対しても抵抗しなければならなかったわけだ。

フーコーは「安全・領土・人口」に関する一九七八年の一連の講義のなかで、人々を法や主権に服従させるにとどまらない新たな統治術の例として、一六世紀フランスの作家ギヨーム・ド・ラ・ペリエールの君主鑑『政治の鑑』(一五五五)を挙げている。[15] 統治が主権に対して自立的であるというフーコーの分析の大枠は受け入れるとしても、ここでの彼の説明は時系列上の混乱を招きかねない。ラ・ペリエールの著作は近

13 タキトゥス『年代記(下)』国原吉之助訳、岩波書店、一九八一年、二一一頁。
14 シュミット『独裁』、二六頁。
15 ミシェル・フーコー『安全・領土・人口』高桑和巳訳、筑摩書房、二〇〇七年、一一五—一二五頁。

代主権理論が成立する以前のものである。この著作も含め、一六／一七世紀には統治の技術と方法に関する無数の著作が生み出されたのであり、むしろ、統治言説のこのような技術主義的な自立化を規範的に制御するために主権理論が生まれてきたというのが実情と言える。したがって、(少なくとも歴史的には) 統治は主権に「先行」している。そして、近代主権概念は「統治術の障害」となることを目的として誕生したのである。

理論的には一七世紀後半のホッブズにおいて完成する主権概念によってはじめて、近代初期における例外状態の統治、すなわち国家理性は、法規範のうちへ呼び戻される。そしてシュミットは、例外状態論である『独裁』(一九二一) に引き続くかたちで国家主権の理論である『政治神学』(一九二二) を著すことによって、国家理性論が主権論によって克服されるこうした政治思想史の道程を反復しているのである。それは、例外状態を主権のもとで行われる行政執行へ馴致しようという努力の過程にほかならない。それゆえ、以下のアガンベンの指摘は本質的なところを突いている。

シュミットがまず一九二一年の著作 (『独裁』) やそれに先立つ論考において例外状態の理論と実践を定義し、その次の段階になって初めて『政治神学』において主権についての彼の理論を定義したというのは、たしかに偶然ではないのである。[16]

そして問題は、(歴史的に見ても、シュミット自身の理論においても)主権理論は例外状態(として)の統治を飼い慣らすことに根本的には成功しなかったのではないかということだ。統治をこれまでかろうじて法や主権に繋ぎ止めていた近代初期以来の不安定な接合は、今日再び失われつつあるのではないだろうか。

3 国家理性の道徳的悲劇?

もっとも、国家理性論は、シュミットが考えるような単なる権力技術論であったわけでもない。それは緊急事態における法規範の侵犯ではあるが、しかし同時に、より高次の目的によって正当化された規範的行為であるともみなされていたからである。つまり国家理性とは、通常の規則が妥当しない例外事例において行為するさいに、支

16 アガンベン『例外状態』、七一頁。

配者がそれでもなお従わねばならない規則を表している。それゆえ、それは単なる道具的概念ではなく、道徳的概念でもある。したがってそこには、法を侵犯するための法、もしくは道徳を逸脱させるための道徳というパラドクスが内在している。

　このことは、すでに古典となったフリードリヒ・マイネッケの著作『近代史における国家理性の理念』（一九二四）のなかで、国家理性論に内在する力（クラトス）と倫理（エートス）のダブルバインドとして問題にされている。このダブルバインドは、伝統的な宗教道徳から身を引き離すと同時に、政治固有の新たな支配道徳を打ち立てねばならないという、近代初期に緊急の政治的関心を反映したものであった。だがマイネッケはそうした国家理性論に法と力の困難な妥協を見出し、そうした試みの必然的な挫折を示すのである。

　国家理性は単なる支配維持の手段であってはならない。それゆえ、国家理性を規範化するための努力は、近代初期の政治理論家によって繰り返し試みられる。[17] 一五八九年の著作で国家理性論の先鞭をつけたボテロは、「利害の理性」としての「国家理性」の必要性を認めつつも、イエズス会の敬虔なカトリック聖職者として、それをあくまでキリスト教と一致させることを目指していた。無神論的な統治技術としての「マキャヴェリズム」や「タキトゥス主義」を回避するために彼が行ったのが、キリスト教規範に従う「良い国家理性」と従わぬ「悪い国家理性」との区別である。それほど有効であるとも説得的であるとも思えないこうした区別は、とはいえ、彼以降の国家理性論者やアルカナ理論家においても再三にわたって持ち出されることになる。

例えば、この区別は初期の国家理性文献の一つであるジロラモ・フラケッタの一五九二年の国家理性論に受け継がれるほか、宗教をほとんど政治の道具にまで還元する極度のタキトゥス主義者であったアンミラートによる一五九四年のタキトゥス論でも、許される「アルカナ・インペリイ」と非難さるべき「支配の非行《フラギティア・ドミナティオニス》」という道徳的区別が行われている。また、タキトゥス主義的というよりはアリストテレス主義的な国家理性論者であるアントニオ・パラッツォ、フェデリコ・ボナヴェントゥーラ、ルドヴィコ・ツッコロ、ルドヴィコ・セッタラなどにおいても、国家理性を単なる秩序の安定の手段とみなすのではなく、何らかの自然法的な正義と一致させようとする努力が見られる。

こうした事情はドイツのアルカナ・国家理性論者においてもやはり同様である。クラプマルの『国家の機密《アルカナ》について』（一六〇五）では、アンミラートの影響のもと、「ア

17　イタリアとドイツの国家理性・アルカナ論者における道徳問題については、Münkler, *Im Namen des Staates*, a.a.O., S. 280ff.; Behnen, »ARCANA — HAEC SUNT RATIO STATUS«, a.a.O.; Richard Tuck, *Philosophy and Government 1572–1651*, Cambridge University press 1993, pp. 120–131 参照。

ルカナ・インペリイ」／「支配の非行」という区別がそのまま踏襲されている。また、クリストフ・ベゾルトも国家理性を、アリストテレス的な意味での「宜しさ《エピエイケイア》」もしくは古代ローマ的な「エクイタス」と同義であるような「衡平」を意味する概念とみなし、法の侵犯を許すような正義の原理であるとしている。[18]ベゾルトはクラプマルのアルカナ論を法学の分野へ移し変えるのに貢献した人物であるが、このような国家理性の規範化は一七世紀における公法学の発達のなかで一層推し進められ、ヘルマン・コンリンクやヤーコプ・トマジウスを始めとする一七世紀半ば以降の公法学者においては、国家理性は政府による干渉行為の「法的権限」へと法学化されていくことになるだろう。いずれにせよ、アルカナや国家理性は通常の法や道徳は踏み越えるものの、決して単なる権力技術ではなく、理性法から導出される客観規範としての「公共の福祉」に従属しているとみなされている。

だが、こうした一連の努力にもかかわらず、国家理性やアルカナは「マキャヴェリズム」的な権力政治であるという疑念から逃れることはできなかった。実際、国家理性学派の内部においても、トライアーノ・ボッカリーニのように、国家理性の有用性を認めつつも、それは「あらゆる神法と人間の法に矛盾する」[19]として、そこにいかなる規範性も認めなかった人物もいる。国家理性論はとりわけ、宗教倫理をなお強く保持した理論家たちからの激しい非難に晒された。カトリック・イエズス会の理論家のみならず、プロテスタントの側でも、ディートリヒ・ラインキンクやファイト・ルートヴィヒ・フォン・ゼッケンドルフといったルター派の公法学者たちが、国家理性論を強く批判して、世俗化した政治の再キリスト教化を図ったのである。[20]

例えばラインキンクはその著作『聖書によるポリツァイ』(一六五三)において、国家理性を「悪魔の理性」と呼び、その法的性格を完全に否定している。「ユスティティア〔正義の女神〕が世界に別れを告げ、国家理性が支配を握った」というわけである。ゼッケンドルフの『ドイツ君主国』(一六五六)においても同様に、アルカナや国家理性は無神論的な奸計と同一視されている。このように、国家理性という例外措置に法的・道徳的な意味を与えようとする試みには、つねに不信の目が向けられていた。

国家理性論は、法に違反しつつも法に従っているというパラドクスをうまく処理できているとは言い難い。それゆえマイネッケは、法と力という両極を内在させている国家理性は、結局のところ、力の肥大化を制御することができなかったという悲観的

18 Besold, »De Arcanis Rerumpublicarum«, op.cit., S. 12.「宜しさ」あるいは「衡平」については本書の第10章参照。
19 Zit. nach: Behnen, »ARCANA — HAEC SUNT RATIO STATUS«, a.a.O., S. 160.
20 Vgl. Stolleis, »Arcana Imperii und Ratio Status«, a.a.O., S. 60ff.

診断を下すのである。彼が一九二〇年代前半に国家理性論を著したとき、その念頭にあったのは何よりも第一次世界大戦の破局である。マイネッケの著作は大戦をひき起こすことになった権力政治の系譜学であり、純粋な思想史研究の書というよりは、彼の同時代の政治的惨禍に対する応答にほかならない。

マイネッケによれば、政治家はしばしば法や道徳を犠牲にして国家利害を救うという罪科を犯さざるを得ない。国家理性論はそうした侵犯行為をそれでも何とか規範化しようとしたが、結局は法と力を調和させることができなかった。ヘーゲルからトライチュケに至る一九世紀ドイツの権力国家思想、およびその帰結としての第一次世界大戦は、場合によっては法や道徳に反して行動することを命じる国家理性の「近代的な肥大症[21]」の悪しき結果だというのである。

ただし、マイネッケは法と力のこうした相克を根本的に解決できるとは思っていない。むしろ、このように法と力のあいだで引き裂かれつつも、この矛盾を自覚的に引き受けて行為することこそが、政治的行為者の「悲劇」的な倫理であると考えている。こうしてマイネッケは、二〇世紀前半のドイツではお馴染みの悲劇倫理のうちに国家理性の根本問題を見出すことになる。

力による法侵犯の問題が国家理性論争の中心を占めていたことは疑いないが、今日の私たちがマイネッケの問題意識を共有する必要はまったくない。繰り返すが、本書において重要なのは、国家理性やアルカナが法・宗教規範から独立した固有の合理性を持った「実務技術」(カール・シュミット)であるという点である。そして、一六／一七世紀の国家理性・アルカナ論争から見て取ることができるのは、近代主権とそれに基づく法秩序に対する統治の自立性、さらに言えば、その「先行性」という問題なのである。

4　近代国家の二つの身体

一六四八年のウェストファリア条約によって、ヨーロッパ宗教内戦はさしあたりの終結を見る。これによって、国家理性による法侵犯をいかに正当化しうるかという問題は、理論的に解決されたというよりも、事実的・歴史的に不要となった。諸国家が領域内の公安と秩序を確立し、その領域支配が安定化することで、例外措置としての国家理性の使用はますます限定的になっていったからである。それに伴い、一七世紀

21　マイネッケ『近代史における国家理性の理念』、五七五、五七八頁。

後半には国家理性論争も徐々に沈静化していくことになる。国家理性は対内治安の確立という使命を終えつつあり、これ以後、その語はもっぱら国際関係のなかでの国家の外交的な利害関心を指す用語として用いられるようになる。実際、政治理論においても、ホッブズからルソーに至る契約論では、非常事態における国家の法侵犯が問題にされることはほとんどなくなるだろう。

　こうして、平和を維持するための手段であると同時に、その存立と保存それ自体が平和を意味するような自己目的としての「国家（état, state, Staat）」が登場する。そこで重要となるのは、現存の支配・権力関係を安定的に維持することにほかならない。それ以前のマキャヴェッリの場合は、国内抗争のダイナミズムを絶えざる領土拡大へ繋げていった古代ローマが理想化されるように（『ディスコルシ』第一巻六節）、権力の維持は権力の獲得から区別されず、それゆえ権力の行使は、同時に恒常的な拡張・征服活動であるともされていた。ネグリ／ハートなどは、まさに領有と拡大によって自らを維持するマキャヴェッリ的な共和国に「帝国」的な「構成的権力」の一つの原型を見るのであるが、[22] 近代国家が確立するに従って、こうした「拡大的共和国」の思想は消えていくことになる。「共和国《レス・プブリカ》」の理論は「国家」の理論に取って代わられ、支配の獲得と拡大は、支配の保存の背後に退くのである。こうした変化は、すでに一六世紀末のボテロの著作のうちに見出すことができる。彼は国家理性を、国家の「拡張」

よりも、その「保存」に関わるものとして定義しているからである。[23]「国家」と名付けられた近代政治秩序の使命は、支配の現状を平和のうちに保全することである。

ルーマンが指摘するように、こうした近代の「国家」は主として領土性に関連付けられた概念として把握されることになる。維持されるべき現状とは、とりわけ領土のそれである。「そうなれば国家概念も、一方では領土に対する支配、また他方では領土そのものを指し示すことになる。その場合、国家概念の統一性は毀損されやすさという観点から考えられている。あるいは戦争という観点から、と言ってもよい」[24]。ここで前提とされているのはむろん、対内支配を確固たるものにした領域国家の登場である。一七世紀半ばより、宗教内戦の時代は国際法の時代へ、つまり、領域支配を確立した国家同士の戦争と平和の時代へ移行する。近代国家がその内政的安定を実現し、国家を主体とする国際法秩序が成立することで、国家理性という語も、今日一般にイメージされるように、もっぱら外交・国際関係に関わる用語へと転化していくわけで

22 アントニオ・ネグリ／マイケル・ハート『〈帝国〉』水嶋一憲ほか訳、以文社、二〇〇三年、二二四—二二八頁。
23 Vgl. Behnen, »ARCANA — HAEC SUNT RATIO STATUS«, a.a.O., S. 138.
24 ルーマン『社会構造とゼマンティク3』、七〇頁（原文参照のうえ訳文変更）。

ある。

領土性というものは、今日においてもなお国家を特徴づける特別な指標たりうるのか。ルーマンがこの問いに与える答えは、「否」である。今日の政治は、旧来の国家の指標である領土性よりも、福祉国家的な配慮やエコロジーの要求をめぐって展開されている。そして、こうした現代的なコンフリクトを処理するには、領土に規定された伝統的な国家政治とは別のシステムが求められるというのである。しかしこのことは、近代において誕生した「国家」なるものの終焉を意味するのではないか。「例えば、福祉の安定化やエコロジー的な政治が強く求められている。この要求は、いま述べた意味での機能的に自律的なシステムでしか満たすことができない。それは別のやり方でも期待できるかもしれないが、しかしそれによって、私たちが国家と呼ぶことに馴染んでいる現実からは、最終的に離れることになるのである[25]」。ルーマンの言うように国家概念を完全に放棄するところまで行く必要はない。だが、統治の重心が領土から福祉国家的な配慮へ移ることによって、国家という存在が近代の誕生当初とはその性格を大きく変容させたことは間違いない。

よく知られているように、フーコーは一六／一七世紀に数多く生み出された統治技術論のうちに、今日まで続く「国家の統治性化」の源流を探っている。彼の説明に従うなら、領土を基礎とする近代主権国家は、一九世紀における「社会問題」の発見とその解決としての社会福祉国家の発展によってはじめて変質したわけではない。それはすでに近代初期の段階において、「人口」を統治の対象に設定した学の出現によって事実上侵食されていた。

統治に関する問題がついに主権という法的な枠組みの外で思考・考察・計算されることが可能になったのは、人口という特有の問題が知覚されるようになったから、あるいはまた（今では経済と呼ばれている）あの現実の水準が取り出されたからだと言うこともできるでしょう。[26]

「領土」ではなく「人口」の支配を目指すこうした統治において重要なのは、主権の法的境界としての領土を量的に拡張することではなく（近代国家における「領土」は言うまでもなく「法的」概念である）、国家を成している諸力の質的な強化である。そのさい役に立つのは、国家を構成する人口・資源・富について統計学的に算定し、その増大化を図るような、国家についての科学的な知にほかならない。要するに、こ

25　同、一二二頁（原文参照のうえ訳文変更）。
26　フーコー『安全・領土・人口』、一二八頁。

こでは国家は、法や主権といった規範的擬制においてではなく、その物質的実在において把握されるのだ。フーコーの見るところ、こうした「国家の物理学」はすでに部分的には国家理性論のうちにも見出せるものであるが、とりわけ一七世紀以降、イギリス・フランスの重商主義、あるいはドイツの「官房学」や「ポリツァイ学」のもとで本格的に展開するのである。

一般に近代ドイツにおける国家の学としてよく知られているのは、公法学という分野である。一六〇〇年頃にドイツの大学内の講座として誕生したとされる「公法(jus publicum)」は、一七世紀を経るうちに急速に発達し、それとともに、政治についての学はもっぱら「帝国公法論者」と呼ばれる法学者たちを主役として展開することになる。[27]それによってアルカナ論は徐々に公法学のうちへ吸収されていき、一七世紀半ば頃からドイツで定着してくる国家理性の語もまた、非法学的な例外措置というその性格を稀薄化させ、もっぱら法学ディシプリンの内部の概念として受容されるようになる。そして一八世紀には、国家理性というテーマ自体が帝国公法論のなかから消えていく。かくして近代のドイツにおいては、国家についての言説はもっぱら法的言語によって構造化されるようになる。

しかしながら、こうした動向のなかにあっても、法や主権のコードから独立した統治の学はまた別のかたちで発展してくる。それが、一七世紀に公法学と時を同じくして生まれてきた「官房学」である。つまり、租税・貿易・財政など富の増加に関わる行政統治論であり、ドイツにおける政治経済学の起源ともされる学問分野である。ボルニッツ、ベゾルト、ゼッケンドルフといった公法学者は、同時に初期の官房学の形成にも貢献した人物であったことを忘れてはならない。[28] ここには、まさに近代国家が有する「二つの身体」が顕著に顕わとなっている。すなわち国家は、一方では法と主権に基づいて構築された規範的な存在であるが、他方では自然科学にも似た実証的な知によって理解される物理的な存在でもあるのだ。

国家を物質的な実在として把握するこの官房学は、すぐに公法学の単なる補助学としての役割から離れて、自立的な発展の道を辿ることになる。それは一七世紀後半には、化学者・錬金術師としても有名なヨハン・ヨアヒム・ベッヒャー、あるいは、ともにオーストリアの経済官僚として活躍したフィリップ・ヴィルヘルム・フォン・ホルニクやヴィルヘルム・フォン・シュレーダーによって独立した学問分野として確立される。そして、一八世紀のヨハン・ハインリヒ・ゴットロープ・フォン・ユスティ

27 Stolleis, *Geschichte des öffentlichen Rechts in Deutschland*, a.a.O., S. 141ff.
28 ヨーゼフ・A・シュンペーター『経済分析の歴史（上）』東畑精一／福岡正夫訳、岩波書店、二〇〇五年、三〇〇―三一一頁。

やヨーゼフ・フォン・ゾンネンフェルスを頂点とする「ポリツァイ学」へと繫がっていくのである。

一七世紀以降のドイツでこうした行政統治の学が発達したのには、特有の事情がある。中央集権化が進展していたイギリスやフランスとは異なり、三〇年戦争によって帝国の分裂状況が決定的となったドイツでは、「王権の神秘」などというように、主権を絶対主義的に神秘化できる余地がほとんど存在しなかった。一七世紀ドイツの公法学者たちは、ドイツ帝国の体制をめぐって、つまり、ボダンの言う「主権（majestas）」が帝国に存在するのかをめぐって論争を繰り返したが[29]、これは、皇帝こそが主権者であると規定するゼッケンドルフら皇帝派の努力にもかかわらず、事実上、単一の主権者への権力集中を否定する反皇帝派のケムニッツらに有利な決着を見たと言える。すなわち、一六六七年のドイツ帝国体制論（第一版）でザムエル・フォン・プーフェンドルフが有名な言明を下しているように、帝国は統一国家でもなければ国家連合でもなく、単に「不格好な怪物もどきの政体」（第六章九節）[30]に過ぎないという理解が定着し（とはいえプーフェンドルフは帝国を領邦諸侯による貴族政とみなすケムニッツに賛成するわけでもないが）、一九世紀初頭には若きヘーゲルが「ドイツはもう国家ではない」[31]と慨嘆するに至るのである。主権国家形成のこうした「後進性」ゆえに、ドイツでは主権の神秘的基礎付けの問いよりも、官房学のような具体的な統治技術論が発達することになったと言ってよいだろう。そしてそのさい、統治がなされる場は、国家理性を想起させる非道徳な外来概念として忌避された「国家（stato, Stat）」ではなく、まさにラインキンクの一六五三年の著作のタイトル（『聖書によるポリツァイ』）に見られるように、「ポリツァイ（Policey）」と名指されるのである。[32]

むろん、官房学やポリツァイ学の登場によって、規範的構築物としての国家の性格が否定されたわけではない。近代における国家の知は、いわば、主権に基づく法学的なコード化と、国民生活の物質的領野の記述という二つの動きが同時に進展していったからである。一九世紀ドイツにおける法学の中心分野としての「一般国家学」の発達は周知のとおりである。したがって、（おそらく今日においてもなお）規範的／物理的という国家知の二元論はなくなったわけではなく、領土や主権を基礎とする統治

29 Vgl. Münkler, *Im Namen des Staates*, a.a.O., S. 323ff.; Hans Fenske et al., *Geschichte der politischen Ideen*, Frankfurt am Main 2003, S. 309ff.

30 Samuel von Pufendorf, *Die Verfassung des deutschen Reiches*, herausgegeben und übersetzt von Horst Denzer, Frankfurt am Main 1994, S. 198–199.

31 ヘーゲル「ドイツ憲法論」、『政治論文集』金子武蔵訳、岩波書店、一九六七年、四九頁。

32 Werner Conze, »Staat und Souveränität«, in: Otto Brunner et al.(Hg.), *Geschichtliche Grundbegriffe*, Bd. 6, Stuttgart 1990, S. 16.

が、社会の諸力を統計学的に算定する人口の統治へ完全に置き換わったと考えるのは早計である。だが、国家の「象徴的身体」と「自然的身体」のあいだの緊張は、今日ますます強まりつつあるようにも見える。

要するに、近代の政治はバロック期以来、二つの側面において発展してきた。壮麗なスペクタクルを通じて主権者の栄光を現示する「国家劇場」としての側面と、大規模に構築された近代的官僚機構によって国民の物質的生活を統治する「国家物理学」としての側面である。前者の側面は、ルイ一四世時代のフランスなどに見られる華やかな宮廷儀礼や祭典のうちに典型的に示されているが、こうした演劇的政治が見えにくくしている後者の側面が、ドイツで発達した官房学やポリツァイ学のうちに現れていると言えるだろう。ドイツにおいては、「代表的公共性」の裏面を成すこの行政統治の学の系譜は、一九世紀まで途切れることなく受け継がれていくことになる。

一九世紀後半にドイツがビスマルクのもとで疾病・労災・老齢保険といった進歩的な社会保障制度を整備したことは有名であるが、なぜ先進資本主義国であったイギリスに先んじてドイツでこうした社会福祉国家の形成が可能であったのかという問いにも、ここから答えることができる。一七世紀以来の国家干渉主義的な「ポリツァイ国家」の伝統こそが、一九世紀のドイツにおける「社会国家」の誕生を準備したのであり、国法学者ロレンツ・フォン・シュタインなどもまさにそうした伝統の上で、国家が社会に積極的に関与するための行政学の理論をも発展させたのである。[33]その限りで、ドイツでは、「自由主義」的な「市民社会」もしくは「法治国家」の範例的なモデルを呈示したカントのような思想家は例外的であったとさえ言うことができ、その根底にはつねに「行政国家」の思想が連綿と流れ続けていたのである。

実際、例えばヘーゲルは、「市民社会」から「国家」への弁証法的展開を描き出した『法哲学』(一八二一)において、「ポリツァイ」はすでに「市民社会」の段階で見られる活動であると規定している(『法哲学』第一八八、二三〇—二四九節)。もっとも、彼にとってそれは、個々人の福祉と生計という特殊な欲求を対象とするがゆえに、限界なしにあらゆるものに手を広げようとする恣意的・偶然的な活動であり、やがては「国家」という普遍的倫理体系のうちに解消されるべきものであるのだが。

近代の主権理論および民主主義理論が目を向けてきたのは、つねに「国家劇場」の、表象代表の、公開性の空間であった。人々の目の前で上演されること、そしてそれによって彼らの検証と熟議に晒されること。こうした公開性の試練を通じてこそ、政治は神なき世俗化された世界において自らの規範を内在的に作り出すことができるわけ

33　ゲアハルト・A・リッター『社会国家』木谷勤ほか訳、晃洋書房、一九九三年、七四—八二頁。

である。そして、公開の場で行われた立法は、立法府の優位の原則のもと、法適用すなわち行政執行に対しても規範的なコントロールを及ぼすことができると期待されてきた。しかし、もし今日、統治が法や主権から自立化しつつあるということが事実なのだとすれば、いまや、かの近代行政の根源にこそ目を向け直すべきなのかもしれない。すなわち、バロック王権のスペクタクル的な劇場政治の下層にある不可視の空間に、あるいは、可視の主権代表者の背後で作動している統治と執行のエコノミーに眼差しを向けることによって、民主主義の理論を立て直していく必要があるだろう。

第5章　偽装と隠蔽のバロック

1　賢人と大衆

近代政治の出発点には宗教内戦という一種の例外状態があった。こうしたアノミー状態を統治するために要請されるのは、通常の法や道徳を踏み越えることもありうるような国家理性である。規範に背くこうした非常手段は、近代初期においては、とりわけ政治支配者による「偽装」の問題として問われることになった。「偽装(simmulatio)」や「隠蔽（dissimulatio)」は、バロック期に特に好まれた政治的主題の一つである。それは非難されるどころか、むしろ政治支配者が身に付けねばならない「叡智(prudentia)」と考えられたのである。

政治学者ユストゥス・リプシウスは著書『政治学』のなかで、キツネとしての君主の素質に触れつつ、「政治的叡智」には一定の欺きが含まれると述べている。

たとえわずかに水が調合されたとしても、ぶどう酒はぶどう酒であることを止めない。そして、たとえ数滴の欺瞞が調合されたとしても、叡智はなお叡智である。私がつねに考えているのは、良い目的のための控えめな欺瞞である。[1]（第四巻第一三章）

リプシウスは欺きを伴う叡智、すなわち「不純な叡智（prudentia mixta）」の使用をはっきりと認めている。リプシウスを始めとするタキトゥス主義者たちにとって、偽装の技術は、時と場合によっては許される政治手段であり、さらには、およそ統治を行う者であればすべからく我が物とすべき政治手段であった。理想とされるのは、タキトゥスの『年代記』に登場するローマ皇帝ティベリウスである。「ティベリウスは、自分の美徳と信じているもののうちで、本心を隠す性向を、最も立派だと考えていた」（第四巻七一）。[2]

政治支配者は二枚舌を使い分けることができねばならない。彼の語りは大衆に向けられた公儀の語りと、政治の秘奥に通じたわずかの者だけが理解できる密儀の語りに分裂する。「政治的叡智」とは、少数者を宛先とした秘教的な知である。近代初期のこうした思想から見て取れるのは、古代以来の「賢人」理想である。とりわけ近代初期には、リプシウスに代表される新ストア主義の多大な影響のもとで、このような賢人論に基づく処世訓が流行することになる。しかし、近代初期のこの「賢人」は、単に観想的生活に没頭する非政治的な哲学者ではない。ストア的な賢人は、ここではマキャヴェリズムあるいはタキトゥス主義と結びついている。つまり彼は、アルカナや国家理性という秘密の政治的知を操る支配エリートである。かくして近代初期の政治理論においては、もっぱら少数の支配者に向けて書かれた「君主鑑（Fürstenspiegel, Miroirs des princes)」と呼ばれる一連の帝王学文献が一大ジャンルを形成することになる。

ところで、大衆向けと賢人向けという二重の語りの思想は、タキトゥスのみを古代の源泉とするわけではない。それは周知のように、支配者が国民に偽りを述べるのはしばしば有益であると説いたプラトンの『国家』にすでに見出せるものであり（三八九B―C)、これは一般に「高貴な嘘」（四一四B）として人口に膾炙することになる。プラトン以来のこのような秘教主義を政治哲学の伝統の核心とみなしたのは、言うま

1　Lipsius, *Politicorum*, op.cit., p. 230.
2　タキトゥス『年代記（上)』、三二一頁。

でもなく政治学者レオ・シュトラウスである。彼は、現代においては忘却されてしまった「行間に書く」技法を、啓蒙主義以前の近世哲学者のうちに見出そうとする。[3]彼によれば、近世の哲学的著作においては、おそらく一八世紀のレッシングに至るまで、公教と秘教を使い分ける独特の著述技法が存在していた。しかし、それ以後の啓蒙主義の地平の上にいる現代の私たちは、隠蔽しつつ真理を開示するというこの技法が理解できなくなっているというのである。

シュトラウスの言うように、一六／一七世紀においては、書物の秘教性ということが大きな問題系を成していたことは確かである。秘密の知を含んだ著作はすべての人に開示される必要はないし、誤った者の手に渡ったらその内容が破壊されてしまう。それゆえ例えば、当時のスペインでは、タキトゥスの著作が広く出版されるべきか、それとも、ごく一部の者に向けた草稿にとどめるべきかをめぐって論争が行われ、また、アルノルト・クラプマルのアルカナ論への応答としてガブリエル・ノーデが執筆した『ク・デタについての政治的省察』(一六三九)は、少数の政治支配者に宛てた著作として、初版の印刷がわずか一二部にとどめられた。こうした文脈のなかで、大衆と距離を取るストア的な賢人がこの時代の模範となったのであり、しかもそれは当時の「君主鑑」に見られるように国家理性論と結びつくことによって、エリート主義的な秘密政治、すなわちある種の「哲人政治」を正当化することになる。

他方、啓蒙主義の哲学が目指したのは、このように自らを秘教の領域に限定することではなく、秘密そのものを廃棄することである。それは特に、一八世紀に登場する歴史哲学の助けを借りて遂行されることになる。啓蒙の時代においても、たしかに秘密の領域は存在する。つまり、時間的な未来という領域である。自らの意図を隠匿する支配者と大衆との間に存在した「観察の非対称」は、いまや過去と未来との間の「時間的な非対称」に転移される。[4] 近代においては、不透明で不確実なのは未来だけである。しかし、それは時間の進行によって明らかになる秘密である。歴史哲学的な進歩信仰は、あらゆる秘密の暴露を必然とする。秘密や嘘は決して永続するものではなく、一定の時間的猶予の後、最後には必ずや真理が顕わになる。ラインハルト・コゼレックが解明したように、近代歴史哲学は啓蒙の最終的勝利を保証する役割を持っている。すなわち、アルカナとは「歴史哲学の秘密《アルカナ》」なのであり、未来における革命の勝利とアルカナの廃絶はすでに前もって予定されているのである。[5]

3 レオ・シュトラウス「迫害と著述の技法」石崎嘉彦訳、『現代思想』第二四巻第一四号、一九九六年二月臨時増刊号、一八五―一九七頁。
4 Luhmann/Fuchs, »Geheimnis, Zeit und Ewigkeit«, a.a.O., S. 136f.
5 ラインハルト・コゼレック『批判と危機』村上隆夫訳、未來社、一九八九年、一四九―一五〇頁。

これに対し、哲学の秘教性という反近代主義的な立場にこだわるシュトラウスには、哲学的真理と政治との架橋に対する懐疑がある。そのさいの彼の関心は、エリートによる「哲人政治」というよりも、むしろ哲学者が受ける迫害の問題にあった。哲学者が二重の著述技法を強いられるのは、真理を公に開示することによる政治的迫害から身を守るためにほかならない。秘教的な語りのうちで、哲学者は自らの内面的自由を保持する。迫害の危険があるところで、哲学的著作は秘教性を帯びるというわけである。

シュトラウスによれば、迫害と著述技法のこうした関連は、大衆による哲学者の弾劾について語ったプラトンに始まり（『国家』四九四A）、マイモニデスなどの中世ユダヤ・イスラーム哲学を経て、ホッブズやスピノザといった近世ヨーロッパ哲学者たちにまで見出されるものである。そしてシュトラウスにとって、このような思想の自由の確保は、現代の大衆社会状況においてもなお過ぎ去った問題ではない。そうして彼自身、観想的生活の優位という古代ギリシア的な理想へと退隠していくことになる。

シュトラウス自身のこうした立場に賛同するかどうかは別として、迫害と秘教主義に一定の関係があることは確かである。なぜ秘密と隠蔽の身振りが、とりわけ近代初期の政治的・哲学的言説のうちにかくも多く見られたのか。例えば、スピノザの著作に大衆向けと賢人向けの二重言語が見られることは再三指摘されているが、イルミヤフ・ヨベルはシュトラウスのテーゼを受け継ぎつつも、それをもっぱら特殊ユダヤ的な経験に起因するものとみなしている。すなわち、宗教的迫害のなかで自らの信仰を隠蔽せざるをえなかったイベリアの改宗ユダヤ人である「マラーノ」の経験である。[6]しかしながら、この時代の哲学における秘教主義は決してスピノザにもユダヤ人にも特有のものではなく、それをマラーノ性だけに還元することはできない。

近代初期の政治哲学における偽装の問題は、より一般的に、宗教内戦という当時の歴史的背景をもとに理解できる。この宗教分裂の時代、スピノザに限らず多くの人々が、支配者の圧制によるものであれ、大衆の狂信によるものであれ、迫害の危険を前にして自らの信仰と内面性を偽装することを強いられた。そこでは、内面と外面の分離は極限まで拡大する。偽装と隠蔽は、それが君主の国家理性的な術策であるにせよ、被迫害者の内面的自由の保護であるにせよ、この内戦の時代に特有の身振りである。それはいわば、自らの真の意図を秘匿することで戦乱の時代を生き抜こうとするバロック的な「賢人」の処世術だったのである。

6　イルミヤフ・ヨベル『スピノザ　異端の系譜』小岸昭ほか訳、人文書院、一九九八年、五一―五二頁、一七九―二一〇頁。

2　内戦時代の君主鑑——徳から叡智へ

もっとも、偽装と隠蔽は、近代初期の政治的言説においては、もっぱら支配者のための「君主鑑」というジャンルのなかで扱われた主題であったことは事実である。このような秘密政治の薦めにおいて前提されているのは、君主と市民との間の架橋不可能な懸隔にほかならない。そうした考え方に示されているのは、一六世紀前半まではかろうじて存在していた共和主義的な精神の消滅である。それまでフィレンツェを始めとするイタリア都市国家を中心に栄えていた市民的人文主義《シヴィック・ヒューマニズム》は、戦乱のなかで進展していく君主への集権化を前に衰退していく。それとともに、共和主義的な市民は政治の場からますます遠ざけられ、単なる受動的な臣下へと脱政治化されることになる。

例えば、マキャヴェッリがなお強く保持していた共和主義への信頼は、メディチ家の重臣となったフランチェスコ・グィッチャルディーニにおいては極めて稀薄になっている。一五二七年から三〇年にかけてフィレンツェでメディチ家の専制支配に対する最後の共和主義的抵抗が行われたとき、グィッチャルディーニは同時期に執筆した箴言集『リコルディ』のなかで、市民の政治関与について悲観的な見通しを述べている。「政庁《パラッツォ》と広場《ピアッツァ》の間にはたいそう濃い霧がたちこめていたり、あるいはぶあつい壁でさえぎられているので、人間の目をもってしてはそれを見とおすことはできないのである」[7]。

こうした変化とともに、一六世紀半ば以降には市民の共和主義的な自由は政治思想の関心事から退き、代わって君主の統治術という問題が浮上してくる。バロック期には、人文主義的な共和主義が君主のための弁明論に取って代わられるのである。そこで扱われるのは、もはや共和政のもとで市民が備えるべき徳ではなく、君主に必要とされる徳である。賢人たるべき君主に宛てられた秘奥の書とも言えるこの時期の一連の「君主鑑」は、共和主義の終焉の表徴なのである。

たしかに君主鑑は、すでにセネカなど古代ローマのストア主義者によって好まれ、中世においても存在し続けてきた伝統的なジャンルである。そこで問題となっているのは、有徳な君主とはいかにあるべきかという義務論であり、暴君とならないための条件である。このことは、古代ストア派の君主鑑であれ、中世のキリスト教的なそれであれ、変わることはない。しかしながら、このように暴君と有徳な君主、あるいは専制と真の王制を区別するような問題設定は、近代初期における宗教内戦の激化のう

7 フランチェスコ・グィッチャルディーニ『フィレンツェ名門貴族の処世術』永井三明訳、講談社学術文庫、一九九八年、一二九頁。

ちで徐々に消えていく。つまり、平穏と秩序の回復が人々の喫緊の関心となるなかで、このような規範的区別を導入することは、しばしば抵抗権や暴君放伐を正当化し、内戦を招来しかねないものとして忌避されるようになるのである。

したがって近代初期に現れた君主鑑は、伝統的な君主鑑とはその性格を異にする。すなわち、それが関心を向けるのは、公安と秩序を維持するための君主の処世術にほかならない。単に有徳であることは、もはや君主の条件にはなりえない。陰謀や反乱の可能性に恒常的に晒された君主がその危険を回避するには、徳は不要であるどころか、しばしば邪魔でさえある。伝統的な君主鑑が想定していたように、君主は道徳的あるいは神学的に完璧な理想的人格を備えている必要はないし、万人が模範とするような存在である必要もない。敵対性のうちで生きる君主は、偽装と秘密によって人々を欺きつつ統治を遂行せねばならない。まさにこうした狡猾な叡智こそが、この時代の君主鑑において説かれるものなのである。

マキャヴェッリの『君主論』が伝統的な君主鑑のスタイルに従った著作でありながら、それとは決定的に手を切っている理由もこうした観点から理解できる。[8] 彼の言う力量《ヴィルトゥ》は、それ以前の君主鑑が問題としていた徳《ウィルトゥス》ではない。彼は永遠不変の君主の人格理想について語るような徳論とは無縁である。『君主論』では、君主のあるべき理想像を説くような君主鑑が「夢物語の君主に関する話」として突き放されている。

これまで多くの人は、現実のさまを見もせず、知りもせずに、共和国や君主国のことを想像で論じてきた。しかし、人が現実に生きているのと、人間いかに生きるべきかというのとは、はなはだかけ離れている。[9]（第一五節）

マキャヴェッリの君主は無時間的な道徳規範に従うのではない。この新しい君主の力量《ヴィルトゥ》は、ラディカルに時間化された世界のなかで、時機に応じてそのつど自らの外観を変えていく能力にこそある。ここで重要なのは、君主の何らかの内面性や人間本性ではなく、その外見もしくは評判である。

『君主論』で繰り返し強調されるのは、君主にとって名声や評判がいかに決定的な意味を持つかということである。君主は実際にどうあるかよりも、人々にとってどのように見えるかということに配慮せねばならない。だからこそマキャヴェッリは、君主による偽装の必要性を主張するのである。

8　『君主論』とそれ以前の君主鑑との切断については、Senellart, *Les arts de gouverner*, op.cit., pp. 211–230.

9　マキァヴェッリ「君主論」、『マキァヴェッリ全集1』、五一頁。

君主は前述のよい気質を、何からなにまで現実にそなえている必要はない。しかし、そなえているように見せることが大切である。いや大胆にこう言ってしまおう。こうしたりっぱな気質をそなえていて、後生大事に守っていくというのは有害だ。そなえているように思わせること、それが有益なのだ、と。[10]（第一八節）

これは単純な「マキャヴェリズム」的な権謀術数を説いているわけではない。マキャヴェッリが言いたいのは、君主の力は、彼が大衆の前に現前するイメージのうちにあるということだ。力を持つ者とは、力を持っていると人々から思われている者にほかならない。したがって、君主は自らの見かけにこそもっとも気を使わねばならない。だからこそ『君主論』では、いかに民衆からの尊敬を勝ち取るべきか、あるいは憎まれ軽蔑されることを避けるべきかが語られる（第一九節）。外敵に対するにせよ、国内の陰謀・反乱に対するにせよ、君主は自らの名声と評判をもっとも有効な武器にすることができる。君主には、まさに偽装の達人であることが求められる。

かくして一六世紀後半以降のタキトゥス主義的な君主鑑においても、偽装は重要な主題となる。[11]リプシウスの『政治学』（一五八九）も君主鑑の体裁を取った著作であるが、そこでは「徳」とともに政治生活の二本の柱を成す原理として、欺瞞をも含む「叡智」が語られる。オランダ独立戦争のなかで幾度も改宗を繰り返し、しばしば「カメレオン」と揶揄されるリプシウス自身もまた、宗教内戦のなかで自らを偽装する術を身に付けていたと言えるかもしれない。

イタリアやドイツの国家理性・アルカナ論においても事情は同じである。シピオーネ・アンミラートの『コルネリウス・タキトゥスについての論説』（一五九四）では、国を治める君主は商いを営む商人と同じように秘密の帳簿を手元に置くことが勧められ、支配者の偽装や欺瞞が擁護される。[12] アルノルト・クラプマルの『国家の機密《アルカナ》について』（一六〇五）でも、第六巻の全篇にわたってアルカナ実践の一部としての「偽装《シムラークラ》」が論じられる。

また、タキトゥス主義は一六〇〇年前後のエリザベス朝イングランドにも伝播し、とりわけシェイクスピアを始めとするエセックス伯周辺のサークルで関心を集めるが、[13] その一人であったフランシス・ベーコンもまた『随想録』（一五九七／一六二五）の

10　同、五九頁。

11　近代初期の政治思想における偽装の問題については、August Buck, »Die Kunst der Verstellung im Zeitalter des Barock«, in: *Festschrift der wissenschaftlichen Gesellschaft an der Johann-Wolfgang-Goethe-Universität Frankfurt am Main*, Wiesbaden 1981, S. 85–103; Münkler, *Im Namen des Staates*, a.a.O., S. 306–313.

12　Senellart, *Les arts de gouverner*, op.cit., pp. 54–55.

第六篇を「偽装と隠蔽」についての考察にあてている。彼は「知は力」と述べた自然科学的探究者にふさわしく偽装の術策を批判しているが、一定の留保のもとではやはりそれを認めているようである。

こうしたなかで、内戦状況のさなかに身を置きながらも、あくまで偽装の技術の使用を拒んだミシェル・ド・モンテーニュのようなモラリストは例外であったと言えよう。ユグノー戦争の只中で書かれた『エセー』（一五八〇／八八）ではこう断言されている。

なぜなら、近ごろおおいにもてはやされている粉飾とか偽装というような新しい徳については、私はこれを徹底的に憎むからである。また、あらゆる悪徳のなかで、私は、これほど心の卑怯、下劣を示すものはないと思う。[14]（第二巻第一七章）

しかし他方、モンテーニュの友人であったフランスの哲学者ピエール・シャロンによる『智恵について』（一六〇一）も内戦時代の処世訓と言える著作であるが、そのなかでは、不信や不誠実の渦巻く時代においては「個人にとっては悪徳であるような隠蔽は、君主にとっては極めて必要不可欠である」と述べられている（第三巻第二章七）。[15] この時代の多くの人々にとって、偽装は生き延びるために不可欠な処世術として意識されていたのである。

3 文明、礼儀、偽善

外見こそをもっとも重んじるような生き方は、君主に限らず、上流階級の宮廷人全般が身に付けるべきいわば「礼儀作法」として徐々に定着していくことになる。したがって、有名なバルダザール・カスティリオーネの『宮廷人』（一五二八）やジョヴァンニ・デラ・カサの『作法（ガラテーオ）』（一五五八）といった宮廷作法のための入門書もまた、この時代に特徴的な著作ジャンルである。宮廷人としてのあるべき立ち居振る舞いについて事細かに解説したこれらの著作で説かれているのは、人格的陶冶などではなく、服装、話し方、食事の仕方といった社交上の体裁である。そこには、儀礼や作法というものに対する極めて形式主義的なこだわりがある。宮廷人にとっては、

13　Cf. Tuck, *Philosophy and Government 1572–1651*, op.cit., pp. 104–119.
14　モンテーニュ『随想録（エセー）下』松浪信三郎訳、河出書房新社、二〇〇五年、二〇二頁。
15　Pierre Charron, *De la sagesse*, Fayard 1986, p. 557.

上品とみなされるような外見を完璧に整えることこそが重要なのである。宮廷生活とはいわば「仮面」の生である。そこでは、外見上の振る舞いこそが有徳であることを証する。宮廷人たちは他者の前で演劇的に自己現示することによって生きている。このような外見と現前性の優位のうちに、絶対王政期の「代表的公共性」が成立するわけである。

これら一連の礼儀作法入門書は、近代初期における民衆文化からの上層階級の撤退を示すものである。すでに歴史家ピーター・バークが明らかにしているように、かつて中世においては上層文化と下層文化の区別は決して自明のものではなかった。貴族や支配者も民衆のカーニヴァルに参加したし、大道芸人や道化師も王の前で芸を演じることがあった。しかしいまや、上層階級は大衆から徐々に距離を取り始める。王侯・貴族は品位ある作法や洗練された振る舞いを身に付けることで、野蛮で蒙昧な民衆文化から自らを差異化しようとするのである。[16]

ノルベルト・エリアスはより広い観点から、上層階級における礼儀作法書のこのような流行を、「文明化の過程」の決定的な一歩とみなしている。[17] 彼はこの時代の「礼儀（civilité）」の概念のうちに「文明（civilisation）」概念の根源を見出そうとする。礼儀作法といった外面形式を通じて情念の発露を抑え、自らの行動様式を統御する「宮廷的合理性」とは、他者の視線を内面化する一種の自己監視メカニズムであり、ここから、自己を客観化することが可能な近代的個人が生まれてくるというわけである。ちなみにカール・シュミットもまた、この時代における「政治」、「ポリツァイ」と並ぶ「礼節（Politesse）」概念の出現を、大陸ヨーロッパにおける近代主権国家体制のもとでの文明化と関連付けている。[18]

見た目の効果というものにこだわるバロック期の賢人論としてとりわけ有名なのが、スペインのイエズス会系の思想家バルタサール・グラシアンによる『神託手引および叡智の技』（一六四七）である。（一九世紀にショーペンハウアーの有名な翻訳によって知られるようになる以前に）すでに同時代のフランスで『宮廷人』というタイトルで普及していたこの著作では、[19]宮廷人に典型的であるような生き方、すなわち、行為の形式を整えることによる処世術が説かれている。

16　ピーター・バーク『ヨーロッパの民衆文化』中村賢二郎／谷泰訳、人文書院、一九八八年、四一―四八頁、三五〇―三六三頁。
17　ノルベルト・エリアス『文明化の過程（上／下）』波田節夫ほか訳、法政大学出版局、一九七七／七八年。
18　シュミット『ハムレットもしくはヘカベ』、一〇五頁。
19　エリアス『文明化の過程（下）』、三七二頁。

如何にして上手に仕上げるかが、あらゆる物事において重要な意味をもつのである。人当たりの良さは、相手の心を巧みに捉えてしまう。優雅な立ち居振る舞いは、生活に華を与える。品位ある行動を心がければ、どんな苦境も見事に克服できるのである。[20]

（一四番）

マキャヴェッリを厳しく弾劾したカトリックのイエズス会の会員でありながら、グラシアンのこの著作には紛うことなくマキャヴェリズムもしくはタキトゥス主義の痕跡が見出される。つまり、賢慮ある生き方とは、偽装による生なのである。

物事は実際の中味よりも、見た目がまかり通ってしまうものだ。（……）要は、見た目の良さが、中味の完璧さを示す最上のしるしとなりうるということだ。[21]

（一三〇番）

この時代の処世訓でもっぱら問題とされるのは、「何を」するかではなく、「いかに」するかという行為の形式である。このように可視的な外面の形式に基づく宮廷世界の政治的公共空間は、自らの本質を決して明らかにしないというバロック的な沈黙と隠蔽の身振りと表裏一体をなしている。

一七世紀フランスのモラリストたちの著作には、このように外見上の振る舞いや作法に支配された宮廷世界への辛辣な眼差しが見て取れる。ラ・ロシュフーコーの『箴言集』（一六六五）を全篇にわたって支配しているのは、世間で言われる美徳の背後に隠れている「利害《アンテレ》」を暴き出し、美徳の虚偽性を示そうとする身振りである。「われわれの美徳は、ほとんどの場合、偽装した悪徳に過ぎない[22]」。とはいえ彼はいわゆる道徳家ではなく、こうした世相への倫理的批判を意図しているわけではない。むしろ悪徳の使用は、しばしば処世にとって有用な叡智とみなされる。

悪徳は、薬の調合に毒が使われるように、美徳の調合に使われる。叡智がこれを混合し緩和して、人生の苦難によく効くように役立てるのである。[23]（一八二番）

彼はただ、美徳と悪徳が入り混じった「偽善」としての生をシニカルに眺める批判的

20　バルタサール・グラシアン『処世の智恵』東谷穎人訳、白水社、二〇一一年、一八頁。
21　同、一〇二頁。
22　ラ・ロシュフコー『ラ・ロシュフコー箴言集』二宮フサ訳、岩波文庫、一九八九年、一一頁。
23　同、五八頁（原文参照のうえ訳文変更）。

観察者にとどまるのである。

ラ・ブリュイエールも同様に、同時代の風俗を風刺した著作『カラクテール』(一六八八)のなかで、このように偽善に満ちた世相を描き出している。「人間は生れながらに嘘つきである。真理は単純にして自然であるが、人間は外観と装飾とを欲する」(第一六章二二)[24]。これはとりわけ宮廷生活のうちに顕著に見て取ることができる。宮廷人こそは、本心を偽って振る舞うことのできる偽装の達人なのである。「宮廷風をわきまえている人は、身振りも眼色も顔つきも自由自在である。なかなか心の奥底を人に見させない。悪だくみも見て見ぬふりをし、敵に対しても微笑み、不機嫌もぐっとおさえ、情念も仮装し、心情はいつわり、自分の本心とは逆に語りかつ振る舞う。だがこれらの偉大なる洗練も、畢竟虚偽という不徳にすぎない」(第八章二)[25]。

ラ・ロシュフーコーやラ・ブリュイエールがこれらの著作を執筆した一七世紀後半は、ユグノー戦争が終結しているのはもちろんフロンドの乱(一六四八―五三年)もすでに鎮圧され、絶対王政がその基礎を確固たるものにしたルイ一四世の時代である。しかしながら、偽装によって生き延びねばならないような、かつての内戦時代の不信と疑念の空間は、ある意味で宮廷の内部に転位していると言える。これらフランスのモラリストの著作が示しているのは、絶対王政期の宮廷生活が、自らを偽りつつ生き延びねばならない内戦のなかの生をなお継続しているという洞察にほかならない。その限りで彼らは、かのタキトゥス主義的な内戦理論家たちの紛うことなき継嗣である。

4 大衆への恐怖

偽装を行う政治支配者たちの生と大衆の生との距離を広げたのは、疑いなく宗教内戦のエスカレートである。宗教改革に伴う対立と混乱の拡大は、支配者や知識人たちに、情動的な存在としての大衆に対する軽蔑あるいは恐怖感を植え付けたからである。礼儀や作法を通じてストア主義的に情念を抑えようとする賢人に対し、非理性的な大衆は激情の発露を抑えることができず狂信に流される。大衆向けには別の語り口を用いる支配者の二重言語もここから要請される。支配者に賢人たることを求めるこの時代の言説が示しているのは、そのような大衆蔑視もしくは大衆恐怖の意識である。

大衆への軽蔑的感情は、一見したところ、いまだ宗教内戦という問題とは無縁であっ

24 ラ・ブリュイエール『カラクテール（下）』関根秀雄訳、岩波文庫、一九五三年、一三六頁。
25 ラ・ブリュイエール『カラクテール（中）』関根秀雄訳、岩波文庫、一九五三年、八頁（原文参照のうえ訳文変更）。

たマキャヴェッリにも存在するように見える。だが、そうした印象とは反対に、彼は依然として民衆という存在に高い政治的価値を与えているのである。確かに民衆は支配者をその外見だけで評価するのであり、それゆえ君主は汚名や悪評を被らないためのさまざまな手管が求められる。しかしこれは逆に言うと、君主の支配の安定性はまさに民衆からの評判に依存しているということである。マキャヴェッリにおける政治支配は、何らかの超越的・神学的根拠によって「上から」限定されるのではなく、大衆の情念と想像力によって「下から」限定されるのである。

これに対し、グィッチャルディーニの『リコルディ』においては、各所で民衆に対する容赦ない侮蔑的発言が見て取れる。「人民のことを語るのは、気が狂ったような獣のことを語るのと同じである。奴らは数限りないあやまちと底ぬけの混乱にみちあふれる」[26]、「人民について語る人は、まさに狂人《パッツォ》について語っているのである。彼らは無定見と誤りでみちあふれている化物だ」[27]、云々。

このような大衆蔑視は、新ストア主義者たちの叡智論においてとりわけ顕著である。情念に流されやすい大衆の臆見は、賢人(もしくは賢人たるべき君主)にとっての障害でしかないからである。リプシウスは『政治学』のなかで民衆の特徴を、「移ろいやすく」、「情動に囚われ」、「判断力を欠き」、「国家を無視する」等々、逐一列挙していき(第四巻五章)[28]、彼らを政治的不安定性の原因とみなしている。ストア的賢人論の典型とも言えるシャロンの『智恵について』でも、「智恵にとっての二つの悪もしくは二つの明白な障害物」である「民衆の臆見や悪徳」および「情念」が指摘され[29]、それらを克服すべきことが言われている(第二巻一章)。こうした「大衆への恐怖」はスピノザにすら見られるものである。彼の『神学・政治論』(一六七〇)は、「哲学的読者」にのみ向けられたもので「残りの人々」には薦められない。なぜなら、恐怖、希望、憎しみ、怒りなどの情動に流され、偏見や迷信に縛られたままの民衆は、自由な哲学の妨げでしかないからである[30]。

情動的存在としての大衆に対するこうした認識は、他方では、そのような情動を利用した政治戦略も生み出すことになる。すなわち、宗教を通じての大衆の情念の統御である。マキャヴェッリは『ディスコルシ』のなかで、宗教のそうした政治利用を勧めている。

26　グィッチャルディーニ『フィレンツェ名門貴族の処世術』、一二九頁。
27　同、二三八頁。
28　Lipsius, *Politicorum*, op.cit., pp. 132–138.
29　Charron, *De la sagesse*, op.cit., p. 377.
30　バルーフ・スピノザ『神学・政治論』畠中尚志訳、岩波文庫、一九四四年、五五―五六頁。

共和国や王国の主権者は、自分たちがもっている宗教の土台を固めておかなければならないのである。こうしておけば、なんの苦もなくそれぞれの国家を宗教的な雰囲気にひたしておけるし、その結果、国内の秩序はととのい、その統一も強固になるものである。たとえ眉唾ものだと思われるようなものでも、宗教的雰囲気をもりたてていけそうなものなら、なんでもそれを受けいれて、強めていくようにしなければならない[31]。

（第一巻一二章）

グィッチャルディーニもまた、より軽蔑的な口吻をもって、大衆は宗教を必要とすることを述べている。「宗教とか、あるいは神の名にかかわりをもつように思われることがらとは、ゆめ争ってはなるまいぞ。これらのことがらは、馬鹿者どもの頭脳のなかで、とほうもなく大きな力をふるっているからである[32]」。

近代政治は宗教そのものを否定したわけではない。それが否定したのはむしろ、中世における宗教の政治的優位である。政治はいまや宗教から自立することで、宗教を自らの道具にする可能性も手にすることになる。自律的なシステムとしての近代政治のもとでは、宗教はしばしば政治によって利用される。つまり、タキトゥス主義に見られるように、宗教は大衆向けのレトリックに還元され、迷信深い大衆の支配手段とみなされるのである。

例えば、アンミラートはそのタキトゥス論への補遺において、宗教的な畏怖を抱かせることで市民は容易に支配者に従うと主張している。[33] クラプマルもまた『国家の機密について』のなかで「宗教によって民衆を虜にすること」を主張し、それをもっとも効果的なアルカナ技術とみなしている。アリストテレスが『政治学』で述べている「たくみに工夫された政略 (ton politeion sophismata)」(一二九七a、一三〇八a) などに触れつつ、古代以来、宗教による偽装は大衆支配のための有効な手段であったことが強調されるのである(第二巻第九章)。[34]

とはいえ国家理性・アルカナ論者たちも、宗教をあからさまに単なる権力手段とみなしていたわけではない。宗教がこのように政治に従属することは、単に非道徳な権力政治を意味するのではなく、むしろ公安と秩序の維持という公共の福利に寄与するはずなのである。彼らは当時の宗教内戦状況のなかで、宗教分裂を克服して平和を確立する道を、まさに宗教に対する政治の優位のうちに見出そうとした。例えばリプシ

31 マキァヴェッリ『ディスコルシ マキァヴェッリ全集2』、四九—五〇頁。
32 グィッチャルディーニ『フィレンツェ名門貴族の処世術』、一九一頁。
33 Vgl. Behnen, »ARCANA – HAEC SUNT RATIO STATUS«, a.a.O., S. 154.
34 Ebd., S. 168f.

ウスは、賢慮を備えた君主であれば国民に宗教的均一性を強いるべきであると述べている。「一つの宗教は統一の創設者であり、混在する宗教からはつねに混乱が生じる」(第四巻第二章)[35]。リプシウスは国家の宗教から逸脱する者は厳しく処罰さるべきことを主張し、その宗教的不寛容をしばしば批判されるが、彼のそうした立場は、国家の安定には宗教の統一が不可欠だとの信念から来るものである[36]。『エセー』のなかで、信仰の名のもとに政治反乱をひき起こしたユグノーへの嫌悪感を隠さず、旧来の宗教を遵守すべきことを説いているモンテーニュの宗教的保守主義もまた、内戦の抑止という同様の関心に由来している。こうした思想のうちに、信仰については主権者が決定することで公安と秩序が確保されるホッブズ的な国家の萌芽を、あるいは、ウェストファリア体制とともに確立する「領土を支配する者が宗教を支配する (cuius region, eius religio)」という原則の端緒を見出すことは難しくない。

ところで、宗教が大衆に及ぼす多大な影響力を指摘することは、タキトゥス主義の叡智論に見られるように大衆の政治的地位の切り下げに必ずしも繋がるわけではない。例えばマキャヴェッリが宗教による偽装の効用を説くのは、単に大衆をだまし欺くためではない。むしろ、宗教に表現されるような大衆の情念と想像力は一つの大きな政治的力であり、それは君主にとっては政治権力の基礎を成すものである。周知のように、このような大衆の想像力を通じた権力構成はスピノザにも見て取れる。たとえ「想像力」に支配された大衆は宗教に縛られているにせよ、こうした想像力を出発点に歴史的宗教を内側から変革することで、理性的認識（「十全な認識」）に至ることができるはずである。『神学・政治論』のプロジェクトはここに賭けられているのであり、それは宗教という想像力の言説を（『エチカ』での）賢人による科学的方法（「幾何学的方法」）へ架橋しようとする試みである。大衆の想像力や情念は、理性的な国家へ向けた権力構成が行われる内在性の場を成しているのである。

大衆およびその宗教的想像力に対するスピノザのアンビヴァレントな評価のうちには、近代初期の偽装という問題系が孕む両義性が表れているとも言える。すなわち、大衆向けの語り口は、何か隠された現実を隠蔽するただの外皮にすぎないのか、あるいは、それ自体に無視しがたい現実としての力を認めるべきなのか。偽装はあくまでも虚偽にとどまるのか、それとも、そのフィクション性そのものに一定のリアリティがあるのか。

例えばグラシアンの『神託手引および叡智の技』にはこうした揺らぎが現れている。彼は、悪徳が支配する時代のやむを得ざる処世術として仮面の生を薦めつつも、敬虔

35　Lipsius, *Politicorum*, op.cit., p. 121.
36　Cf. Tuck, *Philosophy and Government 1572–1651*, op.cit., pp. 58–59.

なイエズス会員として神の前での誠実さを諦めることなく、最終的に内面的な徳を備えた「聖人」たることを求めている（三〇〇番）。にもかかわらず彼は、他者の前で見かけとして現れる振る舞いや行動が内面化されるべきことをも述べている。

自分はいま人に見られている、あるいはいずれ人に見られるはずと考えるのが、自覚ある行動をとる人の常である。（……）たとえひとりでいる時でも、あたかも世間全体の目にさらされているつもりで行動する。[37]（二九七番）

ここでは、外見上そのように「見える」ものに実際に「なる」ように要求されているのである。これはもはや単なる偽装や隠蔽の薦めではない。人間の実存は、それが「ある」ものにではなく、それが「現れている」ものに存するというわけである。

ラ・ロシュフーコーもまた、偽装が偽装でなくなる人間のこうしたあり方について、むしろ否定的に言及している。

われわれはあまりにも他人の目に自分を偽装することに慣れきって、ついには自分自身にも自分を偽装するに至るのである。[38]（二一九番）

こうしたいわば自己欺瞞は、他者の前での自己現示によって生きる宮廷人たちにとりわけ典型的である。劇場的な自己呈示に基づくこの時代の「代表的公共性」は、偽装が自らの存在そのものになるような自己欺瞞の可能性を孕んでいるのである。

5 秘密と公開の中間地帯

自らの隠れた本質とそれを隠す外見とがもはや区別できなくなるような人間のあり方。ハンナ・アレントの著作『革命について』(一九六三)では、フランス革命に先立つ貴族社会のこうした状況が、あたかも二〇世紀における全体主義のプロトタイプであるかのように描き出されている。彼女は革命以前の宮廷社会に「偽善(hypocrisy)」の支配を見て取る。そして、ロベスピエールによる革命期の恐怖政治は、まさにこうした「偽善に対する闘い」の帰結として生じたと考えるのである。革命のテロルとともに、エリアスの言う「文明化」にとどまらず、語の厳密な意味での「近代化」のラ

37 グラシアン『処世の智恵』、二二七頁。
38 ラ・ロシュフコー『ラ・ロシュフコー箴言集』、四二頁。

ディカルな深淵が口を開く。しかしそれはそもそも、陰謀や裏切りが恒常的なものとなっていたそれ以前の宮廷社会の「反作用」にすぎないというのである。[39]

ここで言われている「偽善」とは、単なる嘘や虚偽のことではない。偽善者は偽りの外観によって真実の自分を隠蔽しているわけではない。むしろ彼は、自らが外観として装い、演じているものに自分自身がなろうとする。

彼〔偽善者〕は自分が欺いてやるつもりの相手と同じくらい自分の虚偽の犠牲者である。（……）偽善者の罪は、自身にたいして虚偽の証言をするところにある。（……）偽善者だけが本当に芯から腐っているのである。[40]

すなわち、偽善者においては見かけとしての演技が自らの存在そのものになる。したがって、こうした偽善の背後には、暴き出すべき何ものかが隠れているわけではない。偽善の語源であるギリシア語の「ヒポクリテス」は、元来、俳優そのものを意味する語である。それは演劇のさいに着用される仮面としての「ペルソナ」とは異なる。つまり、それを取り外してその下にあるものを顕わにすることなどできないのである。「偽善者は仮面をつけていない俳優そのものであるから、かりに偽善者の仮面をはぎとっても、その仮面の背後には何も残らない（……）」[41]。

アレントは政治空間をしばしば劇場のモデルで語っている。つまり、政治の領域を構成するのは、仮面《ペルソナ》を身に付けた人々が公共の舞台で行う役割演技であり、こうした明るみの場の背後にあるものはさしあたり政治とは無関係である。したがって、政治においては「存在」と「現れ」は同一であり、両者は区別されることがない。しかしながら、革命以前の宮廷人たちの振る舞いがこうした演劇的な政治的公共圏にいかに似ているように見えようと、アレントは決して両者を同一視することはない。宮廷社会はむしろ、アレント的な「現れの政治」の退廃形態にほかならないからである。彼女は、政治的演技者たちの仮面《ペルソナ》の背後にあるような隠された私的な自己の余地を否認したわけではない。しかし偽善者は、自分が演技によって自然な自己を大真面目に表出していると思い込んでしまうことで、公的な上演と私的な秘密との区別を取り払ってしまう。

アレントの見るところ、ロベスピエールの恐怖政治は、まさにこうした宮廷社会の偽善と鏡像を成すものである。ジャコバンが目指したのは、偽善者の仮面を剝ぎ取る

39 ハンナ・アレント『革命について』志水速雄訳、ちくま学芸文庫、一九九五年、一五五―一五七頁。
40 同、一五三―一五四頁。
41 同、一五九頁。

ことによって、無垢な「自然人」、つまり、宮廷社会によって汚されていない本来の有徳な人間を顕わにすることである。しかし、偽善の背後には何もない以上、「偽善者に対する追及は際限がない」[42]。つまりこれは、そもそも存在しない人間本性を追い求める無限の暴露過程にほかならない。かくして、人間本来の原初的な徳を明るみに出そうとする不可能な試みは、「徳の専制」としての革命のテロルに帰着する。そしてこれは、公共の舞台で上演するための仮面《ペルソナ》という政治的なものの条件をも破壊することになる。

彼らは、偽善者にたいする際限のない追及と社会の仮面をはぎ取る情熱によって、意識はしていなかったが、persona の仮面をも引き裂いていたのである。[43]

偽善の暴露のうちで顕わになるのは、結局は、政治空間を破壊するような貧民たちの「怒り」でしかない。

アレントは宮廷社会の偽善とジャコバンの恐怖政治との鏡像関係のうちに「近代」の深淵を見て取るのであり、それは二〇世紀の全体主義においてその極点に至るものである。『革命について』のなかで偽善が単なる嘘や虚偽から区別されるとき、それは、より時事的な別の論文「真理と政治」(一九六七)における「伝統的な嘘」と「現代の嘘」

との区別[44]、あるいは、一九七一年に公表されたベトナム戦争の国防総省秘密報告書《ペンタゴン・ペーパーズ》に関する論文「政治における嘘」（一九七一）での単なる「欺瞞」と「自己欺瞞」との区別に対応していると見てよいだろう[45]。「現代の嘘」や「自己欺瞞」においては、事実と虚偽の区別そのものが廃棄される。これはアレントにとって、全体主義社会のみならず、西側の大衆社会においてもしばしば見られるリアリティ喪失状況にほかならない。ここでは、方位を定めるための判断基準が完全に失われることで、公共の眼前にあってすべての人に見えているはずのものが、それ自体かえって現実性を感じられなくなるのである。

　宮廷社会における偽善は、公共圏のこのような退廃のそもそもの根源にある。したがって、アレントが描き出す前革命期の偽善の社会は、秘密の官房政治であれ宮廷の礼儀作法であれ、何らかの真実を隠蔽した虚偽が支配する世界とみなされているわけ

42　同、一四五頁。
43　同、一六一頁。
44　ハンナ・アレント「真理と政治」、『過去と未来の間』引田隆也／齋藤純一訳、みすず書房、一九九四年、三四四頁。
45　ハンナ・アレント「政治における嘘」、『暴力について』山田正行訳、みすず書房、二〇〇〇年、三三―三四頁。

ではない。そこではもはや虚偽と真実の境界線は抹消されており、秘密と現れが区別不可能なまでに絡み合っている。かつての宮廷社会はすでに、アレントが批判的に分析するような現代社会と同じ様相を、こう言って良ければ「ポスト真実」の様相を帯びているのである。

ジョルジョ・アガンベンは現代における公開と秘密のこうした交錯について、クラプマルによる権力の「目に見える顔」（「法《ユス》」）と「隠れた顔」（「アルカナ」）との区別に触れながらこう述べている。

> 現代の生政治において、生き残ることはこの二つの顔が一致する地点であり、アルカナ・インペリイがそのものとして明るみに出ることである。このためアルカナはいわばそれ自身の露出において不可視のままであり、目の前で開示されればされるほど隠れたものとなる。[46]

単に公開性から退隠しているのとは異なるこうした秘密は、「神秘《ミステリウム》」でも「アルカナ」でもない「secretum」としての秘密と呼ぶことができるかもしれない。[47] それは、「神秘」のように決して不可知の神的な秘密でないのはもちろん、「アルカナ」のように何らかの隠された具体的な知であるわけでもない。「secretum」は、現実に具体的に存在している秘密ではなく、その意味ですべては眼前に暴露されているのだが、しかしそれが存在するということが人々に意識されているような秘密である。それはいわば、過剰に現前する情報やイメージの非現実性によってかえってその効果として生み出されるような秘密なのである。それは恒常的に現前しつつ隠されている秘密と言っても良いだろう。

こうした秘密はまた、ベンヤミンやアドルノがその背後にもはやいかなる意味も隠していない「謎＝判じ絵（Rätsel）」と呼んだものに等しい。それは、すべての情報やイメージが意味を完全に奪われた瓦礫・残骸となり、あとはただ（いつか「読解」されることを待ち続けている）「文字（Schrift, écriture）」としてのみ生き延びていることから生じる秘密である。「文字」とはつまり、情報やイメージが単に何かを伝達する透明な媒体ではなく、それ自体が一種の物質的実在として、別言すれば「目的のない純粋な手段」そのものとして顕わになるということである。メディアに固有のこうした物質性は透明な意思疎通をむしろ妨害する。コミュニケーションを阻むような「モ

46　ジョルジョ・アガンベン『アウシュヴィッツの残りのもの』上村忠男／廣石正和訳、月曜社、二〇〇一年、二一一頁（原文参照のうえ訳文変更）。

47　秘密のこうした区別については、Horn, *Der geheime Krieg*, a.a.O., S. 105ff.

ノ」となり、もはや何も伝達しなくなったイメージや情報は、謎めいたものとして人々の眼前に現れる。このようにすべてが秘密めいたものとして現前するスペクタクルの廃墟を、すでにベンヤミンはバロック悲劇のアレゴリー的な光景のうちに見出していた。彼の試みは、バロック的な可視性とイメージの世界を「文字」を通じたアンチ・スペクタクルの実践へ反転させることにあった。

いまや、イメージや可視性の不在ではなくその過剰によって、コミュニケーションの不足ではなくその過多によって社会空間の不透明性はますます高まり、人々は至る所に秘密を認識する。それゆえしばしば、古いアルカナが政治的ファンタジーとしての「陰謀論」というかたちで回帰してくることも起こりうる。だがむろん何らかの隠れた意図や権力が実際に背後で作用しているわけはなく、秘密はむしろ、複雑に機能分化した社会空間に流通する情報の混沌や多数性によってもたらされる。ここでは完全な公開性が凡庸なものとして遍在する秘密と併存する。このとき、公開性は単に透明な意思疎通の空間として称揚されるべきでもなければ、全面化された監視社会の危険を生むものとして警戒されるべきでもない。秘密もまた、単に国家理性的な官房政治として非難されるべきでもなければ、プライヴァシーの避難所として不可侵のままとどめ置かれるべきでもない。いまや現出しつつあるのは、権力が単に公開の場で統御されるのでも、秘密裏に作用するのでもなく、この二つの側面（法と執行、名の栄光と無名性、人間の活動と動物的な生……）が絡み合って一つの権力のエコノミーを成しているような空間である。アレントにとって、秘密と現れの境界が不分明となるこうした空間は、政治的なものの破壊の徴候であった。だが今日における政治的なものは、まさにこの中間地帯《ノーマンズランド》を出発点として考えられねばならないだろう。

第Ⅱ部

主権者の憂鬱

――代表的公共性の影と光

第6章　情念を統治する

1　近代の情動的人間

もし近年の政治において、例えばポピュリズムのうちで噴出するような人間の情動や情念がしばしば民主的熟議のプロセスを脅かしているように見えるとすれば、これは特殊今日的な現象と言えるのだろうか。近代の政治理論はこれまで人間の情念というものにまったく関心を向けてこなかったがゆえに、いまやその対処に苦慮するというつけを払っているのだろうか。

そう言い切ることは決してできない。それどころか、人間が何よりも情動的な存在であるという事実は、近代政治学にとってそもそもの大前提をなすものであった。というのも、近代の政治理論はその出発点において、まさに吹き荒れる人間の情念と向き合わねばならなかったからである。つまりそれは、一六／一七世紀のヨーロッパにおける宗教内戦であり、多くの思想家がその元凶であると考えた大衆の宗教的熱狂もしくは狂信である。この政治的破局の衝撃は、中世の神学パラダイムに基づく人間理解を大きく揺るがし、情動的人間像への転換をもたらすことになった。

それゆえ近代初期には、人間の行為はもっぱら情念によって動機づけられているとされ、情念をもとにして人間行動の普遍的な法則の解明が図られることになる。この時代の思想家たちは、歴史学や支配者心理の考察を通じて、人間のうちにあるさまざまな情念を見極めようとしたのである。スピノザの『国家論』（一六七七）の冒頭では、規範や理想に合わせて考えられた人間ではなく、感情に従って動く「あるがままの人間」を分析するというテーゼが掲げられている。[1] これはスピノザに特有のものではなく、当時の思想家たち一般が広く共有していた人間理解である。彼らはこうした情動的な人間というイメージを前提として、危機にある政治秩序の再構築を図ったのである。

したがって、情念を基礎とする「新しい人間学」（ヴィルヘルム・ディルタイ）こそが、

1 スピノザ『国家論』、一一頁。

近代初期の政治理論の基礎を成すものであった。事実、この時代に特徴的なのは、人間学というものが極めて大きな役割を果たしていたということである。[2] 宗教内戦が人間の情念という心理学的な要因によって説明されるなど、政治状況がいわば「人間学化」されて解釈されるのである。例えば、ユストゥス・リプシウスはオランダ独立戦争の渦中で著した著作のなかで、戦争や騒乱といったこの世の災厄は、情念に流される大衆の「臆見（opinio）」によってもたらされるとしている。[3] そして、こうした政治危機の克服もまた、人間学的な仕方で試みられる。つまり、公安と秩序を回復するためには、何よりも人々の剝き出しの情念の発露を抑えることが必要であるとされるのである。このように、この時代の思想家たちは新たな政治秩序を構想するにあたって、神学や宗教よりも、もっぱら人間学を拠り所とした。政治や社会の理論は、人間についての考察から構築されるわけである。

こうしたなかで、今日から見れば奇妙に見えるが、当時の統治論のなかでは、情念の統御という心理的コントロールの問題が極めて大きな重要性を持つことになった。そのさい特に重視されたのは、大衆の情念の統御というよりは、何よりも支配者自身が自らの情念を抑え、その荒れ狂う魂を静めることである。実際、政治的叡智論のなかで君主が身に付けるべきとされた偽装や隠蔽の技術とは、自らの情念を抑圧する技術でもあった。偽装し隠蔽すべきなのは、とりわけ自分自身の情念なのである。

例えば、バルタサール・グラシアンの『神託手引および叡智の技』ではこう言われている。「激情に身を任せると、内なる心の扉は開けっぱなしになる。もっとも実用的な生活の知恵は、真意を悟られないことである」（第九八番）[4]。支配者はむやみに自らの感情を表に出してはならない。ジョヴァンニ・ボテロも「機密について」と題された『国家理性論』の一節のなかで、同じような情動統御が君主には不可欠であるとしている。

怒りの衝動にも増して〈韜晦〉することに反するものはないから、君主たる者しかるべきやり方でこうした衝動を抑えることが適切だ。ここで言うしかるべきやり方とは即ち、自分の内心の思いや親愛の情を、言葉やその他の徴によって表に出さないと言うことである。[5]（第二章第七節）

2　ヴィルヘルム・ディルタイ「十六、十七世紀の文化における人間学の機能」、『ディルタイ全集　第7巻　精神科学成立史研究』宮下啓三／白崎嘉昭編集／校閲、法政大学出版局、二〇〇九年、三六三―四六三頁。
3　Justus Lipsius, *De Constantia* = *Von der Standhaftigkeit*, Mainz 1998, S. 14–15.
4　グラシアン『処世の智恵』、七八頁。

情念に身をゆだねる大衆とは違って、君主は自らの情念を飼い慣らし、感情をコントロールすることで、有徳な賢人とならねばならない。国を統治する者はまず、自らの内面を統治できねばならない。こうして、フーコーも指摘するように、統治をめぐる近代初期の言説のなかでは、「自己統治」ということが大きな主題となるのである。[6]

　君主の自己統治という問題への関心を顕著に示しているのが、この時代に流行した「君主鑑（Fürstenspiegel, Miroirs des princes）」のジャンルであった。[7]つまり、支配者としてのあるべき模範像を君主に呈示する帝王学の書である。古代以来、君主の内面的陶冶を説くこうした文献は一貫して存在してきた。その典型かつ原型をなしているのは、セネカが若きローマ皇帝ネロに宛てたストア主義的な著作『慈悲について（De Clementia）』であり、その冒頭では、この著作が皇帝に皇帝自身の姿を示す「鏡の役割」を果たすということが述べられている。[8]かくして中世以降、一六世紀のギヨーム・ド・ラ・ペリエールによる『政治の鑑』に至るまで、「鏡＝鑑（speculum,Spiegel, miroir）」の比喩を用いた帝王学文献がしばしば現れることになる。

　このように人間学的な観点から考察された統治術の書は、とりわけ近代初期には重要な意味を持つようになる。なぜなら、内戦を終結させる道として君主への中央集権化が望まれ、そして実際にそれが進展するなかで、今度は、法を踏み越えることもありうる君主の絶対権力をいかにして倫理的に統御すべきかが問題となったからである。そのために、王侯教育の書としての君主鑑には、支配者を有徳な君主にするための人格教育という課題が担わされる。こうして、国家統治という問題が、君主の内面的な統治の問題と結び付けられて扱われるようになるのである。事実、この時期の帝王学文献は、王侯教育論と行政統治論という二つの部分から構成されるものが多数見出される。君主個人の身体を陶冶する伝統的な君主鑑が、国家身体を治めるための国家理性的な統治論と結び付くのである。今日から見れば無力な道徳的要請に拘泥しているようにしか見えないとしても、これらの君主鑑は、この時代における自己統治と国家統治との不可分の関係を証言するものとなっている。

すでにセネカの著作のなかで怒りを顕わにすることが厳しく諫められていたように、自らの情動を統治することは、君主鑑における中心的な要請である。感情の暴発を制御することこそが、有徳な生の条件とされるのである。グラシアンは『神託手引』

5　ジョバンニ・ボッテーロ『国家理性論』石黒盛久訳、風行社、二〇一五年、六九―七〇頁。
6　フーコー『安全・領土・人口』、一一〇頁。
7　「君主鑑」については、Michael Stolleis, *Geschichte des öffentlichen Rechts in Deutschland*, a.a.O., S. 113ff., 201f.; Michel Senellart, *Les arts de gouverner*, op.cit., pp. 47–53.
8　セネカ「寛恕について」小川正廣訳、『セネカ哲学全集2　倫理論集Ⅱ』、岩波書店、二〇〇六年、一〇五頁。

で述べている。「自分自身の肉体と感情を自らの支配下に置くことができるのは、ほかの何ものを支配するよりもすばらしいことであり、人間の自由意志の勝利を意味する」（八番）[9]。これはまた、君主個人にとどまらず、バロック社会の宮廷人の生活全般に求められた要請でもあった。彼らは儀式や礼儀作法によって自らの感情を隠蔽し、社交関係のなかで外見上の冷静さに配慮しつつ行動せねばならない。このような自己抑制的な行動様式こそが、上流階級を下層階級から区別する指標となるのである。例えば美術史家のハインリヒ・ヴェルフリンは、絵画技法の文脈においてであるが、一六世紀の芸術における「身振り」の「純化」について指摘している。

> 今日まで西欧にそのまま残る、高尚という概念を確立したのは十六世紀のイタリアである。そこでは非常に多数の身振りや動作が画面から消え失せているが、それらはあまりに卑俗と感ぜられるからである。（……）この時代には庶民的なものと貴族的なものとの分裂が生じたのである。[10]

一六世紀の芸術表現に求められたのは、一五世紀の芸術にまだ見られた情動的な身振りを節度と礼儀によって抑えることであった（図2）。

すでに本書の第5章で述べたこの「文明化の過程」を経ることで、情念の発露を表現する身振りは上層文化のうちではますます抑制的なものとなっていく。ノルベルト・エリアスの語で言えば、この時代の「宮廷的合理性」はまさに「情感の抑制」によって形成される。[11] それは、衝動抑圧のうえに成り立つフロイト的な文明化にも比しうるものである。

ところでこうした情動統御は、広い観点では「文明化の過程」の一部なのかもしれないが、思想史的に見れば、当時のいわゆる「新ストア主義」の強い影響下で出てきたものである。自らの内面の自己統治というのは、とりわけストア派的な問題なのである。かつてアウグスティヌスは、自然との一致による幸福な生というストア派の主張を、人間の原罪を否定するものとして批判した。しかし、近代初期の内戦状況のなかで、罪と恩寵という神学的な概念によって規定された人間観がその説得力を失い、人間がもっぱら情念の複合体として捉えられるようになったとき、情念の統御もしくは情念からの解放を説いた古代のストア主義が復活することになる。

9　グラシアン『処世の智恵』、七八頁。
10　ハインリヒ・ヴェルフリン『古典美術』守屋謙二訳、美術出版社、一九六二年、二四七頁。
11　ノルベルト・エリアス『宮廷社会』波田節夫ほか訳、法政大学出版局、一九八一年、一七三—一七四頁。

図2
ドメニコ・ギルランダイオ《最後の晩餐》、オンニサンティ教会、フィレンツェ、1480年。「1480年に描かれたギルランダイオの〈晩餐〉においてペトロは拇指でキリストを指し示しているが、こういうことは民衆の身振りであって、高期芸術がやがてもはや許されないことだと認めたものである」(ヴェルフリン『古典美術』、247頁)。

2 情念コントロールの戦略(一)——新ストア主義

一六世紀後半におけるストア主義の復興は、内戦という政治危機への応答である。古代ストア派が旧来のギリシア・ポリス秩序の解体という危機のなかで成立したように、近代の「新ストア主義」もまた戦争と混乱のなかで生まれ、危機の時代における個人の倫理的生についての教説を発展させた。目指されるのは、怒り・悲しみ・苦しみといった情念を単に判断の誤謬によってもたらされた心の状態とみなし、理性によってそうした情念から解放されることである。すなわち、古代ストア派で言われる「平静《アパテイア》」に至ることである。このような内面性に到達することこそが、自然と一致した賢人の有徳な生とされる。

この時代のこうしたストア的な賢人理想を、単に世界逃避的な個人主義とみなすことはできない。情念からの解放の要請は、ヨーロッパの宗教内戦の克服という目的と不可分であるからだ。それゆえ、フランスのユグノー戦争やオランダ独立戦争といった内戦状況のなかからこそ、ミシェル・ド・モンテーニュやユストゥス・リプシウスといった新ストア主義の代表的理論家が現れる。まさにユグノー戦争のさなかに書かれた『エセー』(一五八〇/八八)でモンテーニュが主張するには、「われわれが三十年このかた置かれているような混乱のなかでは」、「自分の心に、もっと強い逞しい備えをしておくことが必要である」(第三巻第一二章)[12]。新ストア主義において内面性の自己統治が説かれるのは、同時代の政治的災厄に対処するためである。宗教内戦のエスカレートが人々の情念に起因するものである以上、問題の根本解決のためには情念の統御こそが必要となるのである。

「平静《アパテイア》」を目的とする新ストア主義においては、諸々の徳の頂点に位置付けられるのは「恒心(constantia)」という徳である。すでにセネカの著作『賢人の恒心について』のなかで格別の地位を与えられていたこの徳は、近代のストア主義者たちによって、自らの情念を律し、外界の混乱に惑わされない自己を打ち立てるための核心概念として注目されることになる。モンテーニュの『エセー』は長期間にわたって書き進められた著作であるため、その記述に必ずしも首尾一貫した立場が見られるわけではないが(特に後半では明確にストア派から距離が取られている)、しかし、「恒心について」と題された第一巻第一二章などに見て取れるのは、紛うことなきストア主義的な態度である。こうしたストア主義は友人のピエール・シャロンによる『智恵について』(一六〇一)にも受け継がれるし、また、同じくユグノー戦争中、とりわけ一五九〇年にユグノー派の国王アンリ四世が数カ月にわたってパリを包囲するなかで執筆されたギヨーム・デュ・ヴェールの『公の災厄にさいしての恒心と慰めについて』でも、恒心をもって状況の絶望を耐え抜くキリスト教的ストア派の倫理が説かれている。

ネーデルランドのユストゥス・リプシウスは、この時代の政治的ストア主義をもっとも典型的に体現する思想家である。[13] 彼は若い頃にカトリックのイエズス会士としての教育を受けながらも、その後イエナやライデンといったプロテスタントの大学で職を得、一五七〇年代前半にはタキトゥス全集を刊行してタキトゥス主義の流行に大きな役割を果たしている。同時にリプシウスはストア派の強い影響も受けており、その点でモンテーニュとは互いに思想的親近性を認め合う仲であった。そして、オランダ独立戦争のさなかに出版された彼の著作『恒心論』（一五八四）は全ヨーロッパ的なベストセラーとなり、ローマ・ストア派の復興にも大きく寄与することになる。正式な書名（『公の不幸のもとで特に慰めを含む恒心についての二巻』）に見て取れるように、これは「公の不幸」としての宗教内戦への応答である。そして、こうした「公の不幸」に対してリプシウスが求めるのは、情動の統御という個人の心理学的な対処なのであ

12　モンテーニュ『随想録（エセー）下』、五六三頁。
13　リプシウスと新ストア主義については、Günter Abel, *Stoizismus und Frühe Neuzeit*, Berlin 1978, S. 67–113; Senellart, *Les arts de gouverner*, op.cit., pp. 230–242、山内進『新ストア主義の国家哲学』千倉書房、一九八五年、ゲルハルト・エストライヒ『近代国家の覚醒』阪口修平ほか訳、創文社、一九九三年、参照。

る。

若いリプシウスと人文主義者カロルス・ランギウスとの対話形式を取った『恒心論』の書中で、祖国の戦乱から逃げてきたというリプシウスに対し、ランギウスは、逃げるべきは「祖国」からではなく「情動」からであると戒めている。[14] 戦乱の原因は人々の「臆見」である。それは、精神が外的出来事にかき乱されることで生じた情動が、人々の判断を誤らせることに起因する。それゆえ、理性的な正しい判断に至るためには、あらゆる感情の動きに打ち勝つ精神の強さを獲得せねばならない。かくして、「外的なものや偶然的なものによって高まったり、落ち込んだりすることのない、魂の正しい不動の強さ」として定義される「恒心」が主張される。[15] このような心的状態に至ることは、個人の私的な幸福に達するだけでなく、ひいては公共の安全を確立するためにも不可欠なのである。

その後刊行されたリプシウスの『政治学』(一五八九)は、セネカ的なストア主義よりも、タキトゥス主義的な政治的叡智論が際立っているものの、その執筆の意図は『恒心論』と繋がっている。『政治学』序言の冒頭でリプシウス自身が説明するには、『恒心論』が「市民に忍耐と服従」を訓育することを目指している一方で、君主鑑の体裁を取った『政治学』は「統治する者に支配することを」教示するのが目的である。[16] 前者は戦乱の時代を生きる市民たちに、後者はそれを治めようとする君主に、自らの内面の統治を求めているのである。それゆえ、『政治学』で扱われているのは、国家統治の前提としての君主の内面的な倫理問題である。いずれにせよ、どちらの著作においても、各人が魂をストア的に自己統治することが正常な政治的統治を打ち立てるための条件とされている。

被統治者の側から見れば、困難な状況にあっても心を乱さずに耐えるストア的な「恒心」は、もっぱら権威への服従義務を説いているともみなすことができる。それゆえクエンティン・スキナーのように、政治的ストア主義は抵抗を否定する服従の教説であるとする見方も出てくることになる。[17] この時期に（プロテスタントとカトリックの双方で）多く現れた暴君放伐論の著作では抵抗権の根拠づけが重要であったのに対し、新ストア主義の場合はむしろ内戦の混乱を終結させることが喫緊の課題であったことを考えれば、そのような静寂主義的な立場も当然であると言える。『政治学』執筆後のリプシウスは、長らく教鞭を取っていたライデン大学を去り、南ネーデルランドの

---

14 Lipsius, *De Constantia: Von der Standhaftigkeit*, a.a.O., S. 12, 13.
15 Ebd., S. 26, 29.
16 Justus Lipsius, »De consilio et forma nostri Operis«, in: *Politicorum*, op.cit.
17 スキナー『近代政治思想の基礎』、五五五―五六四頁。

ルーヴァンに移ってカトリックに再改宗する。こうした経緯から、例えばスコットランド王ジェームズ六世（後のイングランド王ジェームズ一世）の著作『バシリコン・ドーロン（王の賜物）』（一五九九）に見られるように、「恒心」を説きながらも自らはまったく移り気なリプシウスの態度はしばしば揶揄の対象となっている。しかし、リプシウスにとって重要だったのは、宗教的一貫性よりも、そのつど内戦の責任がどこにあるかを見極め、公安と秩序を回復するために最善の態度決定をすることにほかならなかった。新ストア主義が「服従の哲学」としての特徴を帯びるとすれば、それは内戦状況の克服をその最大の関心事としていたからである。

新ストア主義における自己統治と服従という問題に関連してしばしば主張されるのが、それが自己を規律化する近代的個人の基礎になったという見方である。歴史家ゲルハルト・エストライヒが提起して有名になったこのテーゼは、マックス・ヴェーバー的な合理化論の（アンチテーゼとは言わぬまでも）補完物であり、ストア的な自己統治の思想こそが合理的な近代官僚制の形成に寄与したと考える。そのさい特に重視されるのが、常備軍とそれに必要な規律と倫理について扱ったリプシウスの『政治学』第五巻である。[18] そこに見られるストア的に自己規律化する軍事的身体は、官僚機構に不可欠の合理化された身体の原型をなしているというのである。

例えば、近代軍制の創始者として有名な独立戦争時のオランダ総督マウリッツは、フーコーも『監獄の誕生』で身体の軍事的な「規律訓練」について論じるさいに例示している人物であるが、彼はライデン大学でのリプシウスの生徒であって、その軍制改革は『政治学』に大きく感化されたと言われている。エストライヒの見取り図によれば、新ストア的な倫理からの多大な影響を受けたオランダやスウェーデン王グスタフ・アドルフの近代軍制は、プロイセン的な官僚機構、さらには合理的に規律化された近代社会組織一般の雛形になったとされる。この説に従うなら、ストア的な自己統治は、個人が自ら規律化して服従のエートスを身に付けることによる新たな統治的合理性を生み出したというわけである。

ヴェーバーの言うカルヴィニズム以上に徹底した世俗内禁欲を新ストア主義に見出そうとするこのエストライヒの主張は広く受け入れられているが、[19] 逆に、こうした規律化テーゼは『政治学』第五巻の軍事論の過大評価に基づくものであり、そこには、自身がナチス期以来関心を寄せてきたプロイセン軍制に普遍史的意味を付与しようとするエストライヒのイデオロギー的立場が反映しているという批判も出てきている。[20]

18　エストライヒ『近代国家の覚醒』、四〇—六三頁。
19　例えば、Charles Taylor, *A Secular Age*, The Belknap Press of Harvard University Press 2007, pp. 118–119.
20　Cf. Christopher Brooke, *Philosophic Pride*, Princeton University Press 2012, pp. 14–18, 34–36.

本書の文脈から見て問題なのは、近代における官僚主義的な規律化の進展という歴史理解である。文明化もしくは近代化の過程が規律化であるというのは、事態の一面を捉えているに過ぎないのではないか。人間を主体として規律化することに基づく近代的統治は、いまや人間の動物的側面を操作する環境管理型の統治のもとで失効しつつあるという見方はさておき、そもそも官僚制の進展というもの自体、単なる規律化を意味しているわけではない。すでに論じたように、官僚機構というのは決して目的合理的に規律化されているだけではなく、主権や法の命令を、その執行のうちで必然的に逸脱・退廃させるメディアでもあるからだ。実際、思想的影響力においても歴史的実効性においても、情念の規律化という新ストア主義的な試みは成功を収めたとは言い難い。思想史的に見れば、一七世紀を下るにつれて、情念問題の解決は新ストア主義とは異なる方向から行われるようになっていく。

例えば、若きデカルトはデュ・ヴェールやリプシウスなど新ストア主義者からの多大な影響のもとで思想形成を行ったが、後期の著作『情念論』(一六四九)に見られるのは、新ストア主義的な情動理解からの離脱である。[21] そのなかでデカルトは心身二元論に基づき、身体固有のメカニズムに属するものとして情念を価値中立化している。つまり、情念とは非物質的な精神とは別に並存する人間身体の自然であり、それ自体として非難すべきものでも避けるべきものでもない。こうして彼は『情念論』の末尾において、ストア的な「平静《アパテイア》」の理想を退け、情念を単に操縦・利用すればそれで十分であるような自然現象として中和化するのである。

新ストア主義から離脱しようとする一七世紀の個々の思想的企図をここで詳細に検討することはできない。いずれにせよ新ストア主義は、荒れ狂う政治的情念を統御するためのそれほど有力な手段とみなされていたわけではない。本書の第7章で論じることになるが、バロック期の悲劇作品は、シェイクスピアからフランス古典悲劇、ドイツ・バロック悲劇に至るまで、ストア的な自己統治の不可避的な挫折を主題化しているのである。ストア的な情動抑制は、結局のところ無力な倫理的要請の域を出てはいないのであり、情念をコントロールする方途としては、もう一つの別の手段のほうが政治思想史的に見てよりオーソドックスな解決策であったと言える。つまり、「利益」という概念を通じた情念の統御である。

21　エルンスト・カッシーラー『デカルト、コルネーユ、スウェーデン女王クリスティナ』朝倉剛／羽賀賢二訳、工作舎、二〇〇〇年、三六―三九、九七―一〇三頁、参照。

3　情念コントロールの戦略（二）――「利益」の概念

近代初期の統治文献は、支配者個人に宛てられた君主鑑という伝統的ジャンルから、近代的な国家論へと徐々に移行していくことになる。君主に自らの内面を宥めることを説くというのは、権力行使の恣意性を防ぐにはあまりにも脆弱な倫理的要求だったのである。したがって、一七世紀前半には、政治の近代的な学が形成されていくなかで、政治的行為者を情念から解き放ち、その行動を合理的に統制するための別の原理が現れることになる。それこそが、ボテロやボッカリーニなどのイタリア国家理性学派で重要な役割を果たすようになった「利益（interest）」の概念である。「君主の思慮において利益が他の何物にも勝るものであることを、しっかり心得ておくべきである」[22]。すでにアルバート・ハーシュマンのよく知られた著作『情念と利益』（邦語タイトル『情念の政治経済学』）で解明されているように、利益による情念の統御は一七世紀政治思想の最有力の戦略だったのである[23]。

とりわけ一七世紀の「国家利益」論の中心であったフランスでは、利益に基づく人間行為の分析が広く普及することになる。例えば、ラ・ロシュフーコーの『箴言集』は、徹頭徹尾「自己愛《アムール・プロプル》」という観点から行われた人間観察である。それは、あらゆる徳や情念の背後には私利が潜んでいることを暴き出そうとしている。「われわれが美徳と思いこんでいるものは、往々にして、さまざまな行為とさまざまな欲《アンテレ》の寄せ集めに過ぎない」（一番）[24]。こうした自己利益の暴露実践においては、ストア的な賢人の倫理は嘲笑の対象でしかない。新ストア主義の信奉者であったスウェーデン女王クリスティナが嫌悪感を示したという『箴言集』の一節にはこうある。「賢者の不動心とは、心の動揺を胸中に閉じこめる技巧に過ぎない」（二〇番）[25]。

一七世紀前半のフランス宰相リシュリューによる、「人々の感情は、その言葉によってではなく、その本当の利益によって判断しなければならない」[26]という発言は、宗教に代わって、「利益」もしくは「国益」が政治の原則となる時代の到来を告げるものと言える。このように政治における利益の意義を表現したものとしてもっとも有名な

22　ボッテーロ『国家理性論』、六二頁。

23　アルバート・O・ハーシュマン『情念の政治経済学』佐々木毅／旦祐介訳、法政大学出版局、一九八五年。この時代の「利益」概念の役割については、ほかに、Herfried Münkler, *Im Namen des Staates*, a.a.O., S. 270–280 参照。

24　ラ・ロシュフコー『ラ・ロシュフコー箴言集』、一一頁。

25　同、一六頁。

26　Zit. nach: Niklas Luhmann/Peter Fuchs, »Geheimnis, Zeit und Ewigkeit«, a.a.O., S. 126.

のは、ユグノー派貴族ロアン公アンリの著作『キリスト教国の君主と国家の利益について』(一六三八)の冒頭の発言である。「君主は人民に命令し、利益は君主に命令する」。君主個人はときには欺かれたり、判断を誤ることがあるかもしれない。しかし、彼が指針とすべき利益はつねに揺らぐことはない。判断の恣意性は利益によって防ぐことができるのであり、利益こそが合理的な行為の道標たりうるのである。

このように利益をもとにして人間の行為を考量することの利点は何か。それは、人間の行為に予見可能性もしくは計算可能性が確保されるということである。[27] 自己利益に配慮するエゴイスティックな人間の行動は、情動的人間のように移り気で見通しにくいものではない。利益に従う人間は、情念に従う人間とは異なり、その行為の意味を客観的に理解することができる。人間は善や徳に導かれて行動するわけでもなければ、情動に流されて行動するわけでもなく、自らの利益のために行動する。こうしたエゴイスティックな人間は、まさに合理的人間である。利益を人間のもっとも根本的な行為動機に据えることによって、政治理論は予測しがたい人間情念の動きに煩わされることなく、人間についての合理的科学へと変容することができる。

宗教内戦の克服もまた、人間像のこうした転換を通じて試みられることになる。いまや宗教対立は、教義や情念の争いではなく、それを隠れ蓑にした自己利益のための争いとして捉えられる。戦争の当事者たちは、宗教的大義を名目として、実は自らの利益のためにエゴイスティックな争いを繰り広げているというのである。紛争の対立動機をこのように単純化することで、それを終息させる道筋も開けることになる。利益に関しては、互いに交渉することが可能である。すなわち、紛争の当事者たちが利益の面で互いに妥協すれば、宗教上の対立も無くなるはずなのである。こうして、和解不可能な大義の争いが、調停可能な利益の対立へと中和化される。

このような「現実政治」的な還元は、新ストア主義のもとではなお困難であった情念統御の問題にも解決策を与えるものである。人間の情念がひき起こした宗教内戦の惨禍は、人間のエゴイズムを利用することで終わらせることができるはずだからである。ここでは利益は情念の対義語として、情念を制御する役割を引き受けることになる。情動的人間に代わって現れた利己的人間という新たな人間学的パラダイムのもとでこそ、公安と秩序を回復し、近代的な統治を確立する道が開かれるのである。

27　ハーシュマン『情念の政治経済学』、四七—五六頁。

4　利益、理由、テクノロジー

ホッブズの国家論の前提が自己保存を追求する人間であるというのも、このような利益パラダイムへの転換という文脈から理解することができる。ホッブズと新ストア主義の政治理論は、公安と秩序の回復が最大の目的である点で一致しているように見えようとも、その目的のために取った方途はまったく異なっている。ホッブズもデカルトと同じく、同時代の新ストア主義からは距離を取るのである。情念の問題に対するホッブズ特有の解決策を明確に見出すことができるのが、「虚栄心」もしくは「栄光」に対する彼の批判においてであり、そこからホッブズの近代的な人間像と政治学が生成することになる。[28]

ホッブズが何よりも問題視したのは、他人への優越を欲する情念としての虚栄心であり、名誉や栄光に対する人々の渇望である。伝統的に名誉や栄光の追求は、有徳な人間あるいは英雄的人間の特性として称揚されてきたものであった。しかしホッブズはむしろ、それを追い求める情念はすべての人間に備わっているものであり、そうした虚栄心は秩序を不安定にする危険な情念にほかならないとする。

『リヴァイアサン』（一六五一）ではそれほど前面化しないものの、それ以前の諸著作では、名誉や栄光というものに対する警戒をしばしば見出すことができる。例えば『法の原理』（一六四〇）においては、「虚栄心」が「他人との対等な交際」を阻害すると言われている（第一四章第三節）[29]。また、『市民論』（一六四二）では、「精神の快楽」はすべて「栄光」に帰着するとされたうえで、そうした栄光に基づく社会は「多人数を含むことも長続きすることもできない」とされている。「自らの栄光を誇るいわれを自らのうちに持つ人は、他の人々との社会的結合によって何の助けも与えられはしない」（第一章第二節）[30]。つまり栄光の追求は、古代以来そうみなされてきたように徳であるどころか、社会の混乱を生む要因なのである。

こうした虚栄心という情念がもたらす社会的不和に対して、ホッブズはある一つの情念に優位を見出すことで解決策を与えようとする。すなわち、「死への恐怖」という情念である。それは、他のすべての情念に勝る人間の根源的な情念として位置付け

28 こうした観点からの解釈としては、レオ・シュトラウス『ホッブズの政治学』添谷育志ほか訳、みすず書房、一九九〇年、とりわけ、九―三七頁、一六〇―二〇六頁、あるいは、Ch. Brooke, *Philosophic Pride*, op.cit., pp. 69–75.

29 トマス・ホッブズ『哲学原論／自然法および国家法の原理』伊藤宏之／渡部秀和訳、柏書房、二〇一二年、一二三五頁。

30 ホッブズ『市民論』、三四―三五頁（原文参照のうえ訳文変更）。

られる。究極的には人間の感情生活はすべて、自分自身の生命と安全への配慮、すなわち自己保存に由来するとされる。このように死への恐怖を根底に据えた人間観への転換によって、カオスと闘争の支配する自然状態から、秩序ある社会状態へと至る道が見出される。人間を栄光への呪縛から解き放つのは、死を前にした恐怖の情念にほかならない。万人の万人に対する闘争を意識し、死を恐怖するがゆえにこそ、人々は社会契約を行うのである。栄光を渇望する人々は、他人に対する優越を求めて争い続け、そこでは決して社会契約は生じないだろう。

　このとき死への恐怖は情念というよりも、むしろ理性の原理にも等しいものとなる。虚栄心が人間を盲目・非合理にし、秩序の混乱をひき起こすのに対し、理性は平和を命じるはずである。それゆえ、社会契約を通じて人々が守ろうとする自らの生命の保護は、理性に即した権利、すなわち自然権である（『法の原理』第一四章第六節）。実際、『市民論』では、「暴力的な死」を避けることは「自然的理性の要求」であるとされている。[31]したがって、理性的な人間とは、恐怖を知る人間にほかならない。政治秩序を形成することができるのは、有徳な人間ではなく、自己の生命を保存しようとする人間である。つまり、ホッブズ自身が「利益」という語を頻繁に使用しているわけではないが、自己保存という自らの利益を知り、それに配慮することのできる人間が、合理的な人間なのである。

人間は利己的であるからこそ、平和と秩序を作り出すことができる。このようにして、自己保存という個々人の利害関心（自然権）は、秩序と調和のある客観的世界（自然法）とおのずから一致するはずである。ホッブズの方法論的個人主義のもとでは、徳や善き生についての問いはもはや役割を果たさない。そうしてホッブズは、古典的共和主義から近代リベラリズムへの移行者となる。自己保存を追求する彼の人間像は、近代市民社会におけるブルジョワ的個人の範型を提供することになる。

利益によって情念を統御するという戦略が、ジェームズ・スチュアートやスコットランド啓蒙主義など一八世紀の経済思想に与えた影響をここで検討する余裕はない[32]。しかしいずれにせよ、人間の行為動機を利益に還元するこうした思想は、近代初期における宗教内戦の惨禍を克服する試みのなかから生まれた一つの人間観のパラダイムに過ぎず、こうした人間像が現実的に見て正しいかどうかは別問題である。言うまでもなく、政治闘争の当事者たちが利益を求めて争うというのは、決して自明のことではない。むしろ人はしばしば、客観的には当人の利益と思われるはずのものに反して情動的あるいは「非理性的」に行動する。政治行為の主体は必ずしも自己保存もしく

31　同、八頁。
32　これについては、ハーシュマン『情念の政治経済学』、六七頁以下、参照。

は自己利益に配慮するわけではない。このことは、今日でも国際政治などの文脈で言われる「国益」の概念に関しても同様である。人間をエゴイスティックとする見方が「現実主義的」というわけではないのである。

むろん今日の政治的リベラリズムは、単なる「利益」にとどまらず、より万人が受け入れ可能な根拠としての「理由」によって政治決定の合理性を担保しているが、しかし、人間情念の契機を看過するリベラリズムの限界もまた意識されるようになっている。[33]この問題に対処するためにしばしば取られるのは、情念の発露のうちにはなお人が客観的に理解することのできる「理由」が反映されているとすることで、情念を合理的な熟議のうちに包摂する道である。例えばマーサ・ヌスバウムによれば、人間の感情表現はその人が何を重視しているかという主観的な価値評価の現れであり、かつそれは、理に適った感情であるかどうかを他者が客観的に価値評価することも可能である。彼女は、情念が伴うこのような「理由」を考慮しつつ、政治的リベラリズムを再構築しようとしている。[34]こうした試みにおいては、人間情念が政治決定に影響を及ぼすという事実が顧慮されると同時に、その決定過程の合理性が依然として維持されている。

しかしながら他方で、現在の統治は、その発話・行為・態度の根底に何らかの利益や理由を持った人間というイメージをもはや必要としなくなっているようにも見える。つまり、人間は単純な動物的存在に還元され、その情念や欲望は単なる純生理的な現象として算定されればそれで事足りるというわけである。この場合、統治にあたってはもはや人間学的な前提は不要となり、総体としての人々の欲望や情念を測定し、それを技術的に操作すれば良いことになる。つまり、統治の標準はもっぱら、動物的存在の物理的身体が持つ欲望の次元に定められるのである。

したがって、政治における情念という問題に関しては、今日二つの側面を見ることができる。一方では、情念のうちになお理由を見出し、それをもとに民主的熟議の合理性を再建しようとする試みがある。これによって、人々の情動や情念が（主権とは言わないまでも）法的・規範的言説のうちに改めて組み込まれる。ここでは、政治決定はなお理性的な過程であることをやめることがない。他方では、情念を有する存在としての人間を単なる生理的・物理的反応の複合体に還元する試みがある。この場合、人々の情動的反応にはもはやいかなる規範性も期待されず、それはもっぱらテクノロジーによるコントロールの対象としてのみ意味を持つ。ここでは人間の情念は権力メ

33 マイケル・ウォルツァー『政治と情念』齋藤純一ほか訳、風行社、二〇〇六年。
34 マーサ・ヌスバウム『感情と法』河野哲也監訳、慶應義塾大学出版会、二〇一〇年、とりわけ第一章参照。

カニズムの一部として、(生存・環境管理のために)計算・操作され、あるいは場合によっては(ケア労働や感情労働のなかで)動員・生産される。

情念問題のこれら二つの側面には、近代国家に亀裂を入れてきた二つの統治戦略が反映されているようにも見える。すなわち、統治を法規範のコードのうちで根拠づける主権論と、国家の物質的諸力を算定・統計化する官房学・ポリツァイ学である。その意味において、今日の政治的情念もまた「規範化」と「テクノロジー化」のはざまで引き裂かれているのである。

第7章　バロック主権者の悲劇

1　殉教の政治神学——国王チャールズ一世の像

政治神学は支配に正当性を付与するために、主権者の経験的身体を超越的身体へと架橋する。したがってその力は、二つの身体の亀裂をうまく縫合できるかどうかにかかっている。こうした王の二つの身体の教説は、エリザベス朝時代のエドマンド・プラウドンの『判例集』で明確な定式が現れるのをはじめ、ウィリアム・ブラックストーンによる『イギリス法釈義』（一七六五）に至るまで、主として近世のイギリス法学のうちに見出される。

エルンスト・カントロヴィッチはこの教説の系譜を中世初期にまで遡って探究しているが、とりわけ主権的身体のこうした分裂がはっきりと示されたのは、一七世紀イギリスの或る政治的事件においてであった。すなわち、ピューリタン革命による国王チャールズ一世の処刑である。すでに本書の第1章で述べたように、議会派が掲げた「王（King）を守るために王（king）と戦う」というスローガンとともに、王の二つの身体は暴力的に切断される。大逆罪を罪状として行われた一六四九年一月三〇日の国王処刑は、象徴的身体から切り離されたチャールズ・スチュアート個人の自然的身体の受難にほかならない。これをアクチュアルな事件として目撃した近世のイギリス人たちの脳裏に、分裂する王の身体についての意識が生き生きと保たれていたとしても不思議ではない。

　経験的身体を持った一個人としての国王は、政治的身体から排除され没落することがありうる。しかしながら、こうした悲劇の只中にあっても、主権者は何とかして自らの尊厳を取り戻そうと試みるだろう。それをもっとも顕著に示すのが、チャールズ処刑の数日後から市中に出回り始めた一つの著作、すなわち国王弁明書『エイコン・バシリケ（王の像）』（一六四九）である。[1] 一六四九年だけで三五版を重ねる大ベストセラーとなったこの著作は、革命派の捕虜として幽閉中のチャールズ一世による「私」語りの自伝という体裁を取っている。それは直接にチャールズ本人の手によるものではないが、獄中での彼自身の手記をもとにして長老派の牧師ジョン・ゴードンが仕上げたものとされている。出版直後から問題とされてきたこうした作者の問題はともあれ、この著作のなかで主人公たる国王が行っているのは、自らの受難をキリストのそれにも似た殉教へと高めることにほかならない。つまり、まさに悲劇的運命の犠牲になるということをもって、ほかならぬ王の崇高さの証明にしようというのである。

『エイコン・バシリケ』では内戦から革命に至る一連の経過が王自身の視点から物語られるとともに、各節の最後にそのつど王による祈りが挿入されている。チャールズは内戦中の自らの行為について逐一弁明を行っているわけではない。むしろ、旧約聖書の『詩篇』を範としたこの著作に見られるのは、王と神との内面的な対話である。『詩篇』（第七篇五）でのダビデ王の語句を借りつつ、チャールズは神の前で自らの心情の無垢が明らかになることを願う。[2] 実際の政治的行為やその帰結ではなく、曇りのない自分の良心を裁くよう神に哀訴することで、彼は自らの潔白を証し立てようとする。

1　この著作をめぐる議論、とりわけジョン・ミルトンとの論争については、Florence Sandler, "Icon & Iconoclast," in: Michael Lieb and John T. Shawcross (ed.), *Achievements of the Left Hand: Essays on the Prose of John Milton*, University of Massachusetts Press 1974, pp. 160-184; Thomas N. Corns (ed.), *The Royal Image: Representations of Charles I*, Cambridge University Press 1999; Albrecht Koschorke et al., *Der fiktive Staat*, Frankfurt a. M. 2007, S. 131–141.

2　*Eikon Basilike: The Portraiture of His Sacred Majesty in His Solitudes and Sufferings*, Cornell University Press, 1966, p. 13.

いわば、チャールズは政治権力者としてではなく、誠実な魂を持った一人の人間として、無実のまま死ぬというわけである。

しかしまさにこうした無実の死を通じて、チャールズという「王の像」は、一種の政治神学的なオーラを帯びることになる。無垢なる彼はいかなる復讐も望むことなく、自分を害した不当な敵たちを赦そうとする。彼らは「自分のしたことを分かっていないがゆえに」赦してくれるよう父なる神へ祈ることで、チャールズは自らをイエス・キリストと同一化するのである。[3] こうしてチャールズの処刑は、キリストの磔刑の模倣となる。無垢な者が裏切られ、嘲られ、裁かれ、処刑される一連の受難の過程は、イエスがキリスト（救い主）であることを証明するのと同じように、チャールズが真の「キリスト教国王」であることを証明する。つまりこれは、犠牲として死ぬことで逆説的に勝利を手にしようとする試みにほかならない。殉教者となることによって、王の権力は転倒したかたちで正当化される。このいわば逆さ向きの政治神学がいかに有効な戦略であったかは、『エイコン・バシリケ』の出版が当時の世論に巻き起こした多大な反響のうちに見て取ることができる。チャールズ自身の真の姿がどうであれ、この著作で描かれた無垢な殉教者としてのチャールズ像は、多くのイギリス人にとって王の潔白を証するものに思えたのである。

『エイコン・バシリケ』のこうした反響を危惧した革命政府は、かねてから急進的な共和派ジャーナリストとして活動していた詩人ジョン・ミルトンに反駁書の執筆を依頼することになる。一六四九年一〇月に出版されたミルトンの著作『エイコノクラステス（偶像破壊者）』は文字通り、殉教者チャールズという「王の像」の破壊を企図したものであった。旧ビザンツ皇帝による聖像破壊運動から取られたこのタイトルに見て取れるのは、ミルトンの反偶像崇拝的なピューリタニズムである。国王処刑を擁護し、人格代表としての王を政治から取り除こうとするミルトンにとっては、それだけに、王の死後もなお王の姿を表象し続ける『エイコン・バシリケ』の影響力は看過できぬものであった。

ミルトンはこうした王の虚像に幻惑される「感情過多の行き過ぎた」大衆に対する不満を各所で述べている。[4] そして彼は、この美学政治的とも言える効果に対抗するため、殉教者チャールズというイメージを何とかして解体しようとする。彼によれば、殉教は本来、「自分自身」についてではなく、それを超えた「真理」についての証言なのだから、チャールズのように「自分の手で自分を殉教者であると記す」者は、「下

3　Ibid., pp. 152, 157.
4　John Milton, "Eikonoklastes," in Don M. Wolfe (ed.), *Complete Prose Works of John Milton*, III, Yale University Press 1962, p. 343.

手くそな画家」のようなものである。そしてミルトンは、チャールズが主張する心情の誠実さをも否定するべく、王の内戦中の行為が外国のカトリック勢力と呼応する秘密の意図に基づいていたことを陰謀論的に暴き出そうとするのである。

　こうしたミルトンの努力にもかかわらず、『エイコン・バシリケ』の反響は衰えることなく、共和派は世論においていわばヘゲモニー上の敗北を喫することになる。政治権力者としてではなく一人の苦しむ人間として自らを呈示し、人々の親密性の感情を呼び起こす『エイコン・バシリケ』が、偶像を崇拝する大衆への軽蔑を隠さないミルトンのエリート主義的な文体に勝ったのは当然である。生前はバロック的な公的祝祭の場を嫌い、人々の前に現れることを好まなかったとされるチャールズ一世であったが、まさにその死後に出版メディアを通じて流通した「王の像」によって、自らの生き生きとした姿を大衆の前に現前させることになった。当の国王本人が不在となったことで、かえって読者が心情的に共感し、同一化できるような王のイメージが拡散していくのである。

　実際、さまざまな版が流布した『エイコン・バシリケ』は、チャールズであれゴードンであれ一人の著者の意図に狙いを定めて批判できるようなものではなく、いわばさまざまな人々が参加した集合的な編集過程の産物である。このようにいわばポピュラー・イメージとして広がっていく「王の像」に対しては、ミルトンのように理性的論拠によってその偶像破壊を試みても自ずと限界があるだろう。

『エイコン・バシリケ』のこうした反響はイギリス国内にとどまらなかった。殉教者王チャールズ一世の姿に感銘を受けた一人が、同時代のドイツの劇作家アンドレアス・グリュフィウスであった。彼はまさにこのアクチュアルな事件を題材として、殉教劇『カロルス・ストゥアルドゥス』を書き上げることになる。しかし実のところ、このドイツ・バロック悲劇は、『エイコン・バシリケ』を貫いている殉教理念をひそかに裏切っている。ミルトンにとってはまだ、一六世紀の神学者ジョン・フォックス以来のイギリス・プロテスタント殉教論の伝統を否定することなどはまったく考慮の外にあり、むしろ彼の狙いは、国王が殉教の理念を独占することを防ぐことにあった。なるほどグリュフィウスもまたこの悲劇のなかで、チャールズをキリスト的な殉教者として呈示しようと試みている。しかしながら、ヴァルター・ベンヤミンが『ドイツ悲劇の根源』(一九二八)で明らかにしたように、ドイツ・バロック悲劇においては、むしろ殉教者王という政治神学の不可能性が顕わになっているのである。

5 Ibid., p. 575.

2　救済なき主権者——グリュフィウスと「恒心」

世界を一つの劇場として捉え、また演劇をこの現世の象徴として理解するバロックの世界観のもとで、一七世紀のドイツ・バロック悲劇はこの時代の人々の政治的意識をもっとも反映したジャンルとして現れることになる。その中心を成すのが、マルティン・オーピッツに始まり、アンドレアス・グリュフィウスやダニエル・カスパー・フォン・ローエンシュタインに代表されるシュレージエン演劇である。[6]

このシュレージエンは、プロテスタントの強い地域でありながら、一六世紀以来カトリックのオーストリア・ハプスブルク家の支配下に置かれたことで、宗派間の緊張がとりわけ先鋭化した土地である。こうしたドイツの宗派対立は、言うまでもなく一六一八年に始まる三〇年戦争で頂点に達するが、これによってもたらされた破壊と荒廃こそがシュレージエンのバロック演劇の世界観を決定的に規定するのである。つまり、世界はいわば恒常的な戦争の状態にあり、現世の人間事象に不壊のものはなく、すべては移ろいゆく、と。グリュフィウスは悲劇『レオ・アルメニウス』の序文で述べている。

我々の祖国全体がいまや自らの灰に埋もれ、虚無の舞台と化しているのであってみれば、私はこの悲劇、そしてそれに続く幾つかの悲劇のなかで、人間事象の移ろいやすさを示すよう努めるつもりである。[7]

そしてバロック悲劇は、この儚い現世を生きる人々のための「慰め」あるいは「叡智」というストア主義的な性格を強く帯びることになる。

シュレージエン悲劇の多くは、専制君主を主人公とする一種の殉教劇という形式を取っている。これはさしあたり、カトリック陣営による殉教劇、いわゆる「イエズス会士劇」への対抗運動という意味を持っている。この「イエズス会士劇」は、聖人の殉教の効果的な演出によって人々を惹きつけながら、一六世紀末以来ヨーロッパで活発な反宗教改革プロパガンダを繰り広げていた。シュレージエンのバロック悲劇は、これに対するプロテスタントの側からの対抗殉教劇である。それと同時に、この殉教劇は、聖人の代わりに政治支配者を主人公に据えることで、同時代の内戦状況に対す

6 グリュフィウスとローエンシュタインの作品分析については、ヴィルヘルム・エムリッヒ『アレゴリーとしての文学』道籏泰三訳、平凡社、一九九三年、三一七―四一三頁、参照。

7 Andreas Gryphius, *Leo Armenius*, Hamburg 2012, S. 9.

る応答にもなっている。祖国に惨状をもたらした三〇年戦争の経験によって、シュレージエンの作家たちもまた自ずから、内戦を抑止する君主の絶対権力に関心を持つようになる。王侯を主人公とするバロックの専制君主劇は、単に古代の英雄悲劇を模倣しているだけではなく、この宗教内戦の時代の意識を反映しているのである。

したがってバロック悲劇には、多かれ少なかれ世俗の政治支配者を称揚する傾向を見て取ることができる。しかしそれは逆説的にも、主人公たる君主を移ろいやすい現世に翻弄される殉教者として描き出すことでそうするのである。バロックの無常観からすれば、絶対君主ですら没落から逃れることはできない。君主を絶えず転落させるこの舞台となるのは「宮廷」である。宮廷とは永続的な戦争状態にあるこの世界の象徴である。中央集権化に抵抗する封建諸勢力が絶対君主の宮廷貴族へ馴致されたとしても、内戦はなお宮廷の内部に転位されて継続する。「いまや殺人者の巣窟、裏切り者の居所、悪人の住処となった宮廷とは何なのか」[8]。それは主権者を呪縛する欺瞞・陰謀・裏切りの空間であり、彼（女）は繰り返しこの秘密の抗争のなかに引きずり込まれていく。

バロック悲劇の君主はこの不信の空間のなかで、「恒心」をもって殉教に赴くか（グリュフィウス）、あるいは「叡智」をもって生き延びることで（ローエンシュタイン）、自らの尊厳を示そうとする。[9] どちらの場合にせよ、君主に必要なのは、自らを転落させようとする陰謀家たちの前で感情を抑制することである。実際、情念の統御というストア的な理念は、バロック悲劇における最重要のモチーフの一つであった。まさにこの時代の宮廷人たちの作法がそうであったように、その劇中人物たちは情念を抑えつつ冷静に振る舞おうとし、ときには情念を計算しながら陰謀の道具として利用しさえする。したがって、ドイツ・バロック悲劇を特徴づけるのは、激情の発露とその冷やかな抑制との極端なコントラストである。こうした戯画化されたストア主義の図式を通して、ドイツの悲劇作家たちは君主の徳としての冷静さを際立たせようとする。非常事態を統治する主権者は、「魂の非常事態たる激情の支配に対処」[10]し、自らの情念をも統治しなければならないのである。

ストア的な「恒心」の理念が顕著に見て取れるのは、とりわけグリュフィウスの作品においてである。三〇年戦争の只中に青年時代を送った彼にとって、戦乱の時代に

8　Ebd., S. 15.

9　Vgl. Hans-Jürgen Schings, »*Constantia* und *Prudentia*. Zum Funktionswandel des barocken Trauerspiels«, in: Gerald Gillespie/Gerhard Spellerberg (Hg.), *Studien zum Werk Daniel Caspers von Lohenstein*, Amsterdam 1983, S. 403–439.

10　ベンヤミン『ドイツ悲劇の根源（上）』、一三九頁。

おける「慰め」はまさに喫緊の関心事にほかならなかった。一六三〇／四〇年代の彼は、リプシウスの著作を範として『政治学』（一六〇九）を執筆していた法学者ゲオルク・シェーンボルナー邸での家庭教師、そして、リプシウスが教鞭を取っていたネーデルランドのライデン大学への留学を通じて、新ストア主義の多大な影響を受けることになる。

留学が終わる頃の一六四〇年代後半にグリュフィウスは悲劇の執筆を開始するが、この時期に成立した『グルジアのカタリーナ、あるいは強固なる恒心』（一六四七年頃執筆）では、副題から明らかなように、ストア的な徳を備えたキリスト教君主が称揚される。ペルシアによるグルジア征服という同時代の出来事に触発されたこの劇で描かれるのは、異教の専制支配者の誘惑を退け、従容として死を受け入れるグルジア女王カタリーナの姿である。彼女は情念を克服し、「恒心」をもって殉教へ赴くのであり、劇の末尾では彼女の亡霊がペルシア王に対して、その罪の報いとしての没落を予言する。

しかしながら、グリュフィウスの悲劇が主人公にキリスト教的な救済を約束する「殉教劇」となっているかは実のところ疑わしい。このことは、ほぼ同時期に成立した『レオ・アルメニウス、あるいは君主殺害』（一六四六年頃執筆）を見ることでより明らかとなる。九世紀のビザンツ皇帝レオ五世の悲劇を題材としたこの劇は、典型的な宮廷陰謀劇である。反逆を企てた旧友ミカエル・バルブスを捕えたレオは、クリスマスを理由にその処刑を一日延期したことが仇となり、ミカエル派の陰謀家たちの巻き返しによって殺害されるに至る。この劇の末尾でもまた、レオの皇妃テオドシアの幻視によって、新皇帝ミカエルも同様の末路を辿ることが予見されるが、しかし、簒奪者の受けるこうした報いは、敬虔な主人公レオの救済を意味するわけではない。

これらの劇中では、そもそもレオ自身がかつて陰謀と暴力によって帝位に就いたこと、あるいは、カタリーナ自身が王座にいたときには暴政を行っていたことが告白されている。つまりここでは、政治秩序の原罪、すなわちそれが根源的には暴力によって創設され維持されるという事実が白日の下に晒されているのである。真の英雄による秩序創設がこのような暴力に終止符を打つものだとするならば、グリュフィウスの君主たちはそれとは逆に、暴力が暴力で贖われる運命の連鎖のなかになお深く埋め込まれている。彼らの死はあらゆる復讐の暴力を終わらせる犠牲死ではなく、暴力の等価交換は依然として断ち切られることがない。実際、『レオ・アルメニウス』においては、君主レオと簒奪者ミカエルのどちらが正当であるのかは決定不可能であり、神の義がいずれの側にあるのかは認識できない。結局のところ、ドイツ・バロック悲劇は殉教劇としては不完全にとどまっており、その主人公たちは繰り返される罪の連関を超え出るような殉教者となることができない。

そしてこのことは、殉教者王チャールズ一世を題材にした悲劇『殺害された陛下、あるいは大ブリテンの王カロルス・ストゥアルドゥス』（初版一六五七、第二版一六六三）でも変わることはない。宗教内戦の経験から君主権を擁護するグリュフィウス自身は、明らかに処刑されたチャールズ一世に同情し、国王の側に与している。『エイコン・バシリケ』と同様に、「自ら十字架へと歩を進め、彼の民に憎まれ、彼の群衆に嘲られる」チャールズにはキリストの姿が重ねられるのである。[11]

にもかかわらず、この場合にもまた、正義がチャールズの側にのみ帰せられるかどうかは未決定である。というのも、チャールズの処刑が単に暴力的な簒奪ではなく、合法的な裁判の形式に則って行われたように、ここで生じているのはむしろ、二つの相異なる正義の衝突だからである。事実、チャールズと同様に、その殺害者たちもまた「キリストの教会」の名のもとに自らの行為を弁護する。[12]つまりこの劇では、国王の古い法と革命の新しい法とが互いに等しく正当性を主張している。内戦状況のもとで諸党派が各々の大義を掲げるとき、それらの優劣を根本的に決することはできない。そこでは、より高次の地位にあるはずの主権者の正義は、ある法を暴力によって別の法に置き換える報復の連関のなかに引き込まれる。この悲劇もまた、国王殺害への復讐と内戦の招来を叫ぶイギリス王たちの亡霊の呪詛で終わっている。チャールズの死は暴力を停止する殉教ではなく、単に新たな暴力を呼び込むだけである。

グリュフィウスはその悲劇によって、永続的な戦争状態としてのこの世界に生きる人々に対し、アリストテレス的なカタルシスにも似た「慰め」を与えようとした。それは、たとえ苦境のなかで死を強いられても自らを泰然と保つような「恒心」を呈示することによってである。しかし、悲劇の主人公たちのこうしたストア的な死には、キリスト教的な救済の契機が欠けている。彼らが平静さをもって死に赴いたところでそれは世界の何を変えるものでも、来たるべき新秩序を約束するものでもない。ベンヤミンが言うように、この意味においてバロック悲劇には救済の理念が存在せず、出口なしの絶望感が支配している。グリュフィウスの「慰め」は、現世の政治権力に対していかなる超越的な正当性を与えることもない。

3 情念統治の失敗――ローエンシュタインと「叡智」

ローエンシュタインはグリュフィウスに続く世代のシュレージエン演劇を代表する

11 Andreas Gryphius, *Carolus Stuardus*, Hamburg 2012, S. 40.
12 Ebd., S. 26.

劇作家である。しかし、殉教の理念や「恒心」の倫理的エートスがより稀薄化し、文体の極端な修辞性と技巧性に耽溺するだけに見えるその作品から、彼はしばしばグリュフィウスの出来の悪い後継者くらいにしかみなされない。このようにローエンシュタインの作品に悲劇性が喚起する崇高な道徳的効果が欠落しているようにも見えるのは、もっぱら現実政治のなかに身を置いて活動した彼のキャリアを反映したものだと言える。

本来は法学者であるローエンシュタインは、オーストリア・ハプスブルク家の支配下に置かれながらも不可侵特権《インムニテート》を守っていたプロテスタント都市ブレスラウで法律顧問に就いている。彼はブレスラウ市の利害を代表する外交官としてウィーンの宮廷に派遣されることになるが、そこで皇帝レオポルド一世の顧問官に任命されるなど、実践家としても一定の成功を収めている。ローエンシュタインの主要な悲劇作品は、彼がまさにこうした政治的キャリアを積んでいくさなかの一六五〇年代以降に執筆されたものである。これはまた、ウェストファリア条約の締結によって宗教内戦が一応の決着を見て、公安と秩序の回復が進む時期でもある。こうしたなかにあって、ローエンシュタインがもっぱら関心を寄せたのは、現実政治のなかで身を処し、また内戦を再発させないための実践的叡智にほかならない。したがって彼の悲劇では、宗教的な救済の理念に比して、国家理性的な叡智の思想が際立って現れることになる。殉教によって現世を否定するグリュフィウスに対し、ローエンシュタインにおいては、世俗政治のなかで生き残ることへのより強いこだわりが見られるのである。

グリュフィウスの悲劇における君主の殉教は、その死を通じて主権者としての尊厳を人々の前で「代表具現(representation)」するために行われる。他方、ローエンシュタインの悲劇の君主たちは、偽装や隠蔽といった実践的な支配技術を用いながら権力を保持しようとする。この点でローエンシュタインの作品は、同時代の国家理性的な君主鑑に近いと言える。彼のうちには、キリスト教的な敬虔さよりも、異教的なタキトゥス主義のほうがよりはっきりと見て取れるのである。実際、バルタザール・グラシアンの君主鑑をドイツ語に訳していることからも分かるように(『カトリックの政治家フェルナンド王』一六四〇、独訳一六七五)、ローエンシュタインは同時代のタキトゥス主義者たちから大きな影響を受けている。とりわけ、国家理性論を宮廷人の処世訓へと翻案し、振る舞いの作法としての偽装と隠蔽を説くグラシアンの教説は、ローエンシュタインの悲劇にもはっきりと痕跡を残している。[13] 主人公たる君主たちは、自らを劇場

13　ローエンシュタインの悲劇に見られるタキトゥス主義的な偽装のモチーフについては、Bernhard Asmuth, *Lohenstein und Tacitus*, Stuttgart 1971, S. 137-146; Reinhart Meyer-Kalkus, *Wollust und Grausamkeit*, Göttingen 1986, S. 153–163.

的に「代表具現」するよりも、純粋な計算に基づく権力闘争に関心を持つのである。

したがってローエンシュタインの悲劇は、殉教劇としての性格が薄まり、宮廷陰謀劇の性格をより一層強く帯びることになる。「宮廷をその本分として選んだ人々の生活ほど、劇と舞台を具現するものはない」[14]。そこでは、支配者が堕落し、廷臣たちが策動し、つねに謀反とク・デタの火種がくすぶる政治的世界が、救済への確信を押しのけている。その劇中人物たちは、「恒心」を保ちつつ死ぬというよりも、「叡智」によって生き延びようとする政治的人間である。たしかにローエンシュタインにおいても、ストア的な「恒心」の理念は大きな役割を果たしている。しかし、それはしばしば、「慰め」を与える徳というよりは、政治闘争のための技術的手段となっている。そして、自らの情念を統御するとともに他人の情念を冷静に計算することで勝者として生き残ることができるのが、アウグストゥスやスキピオのような叡智ある英雄なのである。

アフリカ悲劇『クレオパトラ』（初版一六六一、第二版一六八〇）の舞台は、アクティウムでの敗戦によって初代ローマ皇帝アウグストゥス（オクタウィアヌス）の軍に包囲されたアントニウスとクレオパトラが立てこもるエジプトの首都アレクサンドリアである。何よりもエジプトの独立を守ろうとする女王クレオパトラは、アウグストゥスの誘いに乗り、敗者である愛人アントニウスの殺害を企てる。そのさいに彼女が利用するのは、アントニウスが彼女に抱いている愛の感情である。つまり、自分の死を偽装することで、彼が絶望して自ら命を絶つよう仕向けるのである。いわば、クレオパトラは情念を計算し、それを陰謀の道具として利用する。

彼女の手管は非倫理的な政治的術策として非難されているわけではない。バロック悲劇のストア主義的観点からすれば、愛の情熱もまた理性を曇らせ、理性によって抑えられるべき情念の一つに過ぎない。それに対しては、政治的叡智の冷静さがより高い価値を持つのである。クレオパトラの偽装はもくろみ通りアントニウスを死に至らしめることには成功するものの、彼女自身がアウグストゥスによって欺かれており、自らのローマ移送による国の滅亡が免れえぬことを知ったとき、彼女は死を選ぶ。最後に栄光を讃えられるのは、「叡智」を完全に我が物とした理性的君主としてのアウグストゥスである。

第二次ポエニ戦争を題材としたアフリカ悲劇『ソフォニスベ』(一六八〇)もまた構造は同じである。この劇でヌミディア王妃ソフォニスベが見せる手練手管はすべて、ローマから母国カルタゴを守るために行われる。彼女は、ヌミディア王位を争う二人

14 Daniel Casper von Lohenstein, *Sophonisbe*, CreateSpace Independent Publishing Platform 2013, S. 7.

の男、シュファクスとマシニッサが彼女に寄せる愛情を利用しつつ、両者の間でさまざまな策謀を弄するものの、ローマの将軍スキピオによってそれを妨げられ、カルタゴの没落を悟ったときに自殺する。スキピオはソフォニスベへの愛の情念に流されるマシニッサと対置され、最終的にストア的な「恒心」を体現する勝者として称揚される。このように、魂の平静さを保つストア的な道徳家の様相を帯びながらも、殉教によって死ぬのではなく、政治的勝利を手にするアウグストゥスやスキピオは、ローエンシュタインにとってのいわゆる「歴史の主体」なのだろうか。彼の劇は、来たるべき新秩序の創設を約束するような英雄的な君主劇となっているのか。

しかし、ローエンシュタインの悲劇に際立った特徴を与えているのは、むしろ情念の統治に失敗する人物たちの形象なのである。そこにはしばしば、「叡智」を冷静に駆使するのではなく、感情の暴発を抑えることのできない君主が現れる。彼のローマ悲劇におけるネロは、そのように激情の虜となる暴君である。その文体に禁欲性をとどめているグリュフィウスに対して、ローエンシュタインにおいては暴力とエロスが前面化する。『エピカリス』(一六六五)でのネロ暗殺を企てた娼婦エピカリスへの拷問場面、あるいは『アグリッピーナ』(一六六五)におけるネロと母アグリッピーナとの近親相姦の誘惑など、暴政はときにサディスティックとも思われる描写を伴いつつ、エロティックなものと一体となって現れる。これらのローマ悲劇では、アフリカ悲劇のような理想君主が呈示されるわけではない。そこには、ネロの師であるストア的賢人のセネカも含めて、情動の放埒たる暴政を止めることのできる存在はどこにもいない。

解き放たれた情念がひき起こす暴力性は、残虐さと性的放縦で有名な同時代のトルコ皇帝イブラヒムを主人公とした『イブラヒム・スルタン』（一六七三）において際立っている。このトルコ悲劇は、当時オーストリアの脅威となっていたオスマン帝国の悪徳を喧伝するための政治的プロパガンダという性格を持っているが、しかし、情動の狂乱に見舞われる君主の姿には、彼の他の悲劇と共通するモチーフが見て取れる。暴君イブラヒムはその吹き荒れる激情を押し止めることができず、転落の道を辿っていく。政治支配のこのような堕落は自然の必然的法則性にも似ており、支配者本人も含めて誰にも止められない。すべての人を巻き込んで進行するこの没落の過程は、あらゆる政治秩序を見舞う運命である。情念の暴政は、物理自然的なものが理性を制圧する「自然史」として歴史を顕わにしているのである。

結局のところローエンシュタインの劇中人物たちは、自らが歴史の主体というよりは、むしろ歴史の有為転変に押し流される一被造物であることを露呈させている。そこでは君主自身が、永続的な破局としての歴史の象徴となるのである。君主たちは秩序を打ち立てるのではなく、つねに移ろいゆく歴史の成り行きに翻弄される。彼らは激情に身を委ねつつ、「ぼろぼろになってはためく旗のように、跪きに跪く」[15]。彼らはもはや非常事態を統治できる主権者たりえず、自らの内面の統治にも、政治秩序の統治にも失敗する。ドイツ・バロック悲劇は、「殉教」によるのであれ「叡智」によるのであれ、秩序を創設することも維持することもできはしない。グリュフィウスにおいてもローエンシュタインにおいても、上演されているのは政治神学の限界にほかならない。

4　転位する陰謀空間——宮廷抗争から警察活動へ

「恒心」の禁欲性を守るグリュフィウスと激しい情念世界を描き出すローエンシュタインの関係は、ある意味では、一七世紀のフランス古典演劇におけるコルネイユとラシーヌの関係に似ている[16]。すなわち、コルネイユの悲劇の登場人物たちは、意識と理性をもって情念を客観化し、それを支配下に置くことができる。他方、ラシーヌの場合、劇中人物たちは抗いがたい情念の衝動に駆りたてられ、それが彼らを悲劇的な死に至らしめることになる。いわば、ラシーヌの人物たちが混沌に身を任せてその犠牲となるのに対し、コルネイユの人物たちは苦悩のうちでも自らの節度を保つことができる。

コルネイユの劇におけるこうした平静さにもまた、同時代の新ストア主義の影響を見ることができる。[17] 例えば、異教ローマ時代の聖人ポリュークト（ポリュクトゥス）の殉教を題材とした『ポリュークト』（一六四三）は、グリュフィウスの『カタリーナ』と同様に、「恒心」の勝利を謳った悲劇である。事実、コルネイユのこの殉教劇は、ライデン留学の帰途パリに滞在したグリュフィウスにまさに触発を与えたものなのである。その主人公ポリュークトを際立たせているのは、愛する妻の懇願にも、同志の処刑による脅しにも屈しない「頑固さ」あるいは「無感動な心」である。[18] 彼は情念を拭い去りはしないまでも、それを抑えつつ殉教に赴く。最終的に、こうした「恒心」の死が生き残った人々に驚きと回心をもたらし、来たるべきキリスト教世界の勝利が約束されるわけである。

15 ベンヤミン『ドイツ悲劇の根源（上）』、一三一頁。
16 コルネイユとラシーヌを国家創設の君主劇という観点から考察しているのは、ジャン＝マリー・アポストリデス『犠牲に供された君主』矢橋透訳、平凡社、一九九七年、特に第三章および第四章。
17 カッシーラー『デカルト、コルネーユ、スウェーデン女王クリスティナ』、八一四五頁、参照。
18 ピエール・コルネイユ『ポリウクト』木村太郎訳、岩波文庫、一九二八年、九五頁。

むろんコルネイユの悲劇は、情念／恒心（叡智）という月並みなストア主義的二元論だけで構成されているわけではない。とりわけそれは、愛の感情を克服されるべき情念の一類型に切り下げるような、ドイツ・バロック悲劇的な浅薄さとは無縁である。しかしコルネイユにおいては、情念の統御が新たな秩序の創設、とりわけ政治秩序の建設にとって決定的な役割を果たすという思想が見られることは確かである。『オラース』（一六四〇）では、ローマの英雄オラース（ホラティウス）が犯した妹殺しの罪は、彼が対立都市アルバとの闘いで果たした愛国的貢献と引き換えにローマ王から特赦される。いわば国事の必要が肉親の情を乗り越えるのである。また、『シンナ』（一六四二）においても、暗殺の陰謀を企てた臣下シンナに対し、ローマ皇帝アウグストゥスは怒りの情念を乗り越えて「慈悲」を与え、彼を赦す。これは報復の連関を断ち切り、平和を打ち立てる君主の決断にほかならない。これらの作品が書かれたのはルイ一三世とその宰相リシュリューのもとでフランス絶対王権が確立する時期であり、まさにそうした時代状況がそこに反映していると言える。いずれの作品においても上演されているのは、情念の克服による政治秩序の創設である。

コルネイユがこれらの代表的な悲劇作品を執筆した後、封建勢力の最後の抵抗であるフロンドの乱（一六四八―五三）を経て、フランス王権はその頂点たるルイ一四世の時代を迎える。君主の恩赦を通じて廷臣として迎え入れられたオラースやシンナのように、かつての封建勢力は絶対君主の宮廷貴族として馴致されるのである。
ラシーヌが執筆活動を開始するのは、このように中央集権が確立する一六六〇年代である。しかし、彼はむしろ、そうした秩序創設によって抑圧されたはずのものの回帰を舞台に載せることになる。すなわち、コルネイユとは異なり、ラシーヌの劇中人物たちは情念の呪縛にとらわれたままである。激情に盲目的に身を委ねる彼らは、情念の隠蔽と偽装によって成り立つ文明作法の解体を上演している。そこで呈示されているのは、なおも不和と抗争を逃れられない宮廷世界なのであり、いわば国家創設の不可能性である。

このことは、トロイア戦争の後日譚である悲劇『アンドロマック』（一六六七）において顕著に見出すことができる。亡きトロイア王子ヘクトールの寡婦アンドロマック（アンドロマケ）は、トロイアの敗北後に戦利品として、ほかならぬ夫の仇であるアキレウスの子ピュリス（ネオプトレモス）の手に落ちる。とはいえ、彼女に恋い焦がれるピュリスが婚姻と引き換えに彼女とヘクトールの遺児アスチアナクスを助けようとするとき、そこにはトロイアとギリシアとのあいだの「復讐の法」を停止させうる可能性もある。

いつまでも人は、憎み続けていられるものか、罰してばかりいられるものですか？

（……）だがもう、こうしてお互い、十分に責め合ったではありませんか。（……）
再び聳え立つ城壁のうち、ご子息を王位に即けるのはこのわたしなのだ。[19]

（第一幕第四場）

しかしながら、この悲劇を構造化している片思いの連鎖（亡きヘクトールを愛するアンドロマックを愛するピュリスを愛するエルミオールを愛するオレステス）のなかで、登場人物たちは愛の情念に駆り立てられるがままに行動し、それが彼らを最終的に死または狂気に至らしめることになる。ここでは情念は、運命としての復讐をも意味している。この連鎖では殺されたヘクトールが決して叶えられぬ登場人物たちの片思いを支配し続け、滅亡したトロイアによる復讐の呪いとして、生者たちを破滅させるのである。したがってこの悲劇では、古い法は決して廃棄されず、新たな法の創設は果たされない。そこに見られるのは秩序創設ではなく、情念にとらわれた人々が繰り返し復讐と抗争のうちに引き込まれる世界なのである。

もっとも、『アンドロマック』の成功以後、栄誉ある悲劇作家としての地位を固めていくラシーヌもまた、政治秩序の内部への戦争状態の回帰を上演するだけではいられなくなることも事実である。彼は、おりしもルイ一四世の宮廷で擡頭しつつあったジャン゠バティスト・リュリらのオペラに対抗しうるような、祝祭的な性格をもった国家創設の劇に着手するようにもなるのである。

トロイア戦争前夜のギリシアを舞台にした『イフィジェニー』（一六七四）が含意しているのは、まさにそのような内戦終結の物語である。この劇でラシーヌは題材としているギリシア神話に改変を加え、運命としての復讐を停止させるような脚色を行っている。すなわち、神々の要求に応えてミュケナイ王アガメムノンが行うはずの娘イフィジェニー（イーピゲネイア）の人身供儀がこの劇では行われず、それに代わる犠牲（エリフィール）によって代替されている。これによって彼は、以後この王族の内部で起こるはずの復讐の連鎖（娘の殺害を恨んで夫アガメムノンを殺害する王妃クリュタイムネストラは、娘エレクトラと息子オレステスによって殺害される）を前もって予防しているのである。そうしてアガメムノンは対内的に安全と平和を打ち立てることができる。いわばここでは彼は、復讐の法を失効させる国家創設者となる。宮廷での葛藤はすべて、悲劇的運命から脱出する行程の一部となり、予定調和のうちで大団円に至るわけである。

フーコーが指摘するように、こうしてラシーヌの主人公は、いったんは情動的な人

19　ジャン・ラシーヌ「アンドロマック」、『フェードル　アンドロマック』渡辺守章訳、岩波文庫、一九九三年、三九—四一頁。

間に解体されるものの、再び自らを絶対君主として打ち立てることができる。宮廷の悲劇性は、あくまでも「王の身体の死と再生を示す」ためのものとなる。「ラシーヌに自分の歴史記述者となるよう要求しながら、ルイ一四世が行なっていたのは、それまでの君主制の歴史記述の伝統にとどまること、つまり権力そのものを讃えることにほかならないのです。しかし同時に王はラシーヌにまさに悲劇作者としての役割を果たすことを許してもいました。結局、ルイ一四世がラシーヌに求めたのは、歴史記述者として幸福な悲劇の第五幕を書くこと、つまり私人が、心ある宮廷人が、戦争司令官および君主、主権の保持者にまでふたたびのぼりつめていくさまを書くことだったのです[20]」。

このようにバロック期の悲劇は、君主権を顕揚する祝祭劇としての性格をしだいに強めていき、そして一八世紀に入る頃には、まさに絶対王権の正当化をその主な役割とするオペラ・セリアに取って代わられていく。いずれにおいても宮廷で繰り広げられる葛藤と抗争が舞台となっているが、しかしそれは、君主の没落を呈示するというよりは、最終的にすべての抗争に終止符を打つ君主の栄光を誇示するためなのである。ここに至って、主権者の絶対性はもはや疑いを差し挟む余地のないものとして確立したように見える。恒常的戦争としての世界はとうとう消滅し、いまや主権者のもとで内戦も陰謀も完全に鎮静化されたということなのだろうか。あとは市民革命によってその担い手が君主から国民へと逆転することはあるにしても、近代主権そのものはもはや揺るがぬものとなったのか。

たしかにフランス革命によって、主権者を脅かす秘密と陰謀の世界としての宮廷そのものが消えていく。それとともに、宮廷陰謀劇としての悲劇もまた、文学ジャンルとしては古びていくことになる。しかしながら、近代の市民悲劇のなかで、悲劇性はその新たな場を見つけ出すことになる。すなわち、群衆が集う大都市とその街頭である。[21] 歴史の舞台はいまや宮廷から、大衆の日常生活が繰り広げられる都市空間へと移行する。ゲオルク・ビュヒナーの『ヴォイツェク』（一八三五）のように、ライプツィヒのような都市で起こった一犯罪が物語の悲劇性を構成するようになり、そこに暮らす一市民が新たな悲劇的人物として登場してくるのである。

悲劇の新しい舞台としての都市にいち早く惹きつけられたのが、フリードリヒ・フォン・シラーにほかならない。彼が一八〇〇年前後に構想していたと思われるある劇作の覚書が残されているが、それは『警察』と題されており、ルイ一四世治下のパリの警察長官マルク＝ルネ・ダルジャンソンを主人公とした悲劇となっている。構想によ

20　フーコー『社会は防衛しなければならない』、一七七頁。
21　Vgl. Peter von Matt, *Die Intrige: Theorie und Praxis der Hinterlist*, Münchèn 2006, S. 404ff.

れば、この劇の舞台は宮廷ではなく、大都市パリの街中、「警察の本来の対象であり、活動空間であるパリの夜[22]」である。それは警察が市中で一つの大犯罪の真相を徐々に明らかにしていく犯罪劇であり、その複雑に絡まり合った筋は、「最終的にすべては警察長官の広間で解きほぐされねばならない[23]」。つまり、警察によって劇中のすべての要素が連関し、劇の統一が形成される。

本来の統一性をなすのは警察である。それが推進力を与え、究極的に話の展開をもたらすのである。警察は最初と最後にその本当の姿を現す。しかし、劇の途中では、警察はたしかに不断に、しかし仮装して静かに活動する[24]。

シラーの構想によれば、主人公ダルジャンソンは捜査の過程で、「犯人」のみならず、市井の「不幸な人々」をも捜査員に見張らせ、その救い手にもなるとされている[25]。彼は社会にくまなく捜査と監視を張り巡らせる警察の長として、犯罪者を追及しもすれば、無辜の市民を見守りもする。主人公のこうした「全知」を支えるのが、警察が都市で繰り広げる秘密活動である。大都市では、陰謀家たる犯罪者が潜んでいるだけではなく、「警察の密偵」もまたその姿を隠して暗躍しているのである。したがってこの劇では、犯罪者と警察が活動する都市空間それ自体が、一つの陰謀の世界としての性格を帯びる。近代の陰謀は、宮廷での政治的策動から、都市で起こる犯罪とその捜査に転位するのである。

一九世紀における陰謀空間のこうした転位は、新しい文学ジャンルの誕生をもたらすことになる。すなわち、シラーの『警察』草稿は、まさに都市犯罪悲劇たる『ヴォイツェク』を経由して、近代の犯罪小説および探偵小説の先駆けになっているのである。シラーはなお、その捜査網によって市民生活のすべてを掌握する警察に、物語の統一を形成する役割を担わせようとしていた。しかしながら、犯罪小説、とりわけ探偵小説では、警察はそのように社会的全体を把握する力を失ってしまう。ジークフリート・クラカウアーは探偵小説における警察のこうした盲目性について指摘している。探偵小説では、探偵がある種の全能性を有するのに対し、警察のほうは、証拠を間違って解釈したり、偽りの解決に欺かれるなど、その活動は支離滅裂である。そこでは警察の「執行権」は、「老魔法使いが留守のときにめくらめっぽうに掃きまくるほうき」

22 Friedrich Schiller, »Die Polizey«, in: *Schillers Werke. Nationalausgabe*, XII, Weimar 1982, S. 93.
23 Ebd., S. 91.
24 Ebd., S. 91f.
25 Ebd., S. 95f.

にも似たものとなる。

探偵小説においては、警察の自由裁量はめくらめっぽうな恣意的行為に堕落する。探偵小説は、そうした裁量に権限を与えるはずの法を拒否するのである。警察の自由裁量は、法律に合致するだけでなく法律を十分に考慮するような決定から生じる代わりに、無法行為となり、それに対しては現実も限界とはならない。[26]

警察はもはや出来事の全体を見通すことはできず、合法性の退廃した代理人として、無方向で無秩序な捜査のうちに迷い込むのである。

自らを束縛する高次の原理との連関を見失った探偵小説の警察は、ドイツ・バロック悲劇の陰謀家たる宮廷人たちの末裔である。ここにおいて、警察権力についての印象深い描写を行っているベンヤミンの『暴力批判論』（一九二一）が、『ドイツ悲劇の根源』（一九二五）との架橋点を見出すことになる。彼によれば、警察は法的目的に仕えるだけでなく、自分でその目的を措定するがゆえに、摑みどころのない、亡霊めいた、無定形な暴力を行使する。[27] つまりそれは、主権であれ法であれ全体性から解き放たれた自己措定的な権力なのである。ここでベンヤミンが描き出している現代の陰謀家としての警察のあり方は、あらゆる執行権力一般の特徴にほかならない。バロックの宮廷悲劇から近代の探偵小説に至るまで、支配者を囲繞する執行権力の形象は、中心から際限なしに逸脱していく暴力として様式化されているのである。

さらにジャンル論的な考察を続けるなら、二〇世紀における陰謀と悲劇の文学は、ジョゼフ・コンラッドの『密偵』（一九〇七）に始まり、冷戦期のグレアム・グリーンらにおいて全盛を迎えるスパイ小説へと受け継がれていくことになる。[28] その悲劇的主人公は、世界政治を舞台に活動し、しばしば国家に切り捨てられもする情報機関員や国際スパイである。この文学ジャンルは、主権国家を単位とする国際政治の下層に、何に忠誠を尽くすのが正しいのかもはや誰にも見通せず、裏切りや二重スパイが常態化する不信の空間を見出すのである。これについては、本書の第12章で中心的テーマとして論じることになろう。

いずれにせよ、さまざまな文学的想像力のなかで、決してなくなることのない陰謀

26 ジークフリート・クラカウアー『探偵小説の哲学』福本義憲訳、法政大学出版局、二〇〇五年、七九頁（原文参照のうえ訳文変更）。

27 ヴァルター・ベンヤミン「暴力批判論」、『ドイツ悲劇の根源（下）』浅井健二郎訳、ちくま学芸文庫、一九九九年、二四七―二四九頁。

28 近代初期における陰謀・アルカナの問題系と二〇世紀のスパイ小説との連関については、Matt, *Die Intrige*, a.a.O., *S.* 453–465; Horn, *Der geheime Krieg*, a.a.O.

性の空間は絶えず再発見されてきた。主権と公開性の時代においても、政治における秘密は転位しつつ残り続けるのである。ここで言いたいのは、その戯画化されたパロディとしての「陰謀論」などではない。問題なのは、（全体主義的な専制であれ民主主義的な自己立法であれ）政治支配が完全なかたちで実現することは原理的に不可能だということであり、しかしこうした不可能性ゆえにかえって権力は誰のものにもなることなく、すべての人を強迫的に悩ませ続けるという事実なのである。

第8章　バロック主権者の栄光

1　アルカナを上演する――ノーデの「ク・デタ」

一七世紀の政治学において隆盛を見た国家理性もしくはアルカナについての文献は、絶対王権の確立とともに徐々に姿を消していく。その権力基盤が堅固なものとなるにつれて、政治支配者たちがアルカナに訴える必要性は薄れていったからである。いまや問題なのは、秘密の政治技術によって統治を維持することよりも、栄光の輝きのもとで統治を正統化することである。すなわち、もう一つのバロック的な政治実践として、主権者が自らの尊厳を公衆の眼前で演劇的に誇示する「代表的公共性」がその役割を増していくわけである。

一八世紀に入る頃にはアルカナから栄光へのこうした移行は見紛いようもなく明白

となるが、その徴候はすでに一七世紀の早い時期に見て取ることができる。秘密と公開のこのような結節点にある一つの文献が、フランスの政治学者ガブリエル・ノーデの『ク・デタについての政治的省察』(一六三九)である。[1] この著作は、リプシウス、ボテロ、シャロン、クラプマルといった同時代の国家理性・アルカナ理論家たちの強い影響下で執筆されたものでありながら、単に秘密の権力実践についての教説にとどまるものではない。それは、ルイ一四世期の祝祭政治を先取りするような、権力行使の劇場的な効果を明らかにする文献にもなっている。

ノーデ自身は政治のただなかに身を置いた実践の人というわけではない。『図書館設立のための提言』(一六二七)を著した図書館学の先駆者としても知られる彼は、主に司書としての活動に身を捧げた学識の徒であった。とはいえ、一六三一年からヴァチカンの高位にあったバーニ枢機卿のもとで、次いで四二年から幼少のルイ一四世の宰相マザランのもとで司書官を務めたノーデは、政治からまったく縁遠いところにいたわけでもない。彼はいわば、支配者の内密の秘書として政治に関与できる立場にあったとみなすこともできる。

ノーデはユグノー戦争の終結後に生まれたが、リシュリューやマザランらによる中央集権のための努力にもかかわらず、当時のフランスにはいまだ封建諸勢力が根強く残存していた。実際、ノーデ晩年の一六四八年にはフロンドの乱が勃発し、フロンド派の反乱軍がパリを占拠したさいには、彼が収集・管理していたマザラン図書館の四万冊にも及ぶ蔵書が競売にかけられて散逸するという憂き目にあっている。こうした状況下で生きたノーデの政治的立場は明らかにフランス王権に与するものであり、フロンドの乱のさなかに出版された彼の最後の大著である通称『マスキュラ』（一六五〇）は、マザランと国王を擁護するためのいわゆるマザリナード文書にほかならない。そして、一六三九年のク・デタ論もまた、生成途上の絶対王権に宛てて著された統治の実践についての著作であった。

『ク・デタについての政治的省察』は、ノーデがバーニ枢機卿の司書官としてローマに滞在していた時期に執筆された著作である。これはノーデ死後の一七世紀後半に二度再版されるものの、それ以降は、マイネッケの『近代史における国家理性の理念』

1　ノーデとそのク・デタ論については、Julien Freund, »La situation exceptionnelle comme justification de la raison d'État chez Gabriel Naudé«, in: Roman Schnur (Hg.), *Staatsräson*, Berlin 1975, S. 141–164; Louis Marin, "Pour une théorie baroque de l'action politique," in: Gabriel Naudé, *Considérations politiques sur les coups d'État*, Les Édition de Paris 1988, pp. 7–65; Yves Charles Zarka, "Raison d'État, maxims d'État et coups d'État chez Gabriel Naudé," in: id. (dir.), *Raison et déraison d'État*, PUF 1994, pp. 151–169; Senellart, *Les arts de gouverner*, op.cit., pp. 272–277; Koschorke et al., *Der fiktive Staat*, a.a.O., S. 184-191; マイネッケ『近代史における国家理性の理念』、二六七―二七八頁。

（一九二四）で取り上げられるまで、政治学のなかでほとんど忘れられてきた著作であった。とはいえ、このような忘却は、あたかもこの著作自身が望んでいたかのようである。というのも、序文で述べられているように、初版がわずか一二部しか刷られなかったこのク・デタ論は、「世界中の人々に気に入られるために」書いたのでもなければ、「この著作を公のものとするために」印刷されたのでもないからだ。[2]読者をうんざりさせるようなラテン語の文章の多用は、それがそもそも公衆に宛てた著作ではないからである。それはアルカナという秘密の実践を説いたものとして、秘教的な書物にとどまらねばならない。そして、いわゆる「ク・デタ（coup d'État）」こそが、そうしたアルカナの極致なのである。

ノーデがこの著作で論じている「ク・デタ」は、今日普通に使われている意味でのそれとは異なっている。つまりそれは、非合法的もしくは暴力的な手段で体制を転覆し、権力を奪取するという意味でのク・デタではない。こうした現代的な意味でのク・デタは、一七九四年のテルミドール九日や一七九九年のナポレオンによるブリュメール一八日など、フランス革命期に起こった革命政府内の権力闘争のなかで定着していくものであり、ノーデが使用している意味でのク・デタとは別物である。ノーデの言うク・デタはむしろ、陰謀家による体制の転覆ではなく、支配者が既存の体制を維持するための手段にほかならない。つまりそれは、彼の定義によれば、「困難で絶望的な事態に直面した君主が、公共の福祉のため、普通法に反して、公正な秩序や形式を守ることなしに、また特殊利害を犠牲にして行わざるをえないような大胆かつ緊急の行為」[3]なのである。したがってク・デタは、君主の側から加えられる一撃である。それは非常事態において秩序を守るための例外的な法侵犯行為である。その限りで、このク・デタ概念は、まさに国家理性あるいはアルカナの概念に相当するものである。

この著作は、同時代の国家理性・アルカナ理論家たちの議論に大きく負っている。しかしながらノーデは同時に、彼らのなかで本当の意味での「アルカナ」を理解できている者が誰もいないことに不平を漏らしている。例えば彼は、リプシウスが君主の非常手段とみなしていた「不純な叡智」の概念を俎上に載せて、それは単に日常的に用いられている政治手段を述べたものにすぎないと主張している。そうした欺瞞を伴う策略は、「国家や帝国をうまく治めて統治するための主要な規則あるいは基準であり、毎日のように政治家たちが教えるところであって、彼らの思考のうちに組み込まれているものであり、大臣たちによっても説かれて、いかなる不正の疑いもなく実践されている」[4]。要するに、リプシウスの叡智概念は、通常の統治技術を示すものにす

2 Naudé, *Considérations politiques sur les coups d'État*, op.cit., p. 70.
3 Ibid., p. 101.

ぎず、緊急事態に行われる政治実践の次元に十分に接近できていない。同様の批判はボテロに対しても向けられ、彼の国家理性概念は通常の実践と非常時のそれとを区別していないことが指摘される。

また、クラプマルについても、すでにク・デタ論に先立つノーデの政治学的著作『政治的書誌』（一六三三）のなかで行われていた批判が繰り返される。ノーデはクラプマルがその著作のタイトルに用いたアルカナという語の重要性は認めつつも、こうした統治の秘密についてのクラプマルの理解がなお不十分であることに不満を示すのである。ノーデに言わせれば、古代のティトゥス・リウィウスから現代のクラプマルに至るまで、アルカナについて語った著作家たちは、「この〔国家の秘密という言葉の〕意味から遠ざかってしまって、事柄の本質をよく理解していないように見える」[5]。ノーデがク・デタという語で問題にしようとしているものは、政治的叡智や国家理性といった概念では捉えることができず、アルカナの概念によってもこれまでのところ正しく理解されてこなかったような政治実践であるとされている。

リプシウスの叡智、ボテロの国家理性、クラプマルのアルカナは、ク・デタよりも、むしろノーデがその対概念として挙げている「マクシム・デタ（maxime d'État）」に当てはまる。これらの違いはどこにあるのか。ク・デタもマクシム・デタも、「公共の福祉を理由とした普通法の超出」であることに変わりはない。しかしながら、マクシム・デタの場合には、その実行に先立つ何らかの理由づけや宣言によって、その行為が前もって正当化される。他方でク・デタは、それが行われるまで完全に秘密のままにとどまらねばならない。その行為は、いかなる正当化もなしに突如として起こらねばならないのである。ノーデが用いているク・デタの有名な比喩。

ク・デタにおいては、雲のなかの轟きを聞かぬうちに雷が落下するのが見られる。雷鳴よりも先に雷が落ちるのである。朝課の祈りがその鐘の鳴る前に始められ、処刑が判決に先立って行われる。[6]

つまりク・デタは、それが実際に起こるまでは認識することができない。それは、いかなる原理原則に頼ることもなしに行われる突然の一撃である。秘密の政治実践は、学や理論を通じて前もって把握することができない。

4　Ibid., p. 89.
5　Ibid., p. 90.
6　Ibid., p. 101.

> secretum や arcanum（秘密や隠されたもの）といったラテン語の言い回しは（……）決して皆が理解し実践する普遍的な学問の指針や公準にではなく、何らかの理由で認識も暴露もされない事柄に割り当てられるべきである。[7]

ク・デタとは、まさにこうした真の意味でのアルカナでなければならない。それは従うべき規則があるわけでもなければ、予見することもできない純粋な実践なのである。

　こうしたノーデの議論は大きな困難を孕んでいる。もしク・デタがあらゆる知を逃れる秘密であり、起こった後でしか認識できない純粋な行為であるならば、ク・デタについての理論はそもそも可能なのか。たしかに彼はク・デタ論の第三章において、「両刃の剣」としてのク・デタが濫用されるのを防ぐための五つの条件（防衛のためであること、必要性があること、稀にしか行われないこと、無用の残酷さを避けること、不承不承行われること）について触れている。また、君主が行ったク・デタの具体例として、サン＝バルテルミの虐殺、ユグノー戦争中のギーズ公アンリの殺害、アンリ四世妃マリー・ド・メディシスの寵臣であったアンクル元帥の殺害などが挙げられている。しかし、これらの実例をク・デタとして分類するための特定の理論的メルクマールがあるわけではない。マクシム・デタから区別されるク・デタを定義する規定は、それが実際に為されるまでは秘密にとどまるということ以外にはない。すでにしばしば指摘されているように、ノーデのク・デタ概念において示されているのは、そのつどの状況に依存する「実践」としての政治行為を「理論化」することの困難にほかならない。[8]

ノーデに先立つ国家理性・アルカナ理論家たちは、その著作のなかで政治をひそかに動かしている秘密の統治技術を明らかにしようとした。しかしノーデが行っているのは、いわばアルカナの再神秘化である。彼の考えるアルカナあるいは秘密とは、そのつどの特異な実践に対して与えられた名であって、特定の内容を持っているわけではない。ノーデはク・デタということで、何か具体的な実践や技術を教えているわけではないのである。ク・デタとは、それが成功裏に成就したときにはじめて、この帰結からただ自己言及的にのみ規定できるような出来事である。それは法・道徳・宗教等のコードから独立した純粋な実践として、あらかじめの認識の対象となることが禁じられている。もしク・デタを理論的に分節することができるならば、それはもはや「一撃《ク》」ではなく、「公準《マクシム》」になってしまうだろう。その限りで、ク・デタは決して明

7　Ibid., p. 90.

8　Cf. Zarka, “Raison d’État, maximes d’État et coups d’État chez Gabriel Naudé,” op.cit., p. 169; Senellart, *Les arts de gouverner*, op.cit., pp. 272, 276.

かすことのできない秘密であり続ける。それゆえ厳密な意味では、ク・デタの「理論」は存在しえない。

しかしながらこのことは、ノーデはク・デタ論でそもそも不可能なことを試みており、この試みは単に失敗に終わるにすぎないということを意味するわけではない。実のところ、この著作でのノーデの意図は、何らかの政治の秘密を明らかにするというよりは、もっと別のところにあるからである。たしかに彼は、ク・デタは徹底して隠されるべきであることにこだわっている。だが、このような秘密保持は、ク・デタが実際に行われたときに生じる効果をいっそう強めるためでもあるのだ。つまり、ク・デタは事前にはまったく知られていないからこそ、それが起こったときの衝撃はますます大きなものとなる。いわば、ク・デタは人々に驚きを与え、さらには、それによって感嘆の念を抱かせるものでなければならない。そうして人民は、突然起こるク・デタのうちに君主の威光を感じ取るようになるのである。それはまさに、エジプトの民がその源流のことを何も知らずにナイル川のもたらす恵みを讃えていたのと同様である。「人民がその原因やさまざまな動機を知ることなしに支配者の一撃がもたらす幸いな結果を称賛するようにしなければならない」[9]。

ノーデが狙っているのは、いわば不意打ちによって生じる美学的な効果である。ク・デタは単に秘められた政治的術策ではなく、君主によって人々の眼前で行われる政治的デモンストレーションでもある。だからフーコーは、ノーデが論じているような一七世紀のク・デタがまさに「演劇的実践」であったことを強調するのである。

クーデタはおそらく、手法や進展は隠さなければならないだろうけれども、効果においては、またクーデタを支持する理由においては荘厳に姿を現すのでなければならない。そこから、クーデタを演出する必要性が生じます。[10]

つまり、君主は人々に驚きを与えることで、自らの至上権を公的に上演するのである。ク・デタとは、いわば君主が行う「奇跡」にも似た行為である。このことは約半世紀の後、ルイ一四世のもとで国王の歴史編纂官となったラシーヌが一六八五年初頭にアカデミー・フランセーズで行った新入会員の歓迎演説(これは同時に国王への称賛演説という性格も持つ)のなかではっきりと表明されている。すなわち、国王の歴史は「国王自らが始め、国王自らが成し遂げるような驚嘆すべき行為の絶え間なき連鎖であり、それは行われぬうちはまったく知りえないだけに、ひとたび行われるやいっそ

9　Naudé, *Considérations politiques sur les coups d'État*, op.cit., p. 91.

10　フーコー『安全・領土・人口』、三二八頁。

う鮮烈で明快なものとなる。一言で言えば、ある奇跡のすぐ後に別の奇跡が続くのである」[11]。

したがってク・デタの意義は、秘密を保つことよりも、秘密が開示されることのうちに存すると言っても良い。ク・デタにおいては、それまで知られていなかった事柄が突如として現れ、人々は驚きに打たれる。しかしその場合、明らかにされる何らかの秘密の内容そのものが問題なのではない。重要なのは、或る出来事が予期しえず公然と出現することで人々に感嘆を与えるというその効果である。そこから生まれるのが、いわゆる君主の「輝き（éclat）」（これは一七世紀に好んで用いられた修辞である）にほかならない。ノーデのク・デタ概念は、もはや単なる秘密やアルカナではなく、権力を可視化して上演する「代表的公共性」の場にその足を踏み入れている。いまや陰謀の世界を超えて、君主の栄光が浮かび上がってくるのである。

2 「驚き」の劇場——悲劇からオペラへ

君主の比類なき地位は、奇跡の行為を通じて驚きを与えることのうちで証される。それこそが、君主の栄光をもたらすのである。「驚き（admiratio）」は、バロック期に一つの重要な鍵語となった言葉である。例えばデカルトは『情念論』(一六四九)のなかで、彼の挙げる六つの基本情念(驚き、愛、憎しみ、欲望、喜び、悲しみ)のうち、「驚き」の情念に特別の地位を与えている。新しいものに出会ったときに精神が受ける不意打ちとしての「驚き」は、「あらゆる情念のうちで最初のもの」[12]だというのである。そしておそらく、デカルトからの直接の影響かどうかは定かでないが、少なくとも彼と同じ知的ミリューのなかにいたコルネイユにおいて、「驚き」は演劇理論上の特権的な要素として位置付けられることになる。

すでにアリストテレスは『詩学』のなかで、哲学の始まりにあるとされる「驚き」の概念を、演劇においても必要な構成要素として挙げていた。彼によれば、「驚き」は、悲劇よりも、とりわけ叙事詩によってもたらされる効果であるとされている(第二四章、一四六〇a)。しかし、コルネイユはこの「驚き」を、むしろ悲劇に不可欠のものとして解釈し直すのである。よく知られているように、コルネイユは自らの悲劇『ニコメード』(一六五一)に寄せた「自作吟味(Examen)」のなかでアリストテレスに反駁しつつ、

11　Jean Racine, "Discours prononcé à l'Académie française à la réception de MM. de Corneille et de Bergeret," in: *Œuvres complètes*, II, Gallimard 1966, p. 350.

12　ルネ・デカルト『情念論』谷川多佳子訳、岩波文庫、二〇〇八年、五三頁。

「観客の魂のなかに驚き」をかきたてる「偉大な心情の毅然たる態度」によってこそ、悲劇による浄化が可能になるとしている。ここでは、いわばアリストテレスが新ストア主義的に解釈変更されている。観客に精神の浄化をもたらすのは、アリストテレスが言うように主人公の悲惨と苦悩に対する「同情」や「恐れ」ではなく、殉教劇『ポリュークト』がそうであったように、主人公が見せるストア的な「恒心」に対する「驚き」である。

私は人々がこの主人公〔ニコメード〕の徳に対して抱く驚きのうちに、アリストテレスはそう語ってはいないものの、情念を浄化する方法を見出す。[13]

デカルトの「驚き」が、「心臓や血液のなかに生じる変化をともなうことがまったく認められない」[14]という点で他の諸々の情念から区別される特別な情念であり、ある意味で理性的な情念であったように、コルネイユの「驚き」もまた、情念を統御するストア的な冷静さの表現なのである。[15]

こうしてコルネイユによって脚光を浴びることになった「驚き」の概念は、一七世紀後半にはシャルル・ド・サン＝テヴルモンの悲劇理論やニコラ・ボアローの偽ロンギノス読解に受け継がれ、演劇論の鍵語として重要な役割を担うようになる。特に一八世紀のドイツでは、この概念はヨハン・ヤーコプ・ボードマーによる偽ロンギノスの再読を通じて、メンデルスゾーンやレッシング、フリードリヒ・ニコライらによって「崇高」の概念との密接な連関のもとで議論され、カントの崇高論を準備することになるだろう。[16] 一八世紀半ば以降になると、ヴォルテールやレッシングらによって「驚き」の悲劇的効果が退けられ、また、アリストテレス的な「同情(Mitleid)」の再評価が進むことによって、悲劇における「驚き」が取り上げられることは少なくなっていく。とはいえ、この概念が一世紀ほどにわたって演劇論の中心的な主題の一つをなしていたことは疑いない。

コルネイユの悲劇において、主人公たる君主はその行為を通じて人々に驚きを喚起する。そうした驚くべき行為の典型を成すのが、君主が示す寛容あるいは「慈悲(clémence, clementia)」である。すなわち、劇の大団円において君主が陰謀家あるいは

13 Pierre Corneille, "Examen," in: *Œuvres completes*, II, Gallimard 1984, p. 643.
14 デカルト『情念論』、六三頁。
15 カッシーラー『デカルト、コルネーユ、スウェーデン女王クリスティナ』、四五頁。
16 Vgl. Walter Erhart, »admiratio«, in: Gert Ueding (Hg.), *Historisches Wörterbuch der Rhetorik*, Bd.1, Tübingen 1992, S. 109–118; Albert Meier, *Dramaturgie der Bewunderung*, Frankfurt a. M. 1993.

反逆者たちに対して行う赦しの行為である。ニコメードがそうしたように、敵を赦すという行為のうちでこそ、君主は「その最高の輝き（éclat）において[17]」姿を現すことになる。

コルネイユの悲劇『シンナ』（一六四一）においては、そのような君主の栄光が典型的なかたちで舞台化されている。これは、一世紀初頭に初代ローマ皇帝アウグストゥスに対してグナエウス・コルネリウス・キンナ（シンナ）らが企てた謀反を題材とする宮廷陰謀劇であると同時に、君主がそうした陰謀空間から抜け出して屹立する国家創設劇でもある。この悲劇の初版に付された「オーギュスト〔アウグストゥス〕の慈悲」という副題から見て取れるように、アウグストゥスが暴力と復讐の連鎖から脱することができるのは、まさに「慈悲」の行為を通じてである。彼が政敵を倒して帝位に就くまでに犯した非行の呪縛は、いまや皇帝となった彼にも付きまとい続け、反逆者に囲まれて不信にとらわれたアウグストゥスは復讐の情念を繰り返し爆発させる。それに対して皇后リヴィー（リウィア）が諫めるところでは、「慈悲は全世界に真の名君の姿を知らせる最上の証」である。[18]最終的にアウグストゥスは、裏切りを働いたキンナらに対して「全世界が驚く」ような「刑罰」を下すことを決意する。[19]つまり彼は、自らへの陰謀に関与した者たちをすべて赦すという「慈悲」を決断するのである。

ユグノー戦争終結から数十年経ち、政情が比較的安定したルイ一三世と宰相リシュリューの晩年期に執筆された『シンナ』は、数あるコルネイユの国家創設劇のなかでもっとも楽観的なトーンを帯びていると言ってよい。そこで上演されるのは、前一世紀のローマの内戦を最終的に終結させた君主の栄光である。君主の慈悲が復讐の連鎖を断ち切り、あらゆる陰謀や謀反に終止符を打つ。

この立派なお振る舞いにより、陛下にはもはや何一つ恐れるものはなくなりました。これ以後、だれしも、何の不平もなく陛下のご支配に服しましょう。[20]

さまざまな非行を重ねて帝位に就いた「オクタウィアヌス」という個人が、その呪縛を脱した真の皇帝アウグストゥスとなりうるのは、慈悲の行為を通じてである。つまり、人々に「驚き」を与える慈悲は、復讐の法を超越する主権的な行為なのである。

17　ピエール・コルネイユ「ニコメード」伊藤洋・皆吉郷平訳、『コルネイユ名作集』白水社、一九七五年、四八一頁（原文参照のうえ訳文変更）。

18　ピエール・コルネイユ「シンナ」岩瀬孝訳、『コルネイユ名作集』、二一九頁（原文参照のうえ訳文変更）。

19　同、二三〇頁。

20　同、二三二頁。

君主は自らの慈悲を人々の前で誇示することによって、栄光の輝きを獲得する。慈悲とはいわば、かたちを変えた君主の「ク・デタ」である。

君主の慈悲に対する称揚は、フランス古典演劇のみならず、とりわけローエンシュタインのドイツ・バロック悲劇においても繰り返し現れる。『ソフォニスベ』のスキピオや『クレオパトラ』のアウグストゥスのように、ローエンシュタインの劇の理想君主たちは、大団円での慈悲によって、自らを栄光ある存在として際立たせる。これらの演劇でローエンシュタインが意図しているのは、彼自身の主君の顕彰である。つまり、彼の悲劇の宛先は、これら古代ローマの英雄の後裔であり、ブレスラウ市の支配者たる神聖ローマ皇帝レオポルド一世にほかならない。

だが、君主の慈悲をまさにその核心的な特徴とすることになったこの時代の芸術ジャンルとは、演劇よりも、むしろ典型的な絶対主義芸術である「オペラ・セリア」であった。一六七〇年代に全盛を迎えたフランス古典演劇は、一六七七年にラシーヌがボアローとともに宮廷の歴史編纂官となって演劇から手を引くことで凋落の時代を迎え、その一方、国王ルイ一四世はますますリュリに代表されるオペラのほうに傾倒していくことになる。とりわけ古代ギリシア悲劇の復活を意図して誕生したオペラ・セリアは、支配者に光輝をまとわせるアンシャン＝レジーム下の「代表的公共性」をもっとも顕著に体現する芸術となった。現存する最古のオペラであるヤコポ・ペーリの『エウリディーチェ』(一六〇〇)が、ユグノー戦争を終結させたアンリ四世とマリー・ド・メディシスの婚礼を祝して作られたのは偶然ではない。この絶対主義固有の芸術ジャンルが表現しようとしているのは、平穏と秩序をもたらす君主の栄光なのである。

神もしくは君主の赦しによる大団円は、オペラ・セリアの諸作品においてほとんど紋切型のように繰り返される。この陳腐なまでに定型化されたフィナーレは、イヴァン・ナーゲルがその著作『自律と恩寵』(邦訳タイトル『フィガロの誕生』)で試みているように、絶対主義時代の政治的パラダイムとの関連で解釈しないと理解できない。つまり、慈悲を下す君主は、恩寵を下す神と同じように、その行為によって自らの全能性を証するのである。

> オペラ・セリアの筋が神=君主の怒りの判決から始まって、最後の宥和めざして進んでゆくのであるからには(……)セリアは必ず〈慈悲《クレメンツ》〉すなわち上からの恩寵で終ることになる。[21]

それゆえオペラ・セリアは、古代悲劇の再生を意図したものでありながら、その結末はつねにハッピーエンドである。例えば、ペーリの『エウリディーチェ』を始め、クラウディオ・モンテヴェルディの『オルフェオ』(一六〇七)、あるいはグルックの『オルフェオとエウリディーチェ』（一七六二）に至るまで、本来は妻エウリュディケー（エウリディーチェ）との悲劇的な別れに終わるはずのオルフェウス（オルフェオ）の冥界下りの伝説は、これらのオペラ・セリアではつねに神の恩寵による大団円が用意されている。そこでは、奇跡的な行為によって宥和をもたらす全能の主権者の栄光が高らかに謳い上げられるのである。

この類型のオペラは市民革命の時代を迎える一八世紀後半まで隆盛を続ける。そのオペラ（とりわけオペラ・ブッファ）の多くにアンシャン＝レジームへの階級闘争が含意されているモーツァルトにおいてもなお、彼の円熟期のオペラの始まりを告げる『イドメネオ』（一七八一）から、神聖ローマ皇帝レオポルド二世の戴冠を祝うためにピエトロ・メタスタージオのリブレットをもとにして作られた晩年の『皇帝ティートの慈悲』（一七九一）に至るまで、神＝君主はつねに罪を帳消しにする慈悲深い支配者として称揚される。

むろん、オペラ・セリアの意義は単に絶対王権の正当化に尽きるものではなく、愛のもつ宥和の力もまたその重要な主題となっている。それは多くの場合、処罰されるはずであった恋人たちが幸福のうちに結ばれて終わることから分かるように、神や君主が慈悲を与えるのは、この恋人たちが示す愛（これは音楽の力によって媒介される）への報償としてなのである。[22] だが、オペラ・ブッファから一九世紀の市民オペラにまで受け継がれる愛の問題系を追究することはここでの課題ではない。さしあたり重要なのは、オペラ・セリアのうちに見られる政治的イデオロギーを、この時代の政治理論の布置のなかに位置づけることである。すなわち、オペラ・セリアとはそれ自体、近代初期の政治学において一大ジャンルを成した「君主鑑」の一種なのである。

オペラ・セリアの帝王学においては、慈悲あるいは寛大さが君主の最高の徳として称賛される。しかしこの徳を、勇気、節制、友愛などのように、古代から英雄あるいは有徳な市民に求められてきたような諸々の徳と混同すべきではない。近代の君主に必要とされる慈悲とは、これら一連の美徳と並ぶ何らかの経験主義的な人格的特性を意味しているわけではない。近代の主権者における栄光は、古代の英雄における名誉とは区別されねばならない。つまり、慈悲とは、君主をまさに法を超越した主権者に高めるための決定的な契機なのである。それは、必要な場合に法を侵犯し、例外状態

21 ナーゲル『フィガロの誕生』、一一頁。この著作を踏まえつつオペラ・セリアからモーツァルトに至るまでの啓発的な分析を行っているのは、ムラデン・ドラー「音楽が愛の糧であるならば」、スラヴォイ・ジジェク／ムラデン・ドラー『オペラは二度死ぬ』中山徹訳、青土社、二〇〇三年、一三一―一九三頁。

22 ドラー「音楽が愛の糧であるならば」、『オペラは二度死ぬ』、三〇―三一、三五頁。

を統べることができるような近代的主権者の証にほかならない。

3 正義と慈悲——法侵犯の輝き

バロックの主権者が処罰されるはずの者に慈悲を下すとき、それは単に一時の気まぐれから恣意的に法を歪めているわけではない。君主は、そのときどきの感情に流される心の弱さゆえに慈悲を行うわけではない。むしろ、この時期の帝王学においては、法に従って処罰することとしか知らない者こそ、情念に身を任せる暴君とみなされたのである。法的処罰とは怒りと復讐の感情に流された情念の放埓である。それに対して、慈悲によって処罰を和らげる君主は、自らがそのような復讐欲を制御できていることを人々の眼前で明らかにする。いわば慈悲の行為においては、君主のストア的な自己統治が上演されるのである。

実際、セネカが若き日のローマ皇帝ネロに宛てて書いた君主鑑『慈悲について』に見られるように、古代ストア派の帝王学においても慈悲という徳は重要な役割を果たしていた。セネカによれば、慈悲とは単なる同情ではなく、「復讐する権限があるときに心を抑制すること[23]」である。罪を犯した者を怒りにまかせて処罰することは暴君にもできることである。だが、真の君主にふさわしいのは、必要な場合にそのような情念を抑えて赦しを与えることである。それによって、君主は自らの至上権を確認することができる。なぜなら、法を超えて赦しを与えることは、上位の者にしかできないからである。

命や地位を危険にさらし、それらを失うのが当然である人々にその命や地位を許し与えるなら、世に君臨する方にしかできないことを行っているのです。というのも、命は上位の人でも奪い取られますが、しかし下位の者以外に与えられることは決してないからです。その命を救うことは、卓越した地位の特権です。[24]

君主は自らの怒りを静め、魂の平静をもって慈悲を下す。このような君主の内面統治は、同時に安定した国家の統治を打ち立てる条件でもある。慈悲は復讐の情念の連鎖を断ち切るからである。セネカは、まさにコルネイユがその悲劇の題材としたキンナの陰謀を例に挙げて、そのさいにアウグストゥスが下した慈悲を称賛している。

23　セネカ「寛恕について」、『セネカ哲学全集2　倫理論集Ⅱ』、一五四頁。
24　同、一一四―一一五頁。

あなた〔ネロ〕の高祖父〔アウグストゥス〕は敗者を許しました。あの方は、もしも彼らを許さなかったとすれば、どのような人々の上に君臨することになったでしょうか。（……）このような慈悲の精神こそが、あの方に安泰と安全をもたらしました。[25]

皇帝ネロはモンテヴェルディ晩年のオペラ・セリア『ポッペアの戴冠』（一六四二）において、そのような慈悲ある君主として現れることになるだろう。ともあれ、罪に対して罰をもって報いる正義ではなく、罪と罰の連鎖を中断させる慈悲こそが、国家に安寧をもたらすことができるのである。

正義に対する慈悲あるいは恩寵のこうした優位は、いつ終わるとも知れぬ宗教内戦が続いた近代初期において再び重要なテーマとして現れることになった。法的処罰はその本質において報復であり、その限りで、正義が復讐の連鎖を終わらせることができないのに対し、慈悲や恩寵はそれを停止して宥和をもたらすことができる。例えば、シェイクスピアの『ヴェニスの商人』や『尺には尺を』といった作品には、融通の利かない法形式主義に対する批判を典型的に見て取ることができる。その悪役はつねに法厳格主義者たちであり、特に『ヴェニスの商人』では、パウロからヘーゲルに至るまでの反ユダヤ主義を髣髴とさせる仕方で、慈悲を拒んで理不尽な契約の厳密な履行を迫るユダヤ商人シャイロックが最後にしっぺ返しを食らうことになる。法律を文字通り遵守するだけの態度は、かえって道徳性に背くとみなされるのだ。

内戦に終止符を打つことができるのは、赦しと慈悲である。それゆえ近代の君主鑑においては、法を厳格に守る正義よりも、しばしば法を侵害することになる慈悲あるいは寛容のほうが君主にふさわしい徳として強調されることになる。実際、ユストゥス・リプシウスの『政治学』（一五八九）では、君主の持つべき二つの徳として、「太陽」としての「正義」と、「月」としての「慈悲」が挙げられ、君主はときには慈悲によって正義を和らげねばならないことが主張される（第二巻第一〇、一二節）。リプシウスによれば、支配者の安寧を保つには、厳罰によって恐怖を与えることは有効ではない。むしろ重要なのは、「判決のさいに処罰や復讐から温和さへ向かう精神の徳[26]」としての「慈悲」によって、臣下の愛を獲得することにほかならない。彼はセネカの『慈悲について』からの一節を引用しつつ述べている。

25　同、一二四―一二六頁（原文参照のうえ訳文変更）。
26　Lipsius, *Politicorum*, op.cit., p. 61.

君主はつねに厳格に処罰すべきだろうか。公共の利益に鑑みるなら、そうしてはならない。というのも、「頻繁に使用される厳格さはその権威を失う」からである。[27]

（第二巻第一三節）

正義の履行にあくまでこだわろうとする者は、争いを永続させるだけである。内戦の時代に必要とされるのはむしろ正義の断念であり、あらゆる罪過と恩讐を忘却することなのである。

オペラ・セリアにおいて正義と慈悲（恩寵）との対立が中心的な主題を成しているというのは、近代初期のこうした政治学的地平の上で理解することができる。オペラ・セリアの神＝君主たちはつねに、法の履行を中止することを余儀なくされる。例えばペーリの『エウリディーチェ』では、冥界の王プルートは「硬いダイヤモンドに刻まれたあまりに厳しい法」を盾にして、死んだ妻の蘇生を求めるオルフェオの懇願を退けようとするものの、結局は彼の音楽が約束する愛の宥和の力に屈し、法に例外を設けることになる。「きょうこの地獄の領分で憐みが勝つがよい、／そしておまえの涙、おまえの美しい歌の／誉れと誇りになるがよい[28]」。

また、モーツァルトの『後宮からの誘拐』（一七八二）では、トルコの太守セリムが後宮からの駆け落ちを図った恋人たちへの怒りを抑え、慈悲によって彼らを解放する。

この君主は自らの愛と復讐を断念するが、しかしまさにこの断念によってこそ、彼は大団円の合唱においてその栄光を讃えられることになる。[29]「復讐よりもいとうべきものはない。／その代わり、人間らしく親切で、／私欲に駆られず許すことは、／偉大な心だけにできること！」[30]。セリムが主権者としての栄光を手にできるのは、自らの寛大さを誇示することによってなのである。もっとも、こうした慈悲は情念の抑制を伴う以上、この君主は特有のメランコリーにとらわれることになる。太守セリムはただ一人、このオペラのフィナーレの合唱に加わらずにとどまっている。というのも、彼はストア的な断念を強いられることで大団円の歓喜を共にすることができなくなり、この喜びの共同体の外に遺棄されるからである（図3）。とはいえ、メランコリーを伴うこうした内面統治によって、彼は他の人々から超絶した主権者の地位に高まることもできる。

君主もまた法に拘束されなければならないことは確かであるが、しかし、単に法に

27　Ibid., p. 65.
28　ナーゲル『フィガロの誕生』、七二頁より引用。
29　ドラー「音楽が愛の糧であるならば」、『オペラは二度死ぬ』、七〇―七三頁。
30　『名作オペラブックス11　モーツァルト　後宮からの誘拐』音楽之友社、一九八八年、一一三頁。

図3
モーツァルト《後宮からの誘拐》、フィナーレ（第3幕最終場）、ニコラウス・アーノンクール指揮、ウルゼル＆カール=エルンスト・ヘルマン演出、ウィーン国立歌劇場、1989年5月。
W. A. Mozart: Die Entführung aus dem Serail [Deutsche Grammophon 0734540]
「オペラの最後で、セリムは打ちひしがれたように現れ、怒りをなんとかこらえながら、慈悲の行為をせざるをえなくなる。そしてフィナーレのあいだも、彼は哀れで孤独な姿をしたままである。彼は、彼の寛大さを歌によって讃える新たに形成された共同体から排除されているのだ。君主という地位は、彼にとって欠陥であり災いのもとである」（ドラー「音楽が愛の糧であるならば」、『オペラは二度死ぬ』、73頁）。

従って行為するだけでは真の主権者となることはできない。その行為が法や規則をもとにして予測することが可能であるならば、彼は主権的とは言えない。彼は法を侵犯できるからこそ、栄光を手にすることができるのである。したがって慈悲の行為は、君主の法侵犯の権限を誇示する最良の機会となる。モンテスキューは『法の精神』(一七四八)のなかで、君主制の国における慈悲の意義を指摘している。

君主制の国々では、人は名誉によって支配され、名誉は法の禁ずることをしばしば要求するから、慈悲はより必要である。(……)君主は慈悲によって得るところ極めて大きく、慈悲は多くの愛を伴い、君主はそこから多くの栄光を得るので、慈悲を施す機会を持つことは、君主にとってほとんどいつでも幸福なことである。[31]

君主制の国においては、国家の安寧を保つのは法の支配というよりも、栄光による支配である。君主は正義から超越したところに身を置かねばならない。もし仮に君主自

31　シャルル・ド・モンテスキュー『法の精神(上)』野田良之ほか訳、岩波文庫、一九八九年、一九四―一九五頁(原文参照のうえ訳文変更)。

身が裁判を行なうなら、「彼はその主権の最も美しい属性、すなわち、恩赦を行なうという属性を失う」[32]ことになってしまうだろう。つまり、正義しか顧慮することのできない君主は、もはや主権者ではなく、単なる裁判官に身を落とすことになる。

カール・シュミットは、カトリックの作家エルネスト・エロの小説に描かれた最後の審判の印象深い場面を引き合いに、栄光による正義の侵犯を描き出している。

裁判官たる神の判決が下されたとき、判決を下された者は自己の犯した罪に蔽われてその場に立ちすくみ、全宇宙の驚愕をよそに、「我、上訴せん」と裁判官に宣言する。「この言葉を聴いて、星々は驚きのあまり光を失った」。しかし、最後の審判の思想からすれば、その判決は無限に決定的に、しかも恐ろしいまでに上訴不可能なのである。そこで、裁判官たるイエズス・キリストの、「余の判決に対し汝は誰に上訴せんとするのか」との問いに対し、弾劾された者は驚くばかりの冷静さで次のように答える。「我、汝の正義から、汝の栄光へと上訴するものなり」と。[33]

栄光は正義による決定を取り消すことができる。慈悲や恩寵が下されるとき、法は宙吊りにされ、そうして一種の例外状態が創出される。神＝君主の栄光は、例外状態について決断し、それを統べる能力と不可分なのだ。

内乱や戦争を終わらせて国家の平穏を維持することができるのは、法を超えて赦すことができる者である。例外状態としての慈悲は、公安と秩序の維持という必要によって命じられる法侵犯にほかならない。その限りでそれは、「公共の利益」の名のもとに行使される国家理性やアルカナの一種であるとみなすことができる。しかしながら、慈悲はもはや公衆の目に隠されねばならない秘教的な技術ではない。それはむしろ公衆の眼前で上演されるデモンストレーションである。つまり、ひそかに行われるのではなく、ひけらかし的に行われる法侵犯である。ここでは権力は、不可視のまま秘密のうちに作用するのではなく、万人の目に見えるものとなって光り輝く。権力は光栄あるものとして、公衆から「喝采」をもって迎えられるのである。君主は臣下たちの前で公然と慈悲を下し、自らの法侵犯を誇示する。それによって彼は、単に事実として最大の実力を保持しているだけでなく、正統性をも帯びた支配者として公の場で承認されることになる。

32　同、一六七頁。
33　カール・シュミット「ローマカトリック教会と政治形態」小林公訳、『カール・シュミット著作集I』長尾龍一編、慈学社出版、二〇〇七年、一四八頁。

4　栄光の行方

近代国家はその誕生当初、アルカナや国家理性といった秘密技法を用いて統治する「技術化された国家」であった。それがいまや、主権者が自らの支配を栄光の光で照らし出す「劇場化された国家」となる。だが、技術だけではなく、栄光によって統治するこの国家は、ストア主義的な人間学にあまりに過大な役割を負わせている。公安と秩序の維持のためであれ、権力の濫用の防止のためであれ、「恒心」や「慈悲」のような君主個人に期待される倫理的エートスがどの程度有効であるかは疑わしい。君主鑑の残滓とも言えるこうした人格主義化された政治理解が衰退していくのは当然の成り行きであり、事実、市民革命の時代が到来するとともに、君主の下す慈悲の行為に対しては急速に不信の目が向けられるようになる。

一九世紀初頭に執筆されたハインリヒ・フォン・クライスト最後の戯曲『公子ホンブルク』（一八一〇頃執筆）は、近世最後の慈悲劇と言えるが、しかしフランス革命を経たこの時期にはすでに、慈悲という君主主義的な理念は啓蒙主義のもとで一掃されつつあった。カール・シュミットとラインハルト・コゼレック（『批判と危機』一九五九）の強い影響下にある先のナーゲルの著作に見られるような、啓蒙と革命によって敵対者を正義の名のもとに殲滅する「世界内戦」の時代が到来するという保守的な歴史観まで受け入れる必要はない（世界内戦のオペラとしての『魔笛』！）[34]。とはいえこの時期には、正義と慈悲との関係が逆転し、赦しや恩寵よりも、処罰の公正性に高い価値が置かれるようになるのは確かである。

かくして一八世紀後半には、啓蒙主義者たちによって君主の恩赦権に対する一斉攻撃が開始される。例えば、チェーザレ・ベッカリーアは『犯罪と刑罰』（一七六四）のなかで、アンシャン＝レジームのもとでの刑罰の恣意性を非難し、慈悲や恩赦をその最たるものとみなしている。

王座を占める主権者によって履行されるべきすべての義務に関して、しばしば補完的機能を果たしてきた慈悲という美徳は、立法が完璧ならば排斥されねばならないはずのものなのだ[35]。

34　ナーゲル『フィガロの誕生』、九九―一〇一頁。
35　チェーザレ・ベッカリーア『犯罪と刑罰』小谷眞男訳、東京大学出版会、二〇一一年、一五二頁（原文参照のうえ訳文変更）。

また、同害報復という応報刑の思想に基づいて恣意的な量刑を防ごうとしたカントもまた、主権者による恩赦権の行使に慎重な立場を示す。そうした恩赦権は「主権者がもつすべての権利のなかでもっともあいまいな権利であり、その偉大な光輝を示すとともに、これによって大きな不法を行うことにもなる」[36]。そして、若きフィヒテはフランス革命のさなかに行った講演の序言で、神と君主のアナロジーを否定して、理性的な国家における君主の慈悲の役割を退けている。

いや、君主よ、汝はわれわれの神ではない。われわれは神から幸福を期待するが、汝からはわれわれの権利の保護を期待する。汝はわれわれに対して慈悲深くあるべきではなく、公正であるべきなのだ[37]。

近代の市民的法秩序のもとでは、慈悲に対して法と正義の厳格さが勝利を収めるわけである。

市民階級《ブルジョワ》によってアンシャン＝レジームが打倒され、資本主義の時代が本格的に到来するとともに、栄光の理念はその息の根を止められる。ブルジョワ的な正義の原型は、アドルノが考えるように、古代の神話的世界からの復讐法の呪縛の上にある「等しきには等しきを」という原則である。これは資本主義的な交換社会と同時に、法的な処罰の原理としても妥当する。いまや重要なのは、受けるものと与えるものとのバランスを保つことである。公正さとはすなわち等価交換のことであり、すべてのものを等し並みに均して普遍的な平等を実現することにほかならない。ここでは、こうした平等な秩序から抜きん出る例外的なものが場を持つことはさしあたりないのである。

したがって、近代市民革命以降の政治秩序は、もはや表立って栄光を要求することはない。バロック期の「代表的公共性」の失墜とともに、栄光は政治学上の語彙としてはたしかに古びてしまったように思われる。しかしながら、仮に近代の「市民的公共性」が、討論もしくはコミュニケーションの参加者の平等という理念によって栄光の排除を試みたとしても、栄光はなお他の仕方で政治のうちに回帰してくるだろう。それは単に、特定の卓越した人物に対するポピュリズム的な「喝采」が今日の政治においてもしばしば現れるということだけを指して言っているわけではない。シュミッ

36　イマヌエル・カント『カント全集11　人倫の形而上学』樽井正義・池尾恭一訳、岩波書店、二〇〇二年、一八五頁。
37　ヨハン・ゴットリープ・フィヒテ「思想の自由回復の要求」井戸慶治訳、『フィヒテ全集第二巻　初期政治論』哲書房、一九九七年、三八頁。

トが指摘するように、光栄ある「代表（Repräsentation）」というバロック的な思想が近代の代議制（代表制）民主主義のうちにも残存しているとするならば[38]、栄光という古い問題に目を向けることなしには、議会主義の意義も欠陥も正しく把握することはできないだろう。あるいはアガンベンが指摘するように、栄光は現代のスペクタクル社会のなかで、むしろメディアを通じて社会のあらゆる領域に入り込んでいるとするならば[39]、民主主義的合意の様態としての栄光の意味は今日ますます増していると言えるかもしれない。それはいわば、現代民主主義に受け渡された政治神学の遺産なのである。

38　シュミット「ローマカトリック教会と政治形態」、『カール・シュミット著作集I』、一四一頁。
39　アガンベン『王国と栄光』、四七八頁。

第9章　代表と民主主義

1　代表の二義性

一般的に言えば、政治支配者が宮廷での典礼、あるいは法を超える「慈悲」によって自らの栄光を誇示する政治的公共圏は、市民革命とともに消滅する。ハーバーマスの有名な定式に従うなら、支配者がその威信を華やかに上演する「代表的公共性」は、理念上は自由で平等な市民たちの討議に基づく「市民的公共性」へと移行するのである。いまや公共性ということが意味するのは、人々の眼前で支配者の「輝き」が現示される劇場的な政治空間のことではない。むしろそれは、言論・出版・集会の自由といった民主主義の基礎をなすさまざまな法権利や制度に支えられた合理的なコミュニケーションの空間となる。政治の公開性とは、もはや権力の可視的な現前のことではなく、言説的討議を通じた権力の絶えざる検証可能性の意となる。

　言うまでもなく、こうした市民的公共性の中心をなす政治制度が、討論をその本質とする議会制である。しかしながら議会主義に対しては、市民たちの幅広い利害関心を政治に反映するには不十分であるという批判がしばしば向けられてきた。議会は往々にして、「国民の意志」と合致しない、あるいはそれに反するようにさえ思われる決定を下すことがあるからである。こうして、議会を特殊ブルジョワ的な制度であると批判するかつての社会主義に見られたような、議会制民主主義に対する不信が現れる。

　議会制は民主主義のための制度としては本質的に不完全なものなのか。代議制では国民の多様な意見を代弁するには無理があり、より直接民主主義的な制度へ改良されることが本来望ましいことなのか。議会主義に対するそのような不満は、「代議制（representative）民主主義」という制度の曖昧な性格と関連している。つまり、「代表（representation）」という概念のもつ二義性が、議会の役割についての理解のすれ違いをもたらしているのである。議会が国民を「代表」するとは、どのような意味において言われるのか。

　そもそも日本語で「代表」と訳される「representation」とは何か。それは元来、国民の意志であれ特定の社会階層であれ、必ずしも他の人々の意見や利害を代理したり代弁したりすることを意味していたわけではない。こうした意味での「代議制＝代表的」民主主義について語られるようになるのは、一九世紀以降の大衆民主主義の進展のなかにおいてである。だが、絶対王政期の「代表的公共性」と言われる場合の「代表」とは、こうした意味で使われているわけではない。ローマ時代から存在した「代表（**repraesentare**）」という語は中世になってその特殊専門的な用法が確定していくが、それはすでに存在している何かを忠実に「模写する」ことのみならず、何ものかを「現前化する」ことで、はじめてそれに実在性を与えることをも意味する。この語は中世の神学的文脈のなかでキリストを頭とする「神秘体」としての教会という思想と結びつき、不可視のものの人格的な可視化・具現化を意味するものとして定着したとされている。

こうした代表原理は近世の絶対主義国家にも転用され、その支配の正統化の基礎と

1　代表概念に関して参照したのは、Hasso Hofmann, *Repräsentation*, Berlin 1974; Adalbert Podlech, »Repräsentation«, in: Otto Brunner et al.(Hg.), *Geschichtliche Grundbegriffe*, Bd.5, Stuttgart 1984, S. 509–547; カール・シュミット『憲法論』阿部照哉／村上義弘訳、みすず書房、一九七四年、第一六章および第二四章、さらに、ハンス＝ゲオルク・ガダマー『真理と方法Ⅰ』轡田収ほか訳、法政大学出版局、一九八六年、二〇五、二八二頁。

なる。この「代表的な」政治的公共圏においては、栄光ある支配者が人々の前に現前することが不可欠である（それゆえこの意味での「代表的」という語には、しばしば「具現的」、「示威的」、「誇示的」等々の訳語もあてられる）。つまり代表においては、政治体であれ宗教的な神秘体であれ、一つの秩序が象徴的に可視化されるのであり、まさにこれによってはじめてその秩序が実在性を獲得するのである。神学に由来するこのような代表原理は、支配を「上から」正統化するという性格を強く帯びている。代表としての支配者は、決して特定の人たちの意見や利害を、ましてや国民の意志を「代表」しているわけではない。政治秩序は「下から」ではなく、代表者によって「上から」構成される。したがって、この政治神学的な代表概念は権威主義的な含意を持つものであり、民主主義にとっては対立概念として現れてくる。

しかし市民革命以降、代議制（代表）民主主義のもとで、代表理念は民主主義と結合される。そして一九世紀になると、代表は政治秩序の可視的な現示というより、しだいに国民の意見や利害の代理もしくは代弁という意味合いを強めていくことになる。議員は、国民あるいは選挙民の利害の代弁者となる。彼らに求められるのは、秩序を象徴的に「現前化」することよりも、人民の意志を忠実に「模写」することである。つまり、国家が勃興しつつある「社会的なもの」への従属を余儀なくされていくなかで、諸々の経済的・社会的な利害を政治に反映させることが代表たる議員たちのもっとも重要な役割となるのである。

これは「代表」の本義からすると一つの堕落にも見える。例えばカール・シュミットはこの過程について、「ますます議会は政治統一体の代表でなくなる」[2]と表現している。議会での討論あるいは利害折衝には、いかなる栄光も期待されてはいないのである。こうしたなかで、特に一九世紀以降のドイツでは、「代表」と「代理」を区別しようとする国法学上の言説が積み重ねられ、単なる（利益の）代理にはとどまらない代表の意義が強調されることになる。[3]

このように、代表理念と民主主義とのあいだに必然的な結びつきはなく、むしろ近代民主主義の発生期においては、両者は対立する原理として現れた。こうした対立がもっとも明確に見出されるのは、ルソーにおいてである。彼の民主主義論を特徴付けているのは、政治の劇場化への徹底した拒否にほかならない。良く知られているように、『百科全書』のなかでジュネーヴへの劇場建設を提言したダランベールに対し、ルソーは有名な『ダランベールへの手紙』（一七五八）で反駁を行っているが、そこで彼が構想しているのは、あらゆる視覚的表象から純化された純粋民主主義である。

2　シュミット『憲法論』、三六四頁。
3　Vgl. Hofmann, *Repräsentation*, a.a.O., S. 15-37.

ルソーにすれば、劇場は共和国にとって有害である。古代アテネの例が示すように、政治が劇場に似たものとなるとき、民主主義は没落する。なぜなら、劇場は演じている俳優と観客との分離を前提とするからである。そこでは市民は単なる観衆として、政治家という俳優を見る存在でしかない。それによって政治という舞台は公衆から切り離される。「考えれば考えるほど、なにごとにせよ、それを芝居で演じる（〔mettre〕en représentation au théâtre）と、それをわたしたちに近づけないで、わたしたちから遠ざけることがわたしにはよく分かります」[4]。ルソーから見れば、ストア的主人公の恒心に対する「驚き」にせよ、悲劇の主人公の受苦に対する「同情」にせよ、演劇が観客に能動的な作用をもたらすことはない。いかなる情念を喚起するのであれ、政治が劇場をモデルとして理解される限り、市民が単なる受動的な観衆になってしまうという点は変わりがない。

民主主義とは上演されている何かを見ることではなく、参加することである。だが、演技する俳優を眺めている観客たちのあいだには、いかなる共同性も生まれない。「人々は芝居を見に集まっているつもりでいるのですが、そこではみんなひとりぼっちになっているのです」[5]。にもかかわらず、ルソーが共和国における何らかの「見世物（spectacle）」の必要性を認めるとしたら、それは民衆自身が参加者として共に行為するようなさまざまな集会としてである。そこではいわば観客自身が舞台に上がり、[6]

その登場人物となる。したがって、共和国の祭典は反劇場的な劇場である。それは、代表（＝表象）を欠いた無媒介のコミュニケーションの場なのである。

政治についての「アンチ・スペクタクル」的な理解は、アテネの「劇場支配（テアトロクラチア）」に対するプラトンの批判以来しばしば見られるものである（『法律』第三巻一五）。それはしばしば、理性ではなく目で判断する大衆を蔑視するような反民主主義的な思想に裏付けられている。しかしながらルソーにとっては、民主主義はむしろ劇場支配と相対立するものなのである。彼においては、劇場に対する闘争は、民主主義のための闘争と同義である。人民主権が完全に達成されるのは、劇場的な空間においてではなく、公衆の前で自らを演劇的に呈示するようなあらゆる代表者が消滅することによってである。主権者は「自分自身によってしか代表されえない」[7]とする『社会契約論』（一七六二）の有名な一節は、こうしたスペクタクル批判の観点からも理解

4　ジャン＝ジャック・ルソー『演劇について――ダランベールへの手紙』今野一雄訳、岩波文庫、一九七九年、五六頁。
5　同、四二頁。
6　同、二二四頁。
7　ルソー『社会契約論』桑原武夫／前川貞次郎訳、岩波文庫、一九五四年、四二頁（原文参照のうえ訳文変更）。

されねばならない。

主権は譲りわたされえない、これと同じ理由によって、主権は代表されえない。主権は本質上、一般意志のなかに存する。しかも、一般意志は決して代表されるものではない。[8]

代表があるところでは、主権の絶対性は損なわれ、主権者はもはや主権者ではなくなる。ルソーは人民主権をその純粋性において実現するため、演技者と観衆とのあいだのいかなる距離をも抹消しようとする。観察されることではなく、行為することが主権の最高の発現なのである。政治は人民「の前での」実践ではなく、人民「による」実践でなくてはならない。バロック王権の基礎である代表原理と民主主義原理との緊張は、まさにルソーのうちにもっとも顕著なかたちで現れているのである。

シュミットによれば、いかなる国家形態であれ、代表と民主主義（「同一性」）という両極をなす二原理をもとにして構成されるのであり、代議制（代表）民主主義とは、本来の「代表」概念の誤解のうえに成り立つそれらの妥協形態である。彼のこうした反議会主義的な解釈を受け入れるかどうかはともかく、単なる代理ではない「代表」の意に照らしてみたとき、現代の民主主義論の多くが、それとは対立するような反イメージ的性格によって規定されていることも確かである。ハーバーマスのように、言説的討議によって民主主義を基礎づけようとする熟議民主主義的な試みは言うまでもないが、このようにコミュニケーションの合理性を信じなくとも、少なくとも政治的なものの劇場化を民主主義の危機と捉える見方は多くの論者に共通している。周知のように、ギー・ドゥボールはルソーを髣髴とさせる仕方で、スペクタクル社会を批判している。「かつて直接に生きられていたものはすべて、表象（représentation）のうちに遠ざかってしまった」[9]。代表（表象）が自立化するところでは、人民はそのスペクタクルの単なる受け手、もしくは消費者となって、政治から疎外される。権力から劇場的性格を奪い去り、そのイメージ性を克服することは、なお民主主義理論にとっての理想であり続けているようである。

8　同、一三三頁。
9　ギー・ドゥボール『スペクタクルの社会』木下誠訳、ちくま学芸文庫、二〇〇三年、一四頁。

2　死の劇場——栄光の身体とその終焉

歴史的に見れば、フランス革命はさしあたりルソーが望んだような「代表的公共性」の劇場装置の解体を遂行したように見える。そのことは、「死」の上演というバロック的な実践が革命とともに意味を失っていく成りゆきのうちに顕著に現れている。

絶対王政期には、死の演劇的呈示は「代表的公共性」の一つの範型を成していた。それは王の主権を誇示するための特筆すべき手段となっていたのである。そのことは一方では、すでに本書の第7章で詳しく取り上げたように、王を殉教者として描き出すバロック期の諸文献のうちに見て取ることができる。『エイコン・バシリケ（王の像）』（一六四九）のチャールズ一世、あるいは、グリュフィウスのバロック悲劇の主人公たちがそうであったように、王は死ぬことを通じてこそ、自らが主権者であることを証することができる。彼らを見舞う悲惨は、彼らを栄光のうちへ高めるためのチャンスでもある。君主に必要とされるストア的な恒心の徳は、まさに死の経験を耐え抜くことのうちでこの上なくはっきりと証明され、それが殉教者たる王に主権者としての尊厳を付与するのである。

しかしまた他方では、すでにフーコーの『監獄の誕生』（一九七五）のあまりにも有名な分析が示しているように、「死」を通じて主権権力を顕現させる絶対王政期の実践は、罪人に加えられる身体刑の「華々しさ＝輝き（éclat）」のうちにも見出すことができる。この時期の処刑においては、受刑者は拷問まがいのさまざまな残忍な手段によって四肢を焼かれたり、切り刻まれたりする。群衆は公開の場で行われるこの見世物を見物するために集まり、時間をかけて残酷に責めさいなまれる身体をある種の好奇心をもって眺めるのである。苦痛を与えながらゆっくりと死に至らしめるこうした処刑法は、犯した罪に相当する罰を罪人に与えるという単純な同害報復（タリオ）の法に従っているわけではない。また、単に同じ罪を犯そうとする者を威嚇するための見せしめとして、苛酷な刑罰が加えられているわけでもない。重要なのは、身体を毀損する一連の過程を一種のスペクタクルとして演出することであり、それによって権力に栄光を付与することである。

使用される暴力の極端さそのものが、司法の栄光の一部分をつくるのである。すなわち、罪人が責苦をうけて悲鳴をあげ大声を出すということは、司法の恥ずべき側面ではなく、自らの力を誇示する司法の儀式そのものである。[10]

犯罪によって損なわれるのは、単なる法形式ではなく、君主の人格そのものである。

それゆえ、刑罰は単に罪に見合った罰を与えて終わるのではなく、君主の威信を「輝き」のうちで回復するものでなくてはならない。身体刑が公開の場で民衆に目撃される必要があるのは、それが君主の栄光を顕現させる代表的公共性の典礼の一部を成しているからである。ラシーヌの悲劇が、人間情念の混沌のなかから立ち現れる主権者を描き出しているのと同じように、身体刑は、まさに受刑者の身体が引き裂かれる光景を通じて主権を現前させる。

いったんは傷つけられた主権を再興するための、それは一つの儀式だと言えよう。身体刑は、主権をその完全な輝きのなかで顕示しつつ、それを復活させる。[11]

こうした栄光の儀式である限りで、身体刑はそれ自体、君主によって下される「慈悲」と同様の機能をもっているのだが、他方で、身体刑の執行は長時間にわたって進行するということから、君主は執行のさなかに慈悲によって介入し、それを中断することで、自らの権力をその最たる「輝き」のうちで顕わにすることもできる。[12]

身体刑は、君主に栄光を付与する一方で、受刑者にとっても自らの栄光を示す機会となる。この儀式の恐ろしさゆえに、「受刑者に課せられていた恥辱は同情ないし栄光へ逆転する余地がいつもあった[13]」。つまり、受刑者はその死にざま次第では、一種の聖人あるいは殉教者に転化しうるのである。刑の恐怖を前にして、あるいは苛烈な刑のさなかにあって自らの堅忍不抜を示すとき、受刑者はむしろ偉大さをもって万人の眼前に現れる。ストア的な恒心の徳は君主から罪人へとその場を転位させ、まさに受刑者が悲劇の殉教者王の相貌を帯びることになる。このとき、その者が犯した犯罪も（君主に許されているのと同様の）栄光を伴う法侵犯として人々に称賛されるようになり、民衆のあいだで犯罪者の英雄化が行われるわけである。

しかしながら、君主の悲劇的な犠牲であれ、罪人への身体刑であれ、死を上演することで王権を称揚するアンシャン＝レジームの劇場的実践は、革命とともに消滅する。革命は、代表的公共性から宮廷という儀礼と祝祭の場を失うのみならず、光栄ある処刑を呈示するための舞台装置をも奪うのである。そのさい決定的だったのは、フランス革命期におけるギロチン処刑の普及であった。[14]

10　ミシェル・フーコー『監獄の誕生』田村俶訳、新潮社、一九七七年、三九頁。
11　同、五二頁（原文参照のうえ訳文変更）。
12　同、五六頁。
13　同、一四頁。
14　ギロチンの導入が公開処刑にもたらした変化については、ドリンダ・ウートラム『フランス革命と身体』高木勇夫訳、平凡社、一九九三年、第七章、参照。

革命のさなかの一七九二年に、ギロチンによる斬首は正式な処刑法として採用される。それによって、執行に時間を要し、受刑者に多くの苦痛を与えてきた絶対王政期のさまざまな処刑法は、この迅速で苦痛のない「人道的な」処刑法へと統一されることになる。同時に、いまや処刑の機械化が行われる。この技術が可能としたのは、これまでにないほどの大量処刑である。ギロチンという処刑機械なしには、ジャコバンの恐怖政治はありえなかったのであり、それはいわばジャコバン独裁の物質的基盤を成していたと言える。

ギロチン刑によってもたらされたのは「処刑の民主化」[15]である。この刑が導入されることで、それ以前は一般的だったような、身分の違いによる処刑法の差別化も行われなくなる。また、ギロチンによる斬首という単純明快な方法は、身体と刑罰との接触を限りなく瞬間的なものにする。かつての身体刑とは異なり、ギロチン刑は人間の身体性とは無縁な出来事なのである。それは、刑の執行人がどれほど熟達した技量を備えているか、あるいは受刑者がどれほど強靭な身体もしくは精神力を持ち合わせているかとは無関係に、すべての人に平等な死に方を保証する。ここではじめて受刑者は、身体のある人間としてではなく、帰責能力のある法的主体として処罰されることが可能になる。個々の人間の物質的な身体性を捨象し、それを普遍平等な抽象的主体とする近代啓蒙の理想は、ギロチンとともにその実現への一歩が踏み出される。

ギロチン刑は、刑を身体的スペクタクルとして行うのではなく、純粋に「等しきには等しきを」の原則に沿って罪人に帰責を行う近代的な処罰への一歩を示している。これによって生じるのが、処刑の脱劇場化である。処刑は民衆にとってももはや格別の興味をひく出来事ではなくなるのである。フランス革命期には民衆は公開で行われるギロチン刑に群がり、しばしばそれに歓喜し喝采を浴びせたとされている。しかしながら実際には、ギロチン刑はかつての身体刑に比して見世物としての性格が著しく稀薄化し、民衆はそれに熱狂するというよりも、公開処刑そのものに無関心な態度を見せるようになったというのが実情のようである。[16] 瞬時かつ大量に行われた革命期のギロチン刑は、それ以前の処刑が持っていた演劇的・宗教的雰囲気を失うことになった。そこにはもはやいかなる悲劇性も感じられなくなり、受刑者からはその聖性が奪われるのである。

もはや処刑のうちで英雄的に死ぬことはできない。それゆえフランス革命期には、処刑に代わって、しばしば自殺が自らの尊厳を保つための死の手段として選択されることになるだろう。[17] 実際この時期には、政争に敗れたり、収監されたりした政治家の

15 同、一八四頁。
16 同、一九三頁。

図4
ジャック=ルイ・ダヴィッド《ソクラテスの死》、メトロポリタン美術館、ニューヨーク、1787年。「英雄的自殺の主要な観念は、古典をつうじてえたものである。自由・共和政・尊厳・徳性の証し。(……)革命家たちは英雄的自殺を、自分たちが徳性の持ち主であることを証明する機会と心得ていたから、公開の場で自殺することしか考えなかった。自殺は公開されただけでなく、演劇的におこなわれた」(ウートラム『フランス革命と身体』、162頁)。

多くが、処刑される前に自ら死ぬことを選んだ。この「英雄的自殺」の流行にもまた、古代ストア派の倫理が強く影響している。周知のように、フランス革命の政治家たちは自らを古代ローマの英雄になぞらえて、その振る舞いを模倣したが、彼らはその死にざまにおいても、人間的自由の究極の証としての自殺という古代のストア的な理想に従おうとした。ジャック＝ルイ・ダヴィッドの絵画『ソクラテスの死』は、そのような「英雄的自殺」の一つの模範を示している（図4）。そうして革命時には、旧体制下ではほとんど見られなかったことであるが、革命政治家たちの演劇的とも言える自殺の試みが相次ぐことになる。革命期の人々は自殺という行為を通じて、一時的にではあれ、死の上演という代表的公共性の舞台装置を我が物にしようとしたのである。

同じように、革命期における絶対王権のファンタスムの名残を表すものとして、恐怖政治終了後の一七九五年頃に起こったギロチンの非人間性をめぐる論争を挙げることができる。[18] すなわち、ギロチン刑に処された首は処刑後も意識が残っているのかど

17　同、「第六章　「英雄的自殺」、身体の終焉と歴史の開始」、参照。

18　この論争については、Philip Manow, *Im Schatten des Königs*, Frankfurt a. M. 2008, S. 97ff.、ウートラム『フランス革命と身体』、一八七―一九〇頁、および、ダニエル・アラス『ギロチンと恐怖の幻想』野口雄司訳、福武書店、一九八九年、六六―八五頁、参照。

うかをめぐって行われた医学論争である。ドイツの科学・解剖学者ザムエル・トマス・ゼンメリンクの研究に支持された所説によると、胴体から切り離された首は、しばらくは意識を保ち、苦痛を感じ続けるとする。であるとすると、ギロチン刑は決して人道的な方法とは言えず、むしろ身体刑に劣らず残酷な刑罰であることになる。意識の中枢を頭部に見出すこの生理学的な観点からのギロチン反対論は、王を頭とする政治体（政治的身体）という「王党派的な」国家表象にその対応物を持っているとみなすことができる。

切り落とされた後も生き続ける頭部というこうした悪夢は、医学・生理学者のピエール・カバニスによって反駁されることになった。彼によれば、意識は身体全体の有機的機能が共同作用することで成立するのであるから、身体の統一的循環が断たれた時点で意識は消滅する。頭部を中心としない身体というこの「共和派的な」生理学的見解とともに、国家を人間身体によって具現化する絶対王政期の象徴的イメージは終焉することになる。エドマンド・バークはフランス革命に対する有名な反駁書のなかで、啓蒙と理性の「機械論的哲学」に従うなら、「我々の制度が何らかの人格の中に体現」されることはなくなってしまうと嘆いている。[19] いわば共和国とは、身体を失った政治体（政治的身体）だというわけである。

ギロチン刑は「代表的公共性」に見られた可視性の政治の終焉を範例的に表してい

る。それは旧体制下の処刑において死が帯びていたオーラを消失させた。犯罪者の処罰は単に機械的に進行する過程となり、その死はただの無名の死となる。いまや受刑者が処罰のうちで自らの汚辱を栄光に転化することはできない。かくして一九世紀以降、個々の犯罪は単なる匿名の事件、無数のデータの一事例となって、犯罪者は更生あるいは管理を行う統治実践の対象へと変容させられる。君主によるものであれ、犯罪者によるものであれ、もはや法侵犯行為が「輝き」のもとで讃えられることはない。

3 議会主義の美学——共和国の政治的身体

だが、近代の政治的公共圏は本当に劇場モデルから手を切ろうとしたのか。近代民主主義は美的表象による正統化を拒否し、政治的スペクタクルというものに否定的な価値しか見出さなかったのか。実のところ、政治秩序を可視的に顕現させるという意味での「代表」観念は、市民革命以降の民主主義のうちにも引き継がれているのであ

19　エドマンド・バーク『フランス革命の省察』半澤孝麿訳、みすず書房、一九七八年、九九頁。

る。視覚的な「代表的公共性」から言説的な「市民的公共性」への歴史的移行という理解は、あまりにも図式的である。象徴的代表に基づく前近代の政治空間にすでに言説的コミュニケーションが存在したように、市民的討議を理想とする近代の政治空間においても代表的現前の契機はなくなっていないのである。

このことは、一般に討論がその主要な機能であるとされている議会についても当てはまる。すなわち、近代の議会制を構成する諸要素のうちには、主権者の栄光の現示という古い政治的機能を少なからず見出すことができる。まさにここにおいて、単に選挙民の利害や国民の意見の「代理」にとどまらない「代議制（代表）」民主主義の側面が顕わとなるだろう。近代の議会主義はなお「王の影のなかに」（フィリップ・マノウ）ある。検討すべきなのは、代表としての議会のもつ美学的な性格である。

フランス革命中の一七九一年九月三日に国民議会で制定されたいわゆる「一七九一年憲法」は、ルイ一六世の処刑とジャコバン独裁に先立つフランス史上初の憲法であり、立憲君主制を採用しているが、その第三篇第二条では次のように規定されている。

あらゆる権力がそこに由来する国民は、派遣代表（délégation）によってのみその権力を行使することができる。フランス憲法は代表制的（représentative）である。代表者は立法府と国王である。[20]

この憲法は行政府の代表的性格を否定する一方、立法府と国王との二元代表制を採用している。それらは国民の代わりに権力を行使する。だが、ここで言われている「代表」の役割を、国民の意見や利害の忠実な反映という意味で単純に理解してはならない。それはむしろ、以前からのバロック的な代表観念を受け継ぐものであり、その機能がいまや国王と議会とのあいだで分有されているのである。つまり、政治秩序に一体性を与える「国民」は、これらの代表者を通じてはじめて具現化されるのだ。

国民の代表についてのこうした規定は、シェイエスにその理論的基礎を見出すことができる。彼によれば、個々人の利害の単なる集合以上のものである「人民の意志」は、代表のうちでしか体現されえない。

代表だけが統一された人民である。国民の統合は、まさに代表でしかない統一された人民の意志に先立つものではない。統一はそこに始まる。したがって、代表

20 Zit. nach: Podlech, »Repräsentation«, a.a.O., S. 526. このフランス革命期の代表概念の意味について論じているのは、シュミット『憲法論』、二四六—二四七頁、ほかに、Hofmann, *Repräsentation*, a.a.O., S. 406ff. より最近の研究としては、Pierre Rosanvallon, *Le peuple introuvable*, Gallimard 1998, pp. 27–63.

を超えるところには何もなく、代表が唯一の組織体である。分散した人民は組織体ではなく、それは一つの意志を持つこともなければ、一つの思考を持つこともないし、何か一つのものでは決してない。[21]

ここに見られるシェイエスとルソーとの断絶は明らかである。人民の意志は代表としてしか存在しない以上、代表なき直接民主主義というものはありえない。シェイエスにとって、議会制は「間接」民主主義などではなく、理想的な民主主義の形態にほかならない。議会は人民の意志を映し出すのではなく、作り出すのである。

こうした思想からすれば、議会制を直接民主主義の単なる代替物とみなすことはできない。つまり議会制は、近代国家においては直接民主主義が不可能であるがゆえにやむを得ず採用された制度などではない。実際、直接民主主義に対する議会主義の質的な優位を強調する言説は、歴史上繰り返し現れている。例えば、ウォルター・バジョットは『イギリス憲政論』（一八六七）のなかで議会の「教育的機能」を主張し、選良としての議員は国民世論を導く役割を持つことを述べている。[22]もし代表によってはじめて国民の意志が構成されるのであれば、国民と代表者を結びつけ、代表者に正統性を与える「選挙」なるものは、それがいかなる制度を採っているにせよ、代表を代表たらしめるにあたって必ずしも本質的ではない、偶然的に採用された手続きであるとさえみなされるだろう。ここでは、議員は（国民全体の代表者として自らの判断にのみ従う）「自由委任」に基づいて行動するのか、あるいは（自分の選挙民の意志や利害に従属する）「命令委任」に基づいてなのかといった、お馴染みの国法学上の問題に踏み込むことはしない。むしろより興味があるのは、近代議会主義がなお「代表的公共性」と同じく、ある種の儀礼的・美学的な契機を通じて正統性を産出してきたという点である。

近代の議会は、言説的というよりも、しばしばシンボル的なコミュニケーションの場となってきた。[23] つまりそれは、儀礼的な修辞やイメージを媒体として代表（＝表象）を呈示するという性格をも有していたのである。だが、かつての宮廷での典礼が王権の絶対性を代表していたとするならば、議会において代表されるのは主権者としての

21 Cité par Rosanvallon, *Le people introuvable*, ibid., p. 38.

22 ウォルター・バジョット「イギリス憲政論」、『世界の名著60 バジョット、ラスキ、マッキーヴァー』辻清明責任編集、中央公論社、一九七〇年、一七二、二〇一—二〇四頁。

23 近代の議会主義に見られる美学的な表象戦略については、近年急速に研究が進んでいる。Vgl. Manow, *Im Schatten des Königs*, a.a.O.; Andreas Schulz/Andreas Wirsching (Hg.), *Parlamentarische Kulturen in Europa. Das Parlament als Kommunikationsraum*, Berlin 2012; Jörg Feuchter/Johannes Helmrath (Hg.), *Parlamentarische Kulturen vom Mittelalter bis in die Moderne. Reden–Räume–Bilder*, Berlin 2013.

人民である。それは単なる国家の統一ではなく、国民の統一を表象する。すなわちそこでは、平等な国民から成る政治秩序というものが人々の眼前に呈示されるのである。このことは、実際に全国民が法権利上あるいは経済的に平等であることを意味するものではない。また、すべての国民が実際に平等に政治参加できている必要もない。むしろ、国民は平等であるという擬制を可視化させることが問題なのであり、事実として国民が等しく民主的討議に参加するというよりも、そうであるという視覚的効果を与えることが重要なのである。

一つの例として、近代の議会建築において採用されている会議場の空間配置を挙げることができる。[24] それは新たな民主主義のイデオロギーに対応した象徴的意味を担っていることが分かる。なぜ（イギリスという例外を除いて）多くの国の議会本会議場は、半円形の議席とそれに対面する演壇との組み合わせという配置を取っているのか。それは市民革命期に流行した新古典主義的建築の古代回帰を示しているだけではない。つまりそれは、単に古代ギリシア・ローマ時代の半円形の劇場を模倣したというだけではない。というのも、フランス革命時に出された議会建築のプランでは、建築家のエティエンヌ＝ルイ・ブレのそれに代表されるように、全国民の一体性を表現するのによりふさわしい様式として、議席を完全に円形に配置するものが数多く構想されていたからである[25]（図5－1・2）。しかし、改装を経て一七九八年から議事堂となったパリのブルボン宮殿の本会議場に見られるように、最終的にはそうした円形プランを押しのけて、演壇を正面に見る半円形の議席という配置が普及していくことになる（図6）。これは単なる機能的な利便性ゆえに採用されたわけでもない。むしろそれは、新たな民主主義国家の象徴的表現という意味をも持っている。

半円形の議席に座るのは国民各層から成る議員たちである。[26] そこでは、社会の多様性が可能な限り忠実に反映されねばならない。だが、近代国家とは差異化を伴う統一である。したがって、差異性と同時に人民の一体性もまた表現されねばならない。演説者が立つ演壇がまさにそれを表している。つまり、演壇は王の死によって空白となった国家の中心を示すものであり、いまや各々の演説者たちは（自分の議席ではなく）その演壇で国民の名において演説する。そして、議席の議員たちは観衆として、舞台上の演説者を目撃する。したがって、半円形の議席と演壇との組み合わせは、多様で

24　Manow, *Im Schatten des Königs*, a.a.O., S. 16–56; Philip Manow, »Kuppel, Rostra, Sitzordnung — das architektonische Bilderprogramm moderner Parlamente«, in: Feuchter/Helmrath, *Parlamentarische Kulturen vom Mittelalter bis in die Moderne*, a.a.O., S. 115–129.

25　フランス革命期のさまざまな国民議会建築プランについては、James A. Leith, *Space and Revolution*, McGill-Queen's University Press 1991, pp. 79–117 参照。

26　半円形の議会建築の象徴分析については、Manow, *Im Schatten des Königs*, a.a.O., S. 46ff. 参照。

図5-1
エティエンヌ=ルイ・ブレ
《国民議会のためのプラン》、平面図。
Leith, *Space and Revolution*, op.cit., p. 81.

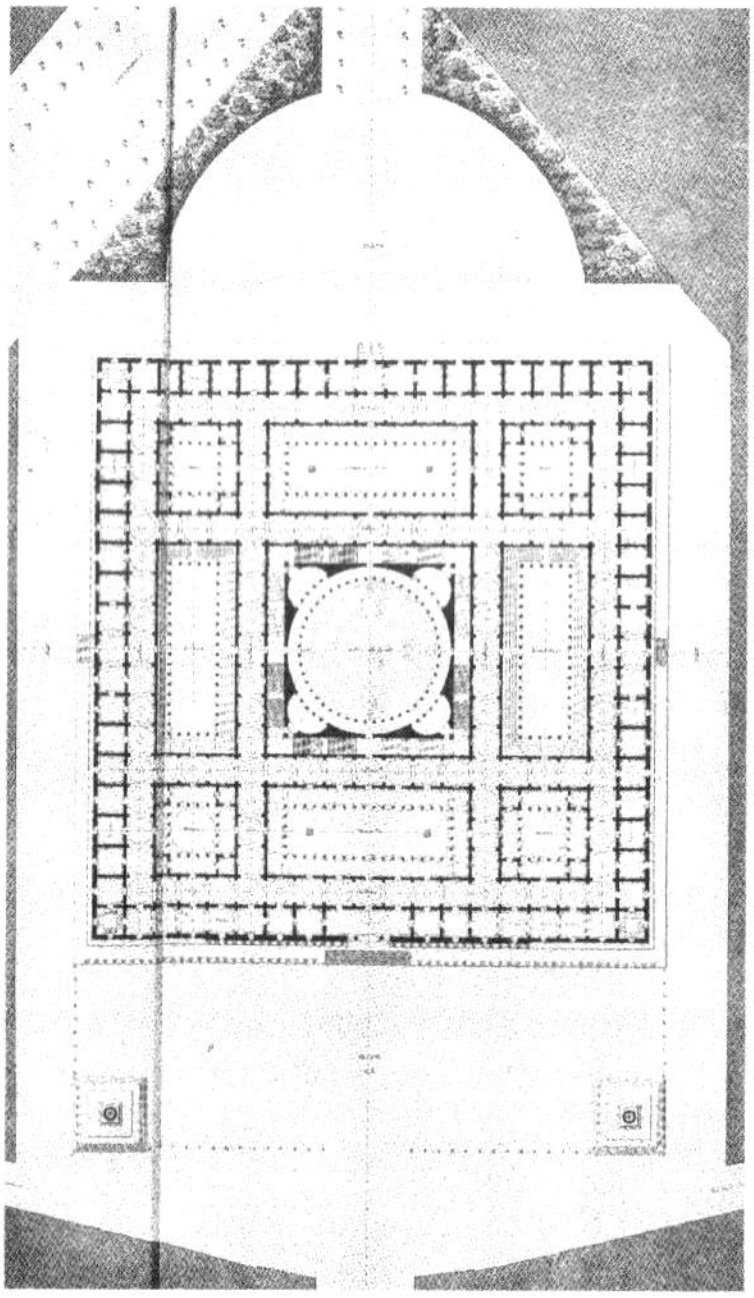

図5-2
同、断面図。
Leith, *Space and Revolution*, op.cit., p. 82.
「ブレやその他の人々が彼らのプランのうちに具体化したこの円形の議席は、国民の代表者の集会場にふさわしいものとして革命期の建築家たちに好まれた様式となった」(ibid., p. 83)。

図6
ジャック=ピエール・ジゾール／エティエンヌ=シェリュバン・ルコント設計《国民議会〔フランス下院〕本会議場》、ブルボン宮殿、パリ、1795–97年。「円形よりも半円形のほうが（……）演壇で語る演説者が国民を体現するのに好都合であるように見える」（Michel Mopin, *L'Assemblée nationale et le Palais-Bourbon d'hier à aujourd'hui,* Assemblée nationale 1998, pp. 43–44）。

ありながら統一性をもった国民国家を象徴するものなのである。そのつどの演説者によって満たされる空虚な演壇は国家の（不在の）頭部であり、社会的な多様性を反映する議員たちが座る議席はその胴体である。その限りにおいて、議会はいわば共和国の新たな象徴的身体であると言える。

こうした王の政治的身体の遺産は、近代議会主義の別の要素のうちにも見出すことができる。例えば、フランス革命中の国民議会においてロベスピエールの主導のもとに宣言された議員の人身の不可侵原則である[27]（もっともこれはジャコバン独裁が始まるとロベスピエール自身によって無効化されることになるが）。このいわゆる不逮捕特権は、一般に考えられているように、かつての絶対君主が行ったような議員の恣意的な逮捕を防止するという理由だけでは説明できない。それはむしろ、「国民の代表体（corps représentatif）」に対してはいかなる権力も及ばないということの表現なのであり、その限りで、代表としての国王の身体が有していた不可侵性の名残なのである。この意味でシュミットは、この特権を「議会のもつ代表としての性格の一つの帰結[28]」と述べている。それは、同じく対外的な代表としての外交官の身体の不可侵性にも似たものであり、かつての王の聖性を引き継ぐものにほかならないのである。

とすると、フーコーのように、王政下の国王の身体と同じ機能を果たすような「共和国の身体というものは無い[29]」、あるいはクロード・ルフォールのように、「民主主義社会は、有機的全体性の表象を許さない社会として、身体なき社会として創設される」[30]という診断を下すのは、少々性急であると言えるだろう。近代議会制はしばしば、絶対王権に見られたようなシンボル的な代表としての役割をも担ってきた。つまり、開かれた場で透明な論議を行うというよりも、それ自体ではいかなる政治秩序も成しえない無定形な人民を主権者として現前させるという機能である。これは、単なる（経済的・社会的利害の）代理者では果たすことのできないような、栄光としての代表機能である。ここでは議会は、直接民主主義のやむを得ざる代用物にとどまらない積極的な意味を持つことになる。これは決してルソーが夢想したような代表なき純粋民主主義ではない。民主主義国家はなお自らについての象徴的イメージを必要としたのである。

したがって、議会主義の本質を成すのが討論の公開性であるという前提は、無条件

27　Ebd., S. 64–75.
28　シュミット『憲法論』、三六六頁。
29　ミシェル・フーコー「権力と身体」中澤信一訳、『ミシェル・フーコー思考集成V』筑摩書房、二〇〇〇年、三七三頁。
30　クロード・ルフォール「民主主義という問題」本郷均訳、『現代思想』第二三巻第一二号、一九九五年一一月号、四九頁。

に首肯できるわけではない。近代の議会はしばしば、討議を通じた合理的決定によってというよりも、むしろ自らが国民の代表であるというイメージを形成することによって執行権に対峙してきた。ドイツ統一後の帝政期におけるドイツ帝国議会はその一例を成している。[31] フランスの一七九一年憲法に見られたような二元代表の問題が残り続けた一九世紀ドイツでは、帝国議会は、執行権を有するもう一つの代表である皇帝権力に対抗するため、新聞・メディアとの協力のもとに自らを国民代表としてシンボル化するためのさまざまな企図を試みることになった。つまりここでは、公開性とはイメージ戦略の問題となるのである。代表としての正統性は、「言説的」ではなく、「美的」公開性を通じて調達されるわけである。

すでに述べたように、国家に対する経済・社会的諸勢力の影響力が増大し、議員が単なる利益代理となるに従って、代表としての議会の役割は変質していく。そして、議会の決定がますます秘密の利害折衝という性格を帯びていくなかで、「美的」であれ、「言説的」であれ、代表としての議会の正統性に疑問が呈されるようになるのである。シュミットが慨嘆するところでは、今日の議会は「見えない権力保持者の事務所ないし委員会に入る一つの大きな控えの間(Antichambre)」[32] としか思えない。

だが、社会的利益集団による討論の理念のこうした堕落は、そもそも近代議会主義が討論手続きそのものの公開性を必ずしも最重要の問題とはみなしていなかったことの内在的な帰結なのかもしれない。民主主義国家といえども、すべての決定過程を公開にすることはできない。であるとすると、いかにすべての人民に開かれたかたちで合理的な決定を下すかという問題よりも、いかに決定を象徴的・儀礼的に正統化するかという問題のほうが重要となることがしばしば起こりうる。この場合の公開性は、決して啓蒙の理念が想定するように、理性的な批判のための審級となりうるような政治の根本原則ではありえない。それはもはや原則ではなく単なる手段、つまり、大衆操作的にも利用しうるような正統化の道具であるとも言えるだろう。

近代のプロセスは、秘密から公開への政治原理の移行として捉えることができるのだろうか。もしかしたらそれは、秘密の実践のみならず、公開性さえも統治のエコノミーの一部に組み込まれていく過程とみなすことはできないだろうか[33]。すなわち、統治はもはや機密と陰謀を操ることで行われるだけではない。むしろ、情報を公開するということがしばしば効率的な政治運営に役立つからこそ、近代の統治はそれを手段

31　帝政期のドイツ帝国議会による自己シンボル化の諸実践については、Andreas Biefang, *Die andere Seite der Macht. Reichstag und Öffentlichkeit im »System Bismarck« 1971–1890*, Düsseldorf 2009.
32　カール・シュミット『現代議会主義の精神史的地位』、一一頁（原文参照のうえ訳文変更）。
33　Cf. Senellart, *Les arts de gouverner*, op.cit., pp. 279–284.

として用いるようになったということである。つまり、重要なのは公開性の有用性なのである。ここでは公開性は秘密と同じく、統治のための戦術的装置となる。近代政治において公開性の原則がますます重要なものとされるに至ったのは、実のところ、このような統治のメカニズムの再編成の徴候として捉えることができるのかもしれない。

第Ⅲ部

社会国家とその不安——官僚と非行者

第10章　書記の生、文書の世界

1　文書化される国家

一七世紀のあいだに強固な絶対王権を確立したフランスに対し、同時期のドイツは三〇年戦争とその後遺症に苦しめられる。そうしたなか、ドイツ諸邦では戦争で荒廃した領地を再建し、経済と産業を復興するための行政の学、いわゆる「官房学」が発達する。ドイツに特徴的な政治経済学であるこの官房学は、王権の栄光を上演する儀礼や祭典と並ぶ、バロック政治のもう一つの側面を示している。つまりそれは、華やかな代表的公共性の世界の下層にある官僚と行政の世界である。まさにそのような世界で生きた学者の一人が、哲学者ゴットフリート・ヴィルヘルム・ライプニッツであった。彼は哲学的な思索だけに関心を持っていたわけではない。すでに若いうちからマインツ選帝侯のもとで法律業務に従事していた彼は、三〇年戦争の再建期に官房学者として活躍した実務家でもあった。

一六七六年、三〇歳になったばかりのライプニッツはブラウンシュヴァイク゠リューネブルク公の招聘によってハノーファーに赴き、そこで図書館司書および宮廷顧問に任命され、以後、死ぬまで当地を拠点として活動を行うことになる。この時期のブラウンシュヴァイク゠リューネブルク公国もまた、国力増進のための重商主義政策を積極的に推し進めており、そこでライプニッツは財政・社会政策の提言を行うとともに、ハルツ山地の鉱山開発といった事業にも関わっていく。しかし他方、そうした領地改善事業への彼のコミットメントは、単純な実務的関心のみに基づいていたわけでもない。ライプニッツに見られるのは、国の人口や産業に関わる諸々の知を集めると同時に、それらを一つの体系化された国家知にまとめあげようとする形而上学的な意志である。それをはっきりと表しているのが、一六八〇年にライプニッツが提案した「国家表（Staatstafeln）」作成の構想なのである。[1]

「国家表」とは何か。ライプニッツによれば、それは「国の統治に属する全情報の核心を文字で簡単に叙述すること」[2]である。重商主義政策を進めるこの時期の各国の官房には、資源・商業・食糧といった国家のあらゆる領域に関する情報が集められつつあった。しかし、統治に必要なこれらの情報は、単に蓄積されればいいというものではない。支配者がそうした情報を有効に利用できるようになるためには、それらは体系的に整理されて、必要な場合にすぐに取り出せなければならない。ライプニッツが提案したのは、国家についてのさまざまな知のいわば目録化である。これと同時期に、彼は図書館司書としての立場から、アーカイヴの整備や記録保存のための官職の設置をも提言している。文書整理術は図書館の蔵書のみならず、国家の行政情報に関しても必要なのであり、そのための技術が国家表にほかならない。それはいわば、内政に関する全情報の「データバンク」である。

　国家を改善するためには、まず国家の現状を知らなければならない。しかし国家の現状を知るためには、単に情報が集められるだけでなく、それらがうまくデータ処理されねばならない。さもなくば、役所や官房に集められた諸々の情報は、人が利用できないデッドストックにとどまるだろう。単に経験的データを蓄積するだけでは、それは役に立つ知とは言えない。要するに、国家を改善するためには、まず国家についての記述の仕方が改善されねばならないのである。国家表とは情報整理のためのメタ技術であり、いわば知についての知である。ここでライプニッツが構想しているのは、一種の「普遍学」である。国家のすべての情報は百科事典としての国家表のなかに流れ込み、そのなかでカタログ化される。支配者は国家表を見ることで、自分の国家全体の概略をすぐに把握できるのである。

ライプニッツもまた同時代のタキトゥス・リヴァイヴァルの流れのうちにあり、初代ローマ皇帝アウグストゥスが後継者に書き残したとされる「統治の概略（Brevarium Imperii）」を引き合いにして国家表を説明している。それは支配者が「自分の国の諸力と諸能力を基礎から知る」[3]のに有用なのである。国家表は文字と表によって国家の現状を一目で分かるようにする。それは、支配者が国家を「いわば一瞬で見渡す」ことを可能にし、通常は気づかない「諸事物のつながり」を「いっぺんに叙述する」ことができる。[4]公開の舞台で繰り広げられる儀礼や祭典とは異なるものの、国家表もまた

1　官房学者としてのライプニッツの活動および「国家表」については、Walter Seitter, *Menschenfassungen*, München 1985, S. 112ff.; Cornelia Vismann, *Akten*, Frankfurt am Main 2000, S. 209ff.; Joseph Vogl, »Leibniz, Kameralist«, in: Bernhard Siegert/Joseph Vogl (Hg.), *Europa: Kultur der Sekretäre*, Zürich/Berlin 2003, S. 97–109; Vogl, *Kalkül und Leidenschaft*, a.a.O., S. 59ff.; ハンス＝ペーター・シュナイダー「ゴットフリート・ヴィルヘルム・ライプニッツ」、ミヒャエル・シュトライス編『一七・一八世紀の国家思想家たち』佐々木有司／柳原正治訳、木鐸社、一九九五年、三二五―三七三頁、参照。

2　Gottfried Wilhelm Leibniz, »Entwurff gewisser Staats-Tafeln«, in: *Sämtliche Schriften und Briefe*, Vierte Reihe: Politische Schriften, Bd. 3, Berlin 1986, S. 341.

3　Ebd., S. 343.

4　Ebd., S. 345.

国家権力を全体として可視化するというバロック王権の欲望の現れであった。つまり、領土を余すところなく見渡し、国家についての完全な知を手にしようという夢である。この意味でライプニッツは国家表を「望遠鏡」に喩えている。[5] それによって支配者は直接に見聞することのできない遠くの事柄を眺め、重要で必要な物事を観察することができるわけである。

とはいえ、国家の全体を可視化するこの知は、それ自体としては秘教的な知でなければならない。それは支配者だけが利用できる秘密の官房の知である。ライプニッツは「そのなかに国家全体の概念が含まれている」というルイ一四世の「鉄の小箱」について触れている。[6] そこには宰相マザランが死にあたってルイ一四世に遺した忠言が保管され、この国王は折に触れてそれを眺めていたとされている。したがってライプニッツの官房学は、一方では普遍的な学という啓蒙主義的志向を持つが、他方では依然として秘密政治の地平の上にある。一七一六年にライプニッツが死ぬと、彼の蔵書や草稿・手紙はすべて封印され、いかなる遺贈も禁じられたという（今日詳細に編集されたアカデミー版ライプニッツ全集を刊行できるのはそのおかげである）。官房学者ライプニッツのアーカイヴはまさにそれ自体が国家のアルカナだったのであり、彼の著述には国家そのものが凝縮していたと言うことができるだろう。

一七二七年にプロイセン王国のハレとフランクフルト・アン・デア・オーダーで大

学にはじめて官房学の講座が設置され、一八世紀半ばにはユスティやゾンネンフェルスによってポリツァイ学が確立する。それに従い、法に対して「福祉（Wohlfahrt）」の思想が前面に立つようになり、政治はもっぱら国民の「幸福」に配慮する行政措置としての性格を強めていく。この行政学は、商業・工業・農業・教育・公衆衛生など、国民のあらゆる活動を国家の富と力の源泉とみなし、それらをあまねく把握しようとした。そのさい重要なのは、これら収集された情報は、個々の切り離された断片的な知にとどまることなく、相互に関連付けられ、一つの国家全体を表現する包括的な知とならねばならないということである。ユスティは、人口と領土に関わる「諸力」あるいは「諸能力」のすべてを、一つの全体的連関において理解すべきと主張している。

そもそも国家の能力とは、国家と臣民に属するあらゆる財物のうちにあり、国に属する土地の全体にある。すべての臣民の技術と能力、そしてこの点からすれば、彼らの人格そのものが、国家の能力の一部を成している。というのも、国家の個々の構成員のつながりは非常に密で切り離せないので、そこからただ一つの道徳的

5　Ebd., S. 346.
6　Ebd., S. 344.

身体が生じるからだ。個々の構成者が能力と才能に関して所有しているものはすべて、この一つの身体に属するのである。[7]

また別の官房学者は述べている。

国の力を促進し高めるものはすべて、国民のさまざまな物理的・道徳的な諸力を、自立的で継続的な全体に統一するのに役立つ。それによって、こうした諸力は極めて多様な方向性を持つにもかかわらず、徐々に一つの同じ調和の傾向が見えてくる。このすべては官房学の領域に属する。[8]

すべての財物と国民は国力の不可欠な一部なのであり、国家とはそのすべての部分が全体にとって重要な一つの統一体である。すべての国民の幸福に配慮しようとする官房学の「社会福祉的な」性格はここから出てくる。しかし、国内の「諸力」と「諸能力」を一つの全体的連関において理解するためには、集められた情報が体系的に処理できていなければならない。ライプニッツの国家表は、国家の情報処理システムを最善化するための政治的な普遍知であった。自分自身についての情報をうまく処理できねば、自分自身を把握することはできない。国家の富と力を増進するに先立ってまず必要なのは、人口と領土を観察する仕方を改良し、国家全体の情報を分かりやすく整序することなのだ。

しかしながら、行政活動が拡大するに従って、国家の全データを一望のもとに整理するというライプニッツ的な試みはしだいに困難になっていく。人口と領土についてのますます多くの情報が行政機構に集まることで、君主であれ顧問官であれ、もはや少数の特定の人物が国家全体についての知をアルカナとして手中にできる時代ではなくなるのである。そのような国家知の増加に伴って生じるのが、行政文書とそのアーカイヴの拡大である。この傾向は一八世紀以降に進展した行政活動の文書化によって強められることになった。

近代的な文書行政は、とりわけ一八世紀前半のフリードリヒ・ヴィルヘルム一世治下のプロイセン王国が端緒になったとされている。[9] 彼は対面ではなくもっぱら文書に

7 Johann Heinrich Gottlob von Justi, *Gesammelte politische und Finanz-Schriften: über wichtige Gegenstände der Staatskunst, der Kriegswissenschaften und des Cameral- und Finanzwesens*, Bd. 2, Darmstadt 1970, S. 350f.

8 Zit. nach: Vogl, *Kalkül und Leidenschaft*, a.a.O., S. 64.

9 プロイセンにおける文書行政の発展については、Wolfgang Ernst/Cornelia Vismann, »Die Streusandbüchse des Reiches: Preußen in den Archiven«, in: *Tumult. Schriften zur Verkehrswissenschaft*, 21 (1995), S. 87–107; Vismann, *Akten*, a.a.O., S. 226–252.

よって閣僚とやり取りし、そうすることで行政実務の文書化を推し進めた。

フリードリヒ・ヴィルヘルム一世が行政に及ぼした事実上の影響力は非常に著しかったが、彼は、厳格に合議制的に組織された閣僚会議に親臨したことはほとんど一度もなく、傍註または勅命によって書面での上奏に回答を与えたのである。[10]この国王は自らの指示をすべて文書のかたちで伝えたのであり、また彼にとっては文書で伝えられることが国の現実そのものであった。こうした文書主義の徹底によって、一九世紀初めには毎年三万メートル以上の文書が新たにアーカイヴに加わるようになったとされ、本格的な文書行政の時代が到来する。しかしながら、こうしたアーカイヴの肥大化は、文書をうまくデータ処理し、国家を一つの可視的な全体として呈示することを一層難しくしていく。代表的公共性の背後にある秘密の空間は、単に少数の支配者だけが目にできる秘教的な知ではなく、誰も全体を見通すことのできない巨大な文書のアーカイヴとして広がっていくのである。

このような行政文書の増大は、啓蒙主義による秘密政治への批判のもとでもほとんど変わることはなかった。一七九四年には啓蒙主義的な法学者たちの起草により、民法・刑法・教会法などを一つに法典化した「プロイセン一般ラント法」が公布される。

これはたしかに、文書での行政命令の積み重ねではなく、分かりやすく明文化された法律によって統治することを目指す試みであり、絶対主義的な「行政国家」から近代的な「法治国家」への移行を表す出来事と見ることもできる。しかしながら、この一般ラント法によっても、行政機構のなかで厖大な文書がやり取りされる状況が何ら変わったわけではない。行政国家としてのプロイセンの実情は依然そのままであり、憲法に対する行政の優位は一九世紀を通じて引き継がれることになる。

行政機構と文書・アーカイヴとの結びつきが一層強まったのは、一九世紀初めの対ナポレオン戦争の敗北をきっかけとしたプロイセンの改革期である。一八〇七年四／五月の王令でアーカイヴが「公的な国家業務の魂」とされ、一八一〇年一〇月二七日の王令ではアーカイヴを国家官房に直属させることが命ぜられる。[11] 宰相ハルデンベルクが行政改革の一環として進めたこれらの措置によって、集権的な国家アーカイヴが整備されていくのである。そうして行政事務の全面的な記録化への衝迫が始まる。一九世紀半ばに編纂されたグリム兄弟の『ドイツ語辞典』では、業務を「書面で

10 ウェーバー『権力と支配』、三〇〇頁（原文参照のうえ訳文変更）。

11 Carl Wilhelm Cosmar, *Geschichte des Königlich-Preußischen Geheimen Staats- und Kabinettsarchivs bis 1806*, Köln u.a. 1993, S. 139, 143.

(schriftlich)」作成するということが「官房(Kanzlei)」の定義の一部となるに至るだろう。[12]

このような文書主義はプロイセンに限らず、マックス・ヴェーバーが言うように、およそ近代官僚制一般に不可欠の特徴である。「近代的な職務執行は、原本あるいは草案のまま保管される書類(文書)にもとづき、また、各種の下僚や書記のスタッフにもとづいている」[13]。このように行政がもっぱら文書による統治として行われるようになるにつれ、例えばバクーニンのように、文書と政治支配とを同一視する者も現れることになる。彼はそのアナーキズム綱領のなかで、政治支配を根絶するためにあらゆる司法・行政の文書を廃棄すべきことを主張する。[14] 実際、ヴェーバーも間近に体験した一九一九年のバイエルンでの社会主義革命、いわゆるミュンヘン・レーテ共和国では、バクーニン主義の影響を受け、大量の政府文書が廃棄されたと言われている。いまや文書は国家権力の物質的なインフラとなった。文書に記録され、アーカイヴ化されたものこそが、国家の現実を成すようになるのである。

2 法とアーカイヴ——書くことによる主体の誕生

しかし、アーカイヴと政治権力との結びつきは、歴史的にもっと古い時代にまで遡ることもできる。そもそもアーカイヴの語源は、ギリシア語の「アルケイオン」、つまり古代アテネの執政官であるアルコンが住んでいた家に由来する。ジャック・デリダは、このアルコンの住居には公文書が保管され、またアルコンはこの公文書を解釈する権力を有していたと指摘している。[15] すなわちアーカイヴとは、法がそこから生じ、また法がつねにそこに送り返されるような場所であると言える。

アーカイヴには一つの共同体の歴史が積み重ねられている。アーカイヴの文書にはその共同体に固有の決まりや習慣が記録されており、共同体の法はまさにこのアーカイヴから生まれてくる。法はそもそも抽象的で普遍的な規則ではなく、ある共同体の具体的な生活に根差したものであって、法を運用するにあたってはつねにその共同体の歴史が参照される。最初の法はそうした歴史としてのアーカイヴと結びついていた

12 Jacob Grimm/Wilhelm Grimm, »Kanzlei«, in: *Deutsches Wörterbuch*, Bd.11, Münchcn 1999, S. 179.
13 ウェーバー『権力と支配』、二二三頁、また、三七頁も参照。
14 同、二八四頁。Vgl. Vismann, *Akten*, a.a.O., S. 243.
15 ジャック・デリダ『アーカイヴの病』福本修訳、法政大学出版局、二〇一〇年、三頁。また、デリダやフーコーを踏まえつつアーカイヴの問題系を考察しているのは、Knut Ebeling, »Die Asche des Archivs«, in: Georges Didi-Huberman/Knut Ebeling, *Das Archiv brennt*, Berlin 2007, S. 33–183.

のである。その限りで、それは無制限な普遍妥当性を掲げることはなかった。つまり、カール・シュミット的に言えば、法は本来、具体的な「場所」を持っている。アーカイヴとは法の源泉としてのそのような場所のことである。この意味においてデリダの言うように、アーカイヴはアルコンの家、つまり「住居を定めること」に結びつけられるのである。

しかしながら、とりわけ近代になると、法は自らの普遍妥当性を要求するようになり、その歴史的な出自や起源を忘却しようとする。近代の法は「場所忘却」によって自身の妥当領域を無際限に広げようとするのである。デリダの要約によれば、「その絶対的権威を賦与されるためには、法は歴史＝物語を持たず、生成過程を持たず、何にせよ派生的関係を持たずにいなければならない」[16]。法は歴史や場所を持ってはならない。法は歴史としてのアーカイヴから生まれながらも、自らの普遍的権威を打ち立てるためにそれを排除する。近代の法にその由来や歴史的コンテクストが記入されることがあるとすれば、それはせいぜいその法の「前文」のなかに寄生的に付加されるだけであろう。

法は自分自身の物語＝歴史には不寛容なものである。絶対的に出現してくる命令さながらに、あらゆる由来から解き放たれた絶対的な姿で、法は自分自身の物語＝歴史に介入する。[17]

つまり、法はおのれの起源たる歴史を抹消し、むしろ歴史を支配しようとするのである。

とはいえ、近代の法がいかに無歴史的で普遍的な権威を掲げても、それは歴史とのつながりを完全に断つことはできない。それは、法はつねに特定の宛先を持つことでしか妥当性を獲得できないからである。つまり、法は妥当性を持つためには、単に条文として存在するだけではなく、そのつど具体的な個別事例に即して解釈・適用されねばならない。そして、そのような法の解釈と運用にあたって参照されるのが、それまでの共同体の歴史であり、その貯蔵庫としてのアーカイヴである。アーカイヴを守るアルコンは「アーカイヴを解釈する権力」を持つことで、「正統な解釈学的権威」としての地位を獲得することができる。[18] 支配する者は、単に法を手にしているだけで

16　ジャック・デリダ「先入見――法の前に」、ジャン＝フランソワ・リオタールほか『どのように判断するか』宇田川博訳、国文社、一九九〇年、一八〇頁。

17　同、一八四頁。

18　デリダ『アーカイヴの病』、三、四頁。

なく、法を正統に解釈できる者でなければならない。そしてそのために、その拠り所となる歴史としてのアーカイヴを手にしていなければならない。「アーカイヴ」に関連するギリシア語の「アルケー」は、「支配」と同時に「始まり」をも意味している。アーカイヴとは、法が運用にあたってたえず送り返されるような正統な歴史的参照点なのであり、いわば法の「始まり」である。

史実として見れば、古代アテネのアルコンがアーカイヴを解釈する権力を持っていたというデリダの主張は必ずしも信憑性があるものではない。[19] そしてまた、法の運用にあたって、法に先立つアーカイヴの文書が参照されることは、今日では実際にはありえない。法の運用はむしろ、自律的な法システムの内部での再帰的な運動に近いものとなっている。

しかし重要なのは、法には解釈が必要であり、そしてその解釈の正統性は法そのものからは導出することができないということである。つまり、アーカイヴという問題系が意味しているのは、法はつねに法の外部の領域への参照を必要とするということであり、こう言ってよければ、つねに法「以前の」世界に差し戻されるということだ。結局のところ、いかなる法も歴史あるいは具体的場所としてのアーカイヴから自由ではない。だが、法自身はこのアーカイヴについて問うことはできず、むしろその痕跡を抹消しようとする。そして法のもとで生きる人間もまた、法によってアーカイヴへの接近を妨げられている。したがって、アーカイヴについての問いは、法の歴史を辿ることではなく、法の下層についての「考古学」とも呼べる作業となるだろう。

すでにデリダに先立つこと一世紀以上前に、「アーカイヴ」の由来である古代アテネのアルケイオンを「支配《アルケー》」の場所として解釈した人物がいる。リューベック市の図書館司書を務めた一九／二〇世紀ドイツの古典文献学者カール・クルティウスである。彼はその著作『国家アーカイヴとしてのアテネのメトローン』（一八六八）で指摘している。「我々の「アーカイヴ」が生まれたアルケイオンは支配《アルケー》の場所を指している」[20]。ただしクルティウスが注目するのは、アルコンの家であるアルケイオンよりも、古代アテネで国家アーカイヴとしての機能を果たしていたとされる「メトローン」である。元来女神キュベレーの神殿であるアテネのメトローンは、紀元前五世紀末から公文書の保管に利用されるようになったとされている。クルティウスの言うところでは、これによってそれまで各役所に分散されていた文書がはじめて一カ所に集約され、それが西洋の中央集権的な国家アーカイヴの端緒となったというわけである。

とはいえ、古代アテネのメトローンにそうした高度に政治的機能を見出そうとする

19　Vgl. Ebeling, »Die Asche des Archivs«, a.a.O., S. 72, 196.

20　Zit. nach: Ebeling, »Die Asche des Archivs«, a.a.O, S. 62.

クルティウスの解釈も、多分に誇張されたものである。メトローンへの文書の集積は、行政業務の増大によっておのずとそうなっただけで、ことさら集権化された政治支配を目的として行われたものではない。クルティウスの主張は、一方では一九世紀に発達したギリシア考古学の成果を踏まえているが、他方では同時代のドイツの状況を反映したものでもある。つまり背景となっているのは、先述したようなプロイセンにおける国家アーカイヴの整備にほかならない。クルティウスは中央集権的なアーカイヴという同時代のドイツの状況を、古代に投影しているのである。したがって、ここで興味を引くのは、古代ギリシアのアーカイヴに関する史実如何ではなく、むしろ一九世紀ドイツにおけるアーカイヴの拡大であり、それをもたらした文書主義の持つ意味である。

アーカイヴを問うことは、法を問うことにも劣らず重要である。このことは一九世紀のドイツに目を向けるときに特に当てはまる。というのも、当時のドイツの統治実践を顕著に特徴づけていたのは、単に法を通じた支配ではなく、アーカイヴ化を通じた支配だったからだ。つまり、書字を通じて人々を臣従化＝主体化していくような実践である。フーコーが法－主権的権力に代わる規律訓練権力と呼ぶものが、ここでは文書と人間の関わりのなかで作動するのである。周知のように、これはフリードリヒ・キットラーがフーコーを発展的に解釈するなかで明らかにしようとしたことであった。近代のドイツにおいては、書字を行う行政官吏の出現、およびそのための学校制度改革によって、臣従化＝主体化が遂行されたというのである。[21]

キットラー的なパラダイムのもとでは、近代の主体形成の問題は、フーコー以上により唯物論的・メディア技術的な観点から検討される。[22] そのさいにまず注目されるのが、一八世紀末からプロイセンで始まる学校制度改革である。一七九四年のプロイセン一般ラント法が規定するところによると、「学校と大学は国家の施設である」（第二部第一二章§1）。これはもっぱら教会の監督のもとで、国家から自由に発展してきた宗教改革以来の学校のあり方を大きく変える端緒となり、以後、ドイツ各邦で学校教育は行政の管轄事項に組み入れられていく。これが意味するのは、教育学的な規律訓練への統治の変容である。国家はいまや単に犯罪者を処罰するだけではなく、臣民を訓育する教育装置としての役割をも担うようになる。

21　Vgl. Friedrich Kittler, »Das Subjekt als Beamter« in: Manfred Frank/Gérard Raulet/Willem van Reijen (Hg.), *Die Frage nach dem Subjekt*, Frankfurt am Main 1988, S. 401–420; ders., *Aufschreibesysteme 1800·1900*, 4. vollst. überarb. Neuaufl., München 2003, S. 73ff.

22　近代の文書主義やアーカイヴをメディア論的に考察した法学者コルネリア・フィスマンの仕事はそうした試みの一つである。とりわけ、Vismann, *Akten*, a.a.O.

一九世紀ドイツに特徴的なのは、このような学校教育を通じた規律訓練が、行政官僚の養成と結びついていたことである。ナポレオンに屈服した後のプロイセン改革期には、憲法制定のような立憲上の改革は後回しにされ、何よりも行政改革が優先された。そうした行政機構の刷新に伴って、新たな国家官吏の育成が急務の課題となる。だがこの新たな官吏は、単に上からの命令に従うだけの機械であってはならない。それはむしろ、自分自身を統治し、自律的に行為するような主体であることを期待されたのである。当時のドイツ人文主義における「教養形成（Bildung）」の理念は、いわゆる「教養市民層」だけでなく、「官吏」を生み出すためのものでもあった。教養ある人間として教育された者こそが、官吏になることもできるのである。したがって新たな官吏とは、「人間であること」と同一視された「普遍的な」官吏である。「あらゆる国家公民は国家官吏である」というノヴァーリスの言葉が示すように、行政国家プロイセンは「教養形成国家」でもあって、そこでは人間としての人格的な完成と官吏であることとが一体となる。

メディア論的に見て注目すべきは、こうした官吏＝人間主体の教養形成過程が、書字を通じた規律化だということである。行政国家プロイセンは、文書国家でもある。すでにフーコーは、個人を「書字《エクリチュール》の網目のなかで捉える」権力としての規律訓練権力について指摘していた。[23] 個人が権力と出会うのは、もはや絶対王政期のように宮廷儀礼や公開処刑といったスペクタクルにおいてではなく、文字で書かれた記録文書においてである。フーコーが規律訓練の手段と述べている「試験」は、一九世紀初めのプロイセンでは、教師や官吏の資格のための一般国家試験の導入によって現実のものとなる。それに関連して、一八一〇年には宰相ハルデンベルクの指令により、それまで官房で使用されていた特殊な文体が廃止され、学校から官庁に至るまで文体の統一が実施される。[24] 行政文書はもはやアルカナ技術ではなく、誰もが理解できる普遍的な文体で書かれねばならないのである。また、国王フリードリヒ・ヴィルヘルム三世が軍や役所に導入した行状報告書（Konduitenlisten）によって、官吏はその行状について逐一文書で評価・報告されるようになる。官吏はその監視の眼差しのもと、自分自身を律する主体となるのである。そうして、国家行政における規律訓練のための書字の役割はますます大きくなっていく。

学校で子供に教えられる読書と筆記は、このような臣従化＝主体化にとって根本的な意味を持っている（さらにキットラーはそもそも子供を言語のエコノミーに参入させる「母」というロマン主義的問題系にも注目している）。主体とは何よりも識字能

23　フーコー『監獄の誕生』、一九二頁（原文参照のうえ訳文変更）。
24　Ernst/Vismann, »Die Streusandbüchse des Reiches«, a.a.O., S. 93f.; Vismann, *Akten*, a.a.O, S. 226.

力のある者のことである。読み、書くことのできる存在が、人間となり、官吏となることができるのである。しかし、これは単に読み書きできるようになればいいということではない。一八〇〇年頃に生まれたペンを持った読者としての主体とは、むしろその識字能力によって自分自身を能動的に記述できる者のことを指している。つまり、それはただ文書を読み、書き写す機械ではなく、書字を通じて自分自身を生み出す「作者」でなければならない。重要なのは、自らを訓育・統治できる主体となることであり、そうして自分のアイデンティティを自ら形成することである。そうした自己言及的なコミュニケーションのための不可欠のメディアが書字なのである。

よく指摘されることだが、こうした書字による主体形成の典型的な例が、ゲーテの『若きヴェルテルの悩み』（一七七四）をはじめとする同時代の書簡体小説である。この「手紙」というモチーフは何を意味しているのか。人は手紙によって秘密のうちにコミュニケーションを行う。しかし、そうして秘密裏にやり取りされるがゆえに、手紙は送り手と受け手のあいだの歪められることのない意思疎通を可能にするのであり、その限りで、手紙というメディアは理想的討議という啓蒙主義の理念とも結びついてもいる。そうした手紙の形式を取った書簡体小説は、一方では愛を主題化する。愛とはつまり、親密性のうちで行われる直接的なコミュニケーションである。他方で書簡体小説は、『ヴェルテル』を見れば分かるように、その手紙を記しているとされる語り手自身の自伝的な告白としての性格も持っている。つまり、語り手は手紙を書くことで自分自身とコミュニケーションし、そうして自らの内面性を産出する。手紙が書字による主体の形成であるというのは、この意味においてである。いずれにせよ、宛先が愛する者であろうが自分自身であろうが、手紙は送り手と受け手のあいだの直接的な対話を可能にする透明なメディアであることが想定されているのである。

手紙というメディアが直接的な意志疎通という啓蒙のファンタジーと結びついた理由は、この時代に整備された郵便制度のうちに見出すことができる。[25] 一七一五年にプロイセンで導入された「郵便強制」は一八世紀中に多くのドイツ諸邦で採用され、それによってもっぱら国家が手紙の送付を行う制度が確立していく。同時に「通信の秘密」の法的な保障も進展し、プロイセン一般ラント法では手紙の不当な開封に対する処罰も明文化される。手紙を歪みのないコミュニケーションの媒体とみなせるようになるのは、こうした背景があってのことである。

さらに言えば、「通信の秘密」の確立とともに、手紙は単に信頼できる意思伝達手段にとどまらず、主体の最内奥の真理の隠れ家ともなる。「通信の秘密」のローマ法

25　Vgl. Bernhard Siegert, *Relais*, Berlin 1993, S. 43f., 47f., 60.

上の法源は、偽造を目的とした遺言書の開封の防止にあるとされ、それゆえ手紙の不当な開封は当初「偽造罪（crimen falsi）」に分類されていたが、一八世紀の後半になると、他人の秘密である手紙を盗み見ることそのものが罪とされるようになる。いまや秘密それ自体が保護すべきものとみなされるのであり、そうしたプライヴァシー空間のうちで主体は自らの内面性を告白しつつ産出するのである。ともあれ、秘密で安全なコミュニケーション通路としての手紙という考えは、それを可能にした当時の郵便制度に裏付けられたものである。そうした前提のもとではじめて人は、手紙を通じて、しかしその手紙というメディアそれ自体はまったく介在していないかのように、他者あるいは自分自身と直接的に対話できると考えられるようになる。

　一八〇〇年頃に起こったのは、手紙であれ行政文書であれ、書字によって主体が形成されるようになるという事態である。自己を規律化する近代的主体が、文字メディアを通じて成立するのである。一九世紀以降における国家行政の文書化とアーカイヴ化への衝迫は、こうした観点から説明することができる。それは規律訓練権力がまさに「書字《エクリチュール》の権力[26]」として作用していることを示すものである。主体の形成とアーカイヴの拡大は、そうした書字権力のコインの両面なのである。

3　バートルビーとは何者か（一）——衡平と慈悲

一九世紀に成立した書字権力において、文字が果たす役割は逆説的なものである。そこでは文字は、主体形成に不可欠のメディアでありながら、それ自体としては意識されることのない透明な存在になる。バロック期においては、文字はアルカナ技法の一部であった。書かれたものはその明示的な内容とは別に、隠された内容をも伝達することのできる一種のヒエログリフとされ、手紙や報告書の暗号化の技術が発達した。[27]バロック絵画において、秘密の伝言を伝える手段としての「手紙」のモチーフが多用されたのも、こうした背景から理解することができる[28]（図7）。しかしいまや、文字そのものに人間主体から独立した固有の実在性は認められなくなる。文字はメディアとしてのその物質性を抹消し、意図やメッセージの純粋な担い手とみなされるのである。それはいかなる隔たりをも超えることのできる単なるコミュニケーション

26　フーコー『監獄の誕生』、一九二頁（原文参照のうえ訳文変更）。
27　Vgl. Stolleis, »Arcana Imperii und Ratio Status«, a.a.O., S. 71; Senellart, *Les arts de gouverner*, op.cit., pp. 256–257.

図7

ピーテル・ラストマン《ウリヤに手紙を渡すダヴィデ王》、デトロイト美術館、デトロイト、1611年。「人々の多くが読み書きのできない社会では、手紙の運び手に内容を知らせる必要のないまま秘密を送り渡すことが可能だった。旧約聖書におけるダヴィデ王とウリヤの物語は、幾度となくバロックの画家たちの関心を引いた。その物語が伝えるところでは、ダヴィデ王は家臣のウリヤに手紙を持たせ、彼の上官に届けさせた。その手紙はウリヤを死地に送るようその上官に命令するものだった」(Münkler, *Im Namen des Staates*, a.a.O., S. 316)。

通路となる。そうして文字は、自己が他者あるいは自分自身に対して直接的に現前することを可能にする。

しかしながら、実際のところ文字は、主体の自己発見とその規律化、あるいは他者との理想的討議を可能にするだけの透明なメディアに完全になってしまったわけではない。主体形成の背後に積み上がっていく文書の山は、文字メディアそのものの物質性を顕わにするものにほかならない。そのような物質性において文字はしばしば伝達内容を不透明にし、そうしてコミュニケーションを中断・阻害する。その意図やメッセージが伝達できず、情報として処理できなかった文字から生じるのは、デッドストックとしてのアーカイヴであろう。そして近代の書字権力は、そのような単なる伝達経路ではないメディアそれ自体の世界、文字通りの「中間世界」にとどまり続ける人間をも生み出すことになる。つまり、文字を通じて形成される近代的主体ではなく、文書の世界に没頭し、文字そのものとして生きる人間である。ハーマン・メルヴィルの小説『書記バートルビー』（一八五三）の主人公は、まさにそのような人間の形象である。

28 Vgl. Münkler, *Im Namen des Staates*, a.a.O., S. 316. とりわけ、一七世紀オランダ絵画における手紙のモチーフについては、スヴェトラーナ・アルパース『描写の芸術』幸福輝訳、ありな書房、一九九三年、二九五―三一六頁、参照。

国家の官房ではないが、ウォール街の事務所で書記の仕事に没頭するこのバートルビーという人物は、一体何者なのか。

メルヴィルの小説のこの奇妙な主人公については、すでに多くの解釈が行われている。この物語の語り手はニューヨークのウォール街で法律事務所を営む弁護士であるが、彼は法律業務の増加に対応するため、バートルビーという一人の青年を新たに書記として雇うことになる。だがこの青年はやがて、頼まれたあらゆる仕事を「しないほうがいいのですが（I would prefer not to）」という言葉とともに行わぬようになり、最後には食べ物も摂らずに餓死するに至る。この理解しがたい言動ゆえに、バートルビーという人物は人々の大きな関心の的となってきた。

しかしながら、この物語を分析するにあたってまず考慮しなければならないのは、むしろバートルビーの雇用主である語り手の弁護士のほうである。重要なのは、彼がニューヨークの「衡平法裁判所」の主事として働いているという事実である。この物語を解く鍵がここにある。[29]「衡平法裁判所（Chancery）」とは何か。それは中世イギリスに起源を持ち、その後、イギリスの植民地である北アメリカに移植された裁判制度である。イギリス法の歴史においては、「コモン・ロー」と並んで、「衡平法（エクイティ）」というもう一つの法原理が存在し、両者は長い間それぞれ独立した裁判所を持って並存してきたのである。

「衡平」の概念は、古代ギリシアにおける「宜しさ《エピエイケイア》」の概念にまで遡ることができる。[30] それはさしあたり「正義《ディケー》」と対比される概念である。古代ギリシアにおける「正義」とは元来、犯した罪に対してそれと等価の罰を下すという報復的な、あるいは「交換的な」正義を意味していた。そこには「等しきには等しきを」という過酷な応報刑だけがあり、赦しや恩寵は存在しない。だが、神々に比べれば不完全な存在である人間は、さまざまな事情によって道を踏み誤ることがありうる。「宜しさ」とは、一般的規則を杓子定規に当てはめるのではなく、そうした具体的な状況を斟酌して判断を下す原理にほかならない。

アリストテレスによれば、「法が一般的なるがゆえに不足している場合における法の補訂」ということが、「「宜」ということの本性」である（『ニコマコス倫理学』一一三七b）[31]。立法者は起こりうるあらゆる事態を想定して法を作ったわけではないのだから、法を

29　こうした観点からの『書記バートルビー』読解としては、Herbert F. Smith, "Melville's Master in Chancery and his Recalcitrant Clerk," in: *American Quarterly*, 17 (1965), pp. 734–741; Cornelia Vismann, "Cancels: On the Making of Law in Chanceries," in: *Law and Critique*, 7 (1996), pp. 131–151; ders., »Bartleby, Aktenvertilger« in: ders., *Akten*, a.a.O., S. 48–58.

30　Cf. Martha C. Nussbaum, "Equity and Mercy," in *Philosophy and Public Affairs*, 22 (1993), pp. 85–92.

31　アリストテレス『ニコマコス倫理学（上）』高田三郎訳、岩波文庫、一九七一年、二一〇頁。

文字通り厳格に適用することはかえって不正となることがある。法を形式主義的に適用するのではなく、個別事例に適用するさいにそれに必要な修正を加えること。ここに「宜しさ」の意味がある。アリストテレス自身は「宜しさ」も「正義」の一種として分類している。それは単に「交換的」ではない、いわば「矯正的」な役割を持った正義とみなすこともできるだろう。

アリストテレスは「宜しき人」について、「たとえ法が自分に有利であっても過少に取るというたちのひと」であると述べている（『ニコマコス倫理学』一一三八a）。[32]つまり「宜しき人」とは、法に従った厳格な処罰を求めるのではなく、個別の事情を考慮して処罰を緩和しようとする人である。それは刑を減ずる寛大さ、すなわち「慈悲」と結びつく態度である。実際、ヌスバウムによれば、ギリシア語の「宜しさ（epieikeia）」は、ラテン語で「衡平（aequitas）」と同時に「慈悲（clementia）」とも訳されて、ローマ・ストア派へ受け継がれていくことになる。[33]ストア的な君主は怒りと復讐の情念を抑え、平静さをもって刑を和らげる。彼の慈悲あるいは衡平は、実定法を超えた自然法・万民法の原理として、杓子定規な法適用がもたらす不正や欠陥を正すのである。

イギリス法史において特徴的なのは、イングランド土着の慣習法である「コモン・ロー」とローマ法の影響を受けた「衡平法」との並存である。[34]コモン・ローの法体系は一二／一三世紀に確立するが、コモン・ローに基づく裁判はその字義主義と先例主義ゆえにしばしば硬直的で現実にそぐわない判決を下しがちであった。そうした不当にも思える判決を受けた人々からは、法にとらわれぬ特別な救済を求める請願が国王に対して行われることになる。その請願を受理し、救済措置を講じる役目を担ったのが、「大法官（the Lord Chancellor）」という官職であった。一一世紀、ノルマン征服以前のエドワード懺悔王の時代に始まるこの官職は、王の秘書として玉璽を預かる聖職者によって引き受けられてきた。この大法官がやがて「王の良心」として、王に代わってコモン・ローの判決を矯正し、そうして法に「衡平」をもたらす役目を果たすようになる。

大法官による特別な救済のための司法は、一四世紀のエドワード三世の時代にコモン・ローとは別の独立した法廷を持つようになり、それによってはじめて「衡平法裁判所」が成立する。衡平法による司法はローマ法に由来するものであり、単なる先例にではなく普遍的理性に基づくとされたが、しかし制度的に見れば、衡平法裁判所の

32 同、二二〇頁。
33 Cf. Nussbaum, "Equity and Mercy," op.cit., pp. 85, 97–105.
34 以下、イギリス法史における「大法官」「衡平法裁判所」「衡平」については、"chancellor," "chancery," "equity," in: *Encyclopaedia Britannica*, 11th ed., Cambridge University Press 1910–11 参照。

発生が国王大権と結びついていたことは疑いない。つまり衡平法は、通常の法を侵犯する主権者の決断という性格を帯びている。コモン・ローが国王をも拘束し、その権力行使を制約する近代的な「法の支配」の確立に寄与したとするなら、衡平法のほうは絶対君主が下す主権的決断に親和性があるのである。したがって、衡平の理念が国家理性そして絶対王政の時代に注目されたことは理由のないことではない。実際、一七世紀ドイツの法学者クリストフ・ベゾルトは、「国家理性」の概念をまさに「宜しさ《エピエイケイア》」および「衡平《エクイタス》」と同一視している。[35] それは具体的状況を考慮して一般的規則を侵犯するような状況法にほかならないのである。

個別の状況に即して下される衡平法の判決は、法を超えた絶対君主の慈悲でもある。例えば、シェイクスピアの『ヴェニスの商人』に典型的に見られる法厳格主義と慈悲との対立は、まさにコモン・ローと衡平法との相克という同時代イギリスの法状況が背景となっている。[36] そこには「法的正義は慈悲によって調整される」[37] というエリザベス朝の人々の共通理解が反映しているのである。また、絶対王権のイデオローグであるジェームズ一世も星室庁での演説でこう述べている。

> 多くの事例において法の厳格さが臣民を破滅させるだろう場合に、衡平法裁判所は法を衡平で緩和し、慈悲を正義と調和させることで、人々を破滅から守るので

ある。[38]

衡平法とは、コモン・ローの融通の利かない判決を和らげるアリストテレス的な「宜しさ」であり、慈悲による救済をもたらすわけである。

しかし、そのようなものであるがゆえに、この衡平という概念は問題含みの概念でもある。結局のところ衡平法は、その場限りの無原則な判断にすぎず、そのつどの裁判官の恣意に委ねられてしまうのではないか。事実、法学者ジョン・セルデンは衡平について、それは大法官が自分自身の基準で判断するというだけのいい加減な概念にすぎないと非難していた。[39] とはいえ、一七世紀以降になると衡平法もまたコモン・ローと同じように、先例主義的に厳格化された法体系として確立していくことになる。

時代が下るにつれ、コモン・ローと衡平法という二重の法体系の弊害はますます明

35 Münkler, *Im Namen des Staates*, a.a.O., S. 169.

36 リチャード・A・ポズナー『法と文学（上）』平野晋監訳、木鐸社、二〇一一年、一八七―一九〇頁、参照。

37 同、二〇四―二〇五頁。

38 "chancery," in: *Encyclopaedia Britannica*, vol.5, p. 836.

39 "equity," in: *Encyclopaedia Britannica*, vol.9, p. 727.

らかとなっていった。同じ事柄を異なる原則で裁く二つの裁判所が並存することは、言うまでもなく司法手続き上の煩雑さをもたらすからである。それゆえ、イギリスでは一九世紀半ばからこれを是正する改革が進み、最終的に一八七三年の裁判所法で、コモン・ローと衡平法の両法廷が高等法院へと統一される。他方、イギリス植民地のアメリカに移植された衡平法裁判所は、その国王大権という出自にもかかわらず、アメリカが民主国家として独立した後もしばらく残存し、一部の州では二〇世紀まで存続することになった。メルヴィルの小説で語り手の弁護士が引き受けていたのが、まさにそうしたニューヨーク州の衡平法裁判所（これは一八四七年に廃止されるが）の仕事である。したがってメルヴィルのこの物語でもまた、法の厳格さと慈悲による衡平との相克が、一つの重要なモチーフとなっているのである。

4　バートルビーとは何者か（二）――主権者とメシア

以上のような衡平法裁判所の来歴を見るなら、『書記バートルビー』の語り手の弁護士が何者であるかが分かるだろう。つまり彼は、通常の法を超えた決断を下す絶対君主の末裔なのである。衡平法裁判所の主事という彼の職は、たとえ忘れられているにせよ、衡平と慈悲をもたらすかつての国王大権の名残をとどめている。彼が慈善家気取りで繰り返しバートルビーに同情するのも（「哀れなやつだ！」[40]）、ここから理解することができる。すなわちそれは、すでに本書の第8章で述べたような、主権者によって下される慈悲のパロディなのである。この弁護士が営むウォール街の法律事務所はそれ自体が衡平法裁判所のミクロコスモスであり、バートルビーは衡平法の一種の適用事例である。ここでは法と衡平との対立が、日常の仕事処理の必要性と、仕事をやらなくなったバートルビーへの慈善とのあいだの分裂として現れるのであり、弁護士はそのはざまで悩むのだ。

語り手の弁護士はバートルビーの不可解な怠業に憤りながらも、ストア的君主のようにその感情を抑え続ける。そして、「互いに愛しあえ」という「神の命令」を思い出し、「慈善や人類愛」によってバートルビーの振る舞いをできる限り好意的に受け取ろうとする。[41] 彼は、一切の仕事を止めたバートルビーをそれにもかかわらず事務所に置き続け、また、事務所の引越しとともに置き去りにした彼を再度説得しに戻り、

40　ハーマン・メルヴィル「バートルビー」、ジョルジョ・アガンベン『バートルビー　偶然性について』高桑和巳訳、月曜社、二〇〇五年、一一三、一四一頁。
41　同、一四〇頁。

最後には、浮浪者として「霊廟」と呼ばれる監獄に収容された彼との面会に赴きさえする。だが、単なる雇用主としての立場を明らかに超える弁護士のこのパターナリズム（父権主義）が、バートルビーの奇妙な無作為を変えることはない。彼の慈善によってバートルビーが救われることはないのである。「霊廟」で餓死したバートルビーの亡骸を前にして弁護士が口にした言葉。「王たち、参議たちとともに[42]」。この「参議（counsellor）」というのは、「大法官（chancellor）」としばしば混同されて使われたとされる言葉である[43]。それはまるで、死という最後の安息所において、バートルビーを救済する君主の慈悲の判決がようやく実現したかのようだ。

だが言うまでもなく、この物語はバートルビーの物語であり、弁護士のそれではない。より重要なのは、主権者のミニチュアとしての弁護士に対置されるバートルビーの形象のほうである。彼は弁護士のパターナリズム的な気遣いを一切受け入れることがない。むしろ、ドゥルーズの言うように、この小説に見られるのは、そうした父親のような偽善的な慈悲と博愛に対する批判にほかならない[44]。慈悲深い君主への批判者であるこのバートルビーとは何者か。彼は、現世で神の似姿として振る舞う主権者に対して、来たるべきものを告げる者として対峙する。つまり、すでにたびたび指摘されているように、バートルビーは「新たなるキリスト」（ドゥルーズ）もしくは「新しいメシア」（アガンベン）なのである。この小説ではまさに、主権者とメシアとの政治神学的な対立が描き出されているのである。

ネグリ／ハートの言葉を借りるなら、バートルビーはその「絶対的な拒否」によって、「特性のない男〔人間〕」あるいは「完全な空白」として現れてくる。[45] しかし、あらゆる特徴づけを拒むこの剝き出しの状態は、来たるべき新たな人間を迎え入れるための空白でもある。それはいわば、メシア的な意味を持った廃墟なのである。そして、そのような剝き出しの状態は、ネグリ／ハートの言うようにあらゆる労働から解き放たれた「存在そのもの」を表現するというより、バートルビーの存在が「文字そのもの」であるという観点から考えるべきである。つまり、バートルビーがメシアであるということは、彼がメディアであることとして理解されねばならないのである。彼は書記として、さらには文字そのものとして生きている。このことは何を意味しているのか。

42　同、一五八頁。
43　Cf. Smith, "Melville's Master in Chancery and his Recalcitrant Clerk," op.cit., p. 741.
44　ジル・ドゥルーズ「バートルビー、または決まり文句」、『批評と臨床』守中高明／谷昌親訳、河出文庫、二〇一〇年、一七六、一八四頁。
45　ネグリ／ハート『〈帝国〉』、二六四—二六七頁。

バートルビーは官房ならぬ事務所で書記として筆写に没頭する。彼は日曜日も事務所にとどまり、そこに寝泊りして生活している。彼の私生活は書記の仕事と区別できず、バートルビーは文書を筆写し続ける機械として生きている。文字であることはまさに彼の存在様態そのものなのである。しかしバートルビーは、文字というメディアの寓意にしては奇妙である。彼はメディアとして何かを伝達するどころか、むしろその頑なな態度によってあらゆる意思疎通を拒んでいる。バートルビーは神によって「単なる死すべき一個の人間には計り知ることのできない何らかの神秘的な用件のために」遣わされてきた使者でありながら、[46] 人は彼からいかなるメッセージも受け取ることがない。それはコミュニケーションの流れを生み出すどころか、それを妨げ、中断するような奇妙なメディアなのである。

バートルビーが仕事を頼まれたときに口にする「しないほうがいいのですが（I would prefer not to）」という表現は、まさにそうしたコミュニケーションの断絶をひき起こす。その表現の「非文法性」（ドゥルーズ）についてここで詳述することはしないが、重要なのは、行為を抹消するその力である。厳密に言えば、バートルビーは弁護士が考えるように依頼を「拒む」[47] ことをしているわけではない。彼の受動性はいわゆる「拒否」を意味するものではない。もし肯定することや否定することが意志をもって行われる行為であるとするなら、「しないほうがいいのですが」という表現は、むしろ行為ということそのものを取り消すのである。それは何らかの行為を遂行しているというよりも、「非‐行為遂行（non-performance）」[48]のスピーチアクトであり、そもそも行為というものが完全に不在であることを呈示する表現にほかならない。

弁護士を戸惑わせるのは、バートルビーにおけるこうした行為の不在である。彼は六日間の猶予を与えたのち、なお事務所にとどまっていたバートルビーに紙幣を渡して翌日の朝までに出て行くことを言い渡すが、翌朝本当にバートルビーがいなくなっているか確信が持てず自問自答する。そのさい弁護士は、自分はバートルビーが出て行くことを「前提」しているという言い回しを多用している。[49] 一つの段落で実に六回にわたって繰り返されるこの「前提（assume, assumption）」という言葉は、ある法概念を当てこすった地口である。すなわち、ここで示唆されているのは、「assumpsit（引受訴訟）」というイギリス法の概念である。[50] それは、ある契約の不履行や不作為があっ

46 メルヴィル「バートルビー」、『バートルビー　偶然性について』、一四一―一四二頁。
47 同、一〇九頁。
48 Vismann, "Cancels," op.cit., p. 146; ders., »Bartleby, Aktenvertilger«, a.a.O., S. 55.
49 メルヴィル「バートルビー」、『バートルビー　偶然性について』、一三五頁。
50 Cf. Smith, "Melville's Master in Chancery and his Recalcitrant Clerk," op.cit., p. 740; Vismann, "Cancels," op.cit., pp. 145–146; ders., »Bartleby, Aktenvertilger«, a.a.O., S. 56f.

たときに、にもかかわらずそこでは何らかの意図的な行為が行われたものとして責任を問うことを可能にするような概念、あるいはそのための訴訟である。つまりそれは、不作為を単なる行為の不在とみなすのではなく、それを帰責能力のある主体が行った行為として扱うための法学的な操作なのである。したがって弁護士はここで、何も為すことのないバートルビーのうちに、なお何らかの責任ある行為主体を見出そうとしている。だが、バートルビーは「前提に従う人」ではなく、「「ほうがいい」という好みに従う人」である。[51]翌朝依然としてバートルビーが事務所にとどまっているのを見出したとき、「前提」は「好み（preference）」によって無効化される。弁護士がバートルビーの不作為を処罰できないのは、それが文字通りいかなる「行為」でもないからだ。

バートルビーはコミュニケーションや行為を中断する。しかしそれは、主体としての意志に基づく何らかの決断として行われるわけではない。彼の不作為は純粋に無‐遂行的あるいは脱‐遂行的なものであり、いかなる内容に満たされることもない停止状態をもたらすだけである。弁護士が主権者の決断のパロディとして行う慈善に対して、バートルビーはあらゆる決断を宙吊りにする空白を差し向ける。現世のいかなる主体も政治権力もそれを我がものにすることはできない。その空白が満たされるとしたら、それはこれから生まれ出る「いまだ‐ないもの」によってのみである。それはいわば、来たるべきものに向けたメシア的な待期である。

そしてまた、行為やコミュニケーションのこうしたメシア的な宙吊りは、バートルビーが文字というメディアそのものとして生きていることに起因するものである。彼は、何かを伝える手段としてのメディアではなく、その物質性におけるメディアそれ自体を表している。つまりそれは、単にメッセージが通過していくだけの透明な媒体ではなく、それ固有の実在性をもった、その限りでメッセージ伝達の障害にもなるような存在である。そのような「目的なき手段」としてのメディアそれ自体が顕わとなるのは、むしろ何のメッセージも伝えることのできない無意味な文字においてであろう。

そのことを暗示するのが、物語の最後に明らかになるバートルビーのかつての職場、「ワシントンの「死んだ手紙部局」」である。[52] ここでは手紙はもはや、ロマン主義におけるような透明な伝達手段ではない。宛先に配送できなかった「死んだ手紙」を処理していたバートルビーは、まさに文字が物質そのものでしかなくなった場所に身を置いていたのである。それはデッドストックとなった文書の世界、あらゆる意味を失った文字たちの世界、コミュニケーションが途中で停滞し続ける「中間世界」である。言葉を変えれば、そこは文書が制定された法律へと練り上げられることもなければ、

51　メルヴィル「バートルビー」、『バートルビー　偶然性について』、一三五頁。
52　同、一五九頁。

規律化された主体の形成へと昇華されることもないような、アーカイヴのなかに打ち捨てられた紙くずの世界なのである。

近代の主体とは、その生が書字と一体となった人間である。人間の生は書くことによって生み出される。メルヴィルのこの物語のなかで、書くことが食べることを連想させるものとして描かれているのはそれゆえである。バートルビーに限らず、弁護士の事務所の書記たちは皆、リンゴやジンジャー・ナットといったお菓子をほおばりながら法律文書の筆写に没頭する。まるで「書類をむさぼり食っているかのよう」[53]に、彼らの生は書字と重なり合う。バートルビーは書くのを止めることで、近代的な主体としてのあり方を中断する。しかし、書字がおよそ人間の生にほかならないとするなら、書くのを止めることは生そのものを止めることを意味するだろう。そうしてバートルビーは食べること自体を止めて、死に至るのである。

バートルビーが批判するのは、一方では、雇い主の弁護士に代表される主権的権力である。彼はメシアとして現世の主権者に対峙している。しかし他方で、バートルビーの存在はさらに、書字権力としての規律訓練権力に対する批判でもある。彼は、まったく役に立たない無用の文字へと自分自身が硬化することによって、書字を通じて作用する権力の効果を頓挫させるのである。しかし、規律訓練権力のもとでの記録と文書化は、たしかに「一つの取締手段」であり「一つの支配手段」ではあるが[54]、それは国家が人々の生を訓育し、保護するための手段でもある。生に配慮する行政は、まさに記録文書をもとに行われるのである。したがって、自ら有意味な記録となることを拒む者、またそのようなものとして記録されることを拒む者、そうしていかなる意味も持たない死んだ文字となる者は、生そのものを失うことになる。それゆえバートルビーは、ただ自らの生を代償とすることによってのみ、規律訓練的な書字権力の来たるべき外部を指し示すことができる。

『書記バートルビー』が書かれたのは、まだ手紙や文書といった文字によるメディアが主なコミュニケーション手段であった時代である。だが、バートルビーが死に、ニューヨークの衡平法裁判所も廃止された一九世紀半ば以降、メディア技術をめぐる状況は大きく変貌する。音声を記録する蓄音器の発明、また映像を記録する写真や映写機の発明など、一九世紀後半に登場したさまざまなメディア手段は、記録メディアとしての文字の特権性を脅かすのである。こうした事情は、二〇世紀前半に書かれたカフカ晩年の小説『城』のうちにも見て取ることができる。この小説では主人公が城とのコミュニケーション・ギャップに悩まされるが、それは例えば小品『皇帝の使者』

53　同、一〇六頁。
54　フーコー『監獄の誕生』、一九四頁（原文参照のうえ訳文変更）。

（物語集『田舎医者』所収）におけるように、単に城からのメッセージがなかなか届かないことだけが理由ではない。主人公は手紙だけでなく電話、さらに使者を始めとするさまざまな人物を利用して城と連絡を取ろうとするが、要領を得ず、互いに脈絡のない情報を得るだけに終わる。つまり『城』の主人公は、メディアによるコミュニケーションの遅延だけではなく、メディアの複数性によるコミュニケーションの混乱に悩まされるのである。

こうしたメディアそのものの複数化は、統治のあり方にも影響を及ぼさずにはいない。音声やイメージに加え、建築などのモニュメント、数字データなど、いまや文字以外のさまざまな仕方で人々の生を統治する可能性が生まれてくるのである。さらに、文書記録そのものが物理的な紙媒体からデジタル化された電子情報に移行することは、文書行政のあり方を大きく変化させるだろう。こうしたメディアの多様化とともに、人々の生を把握し、場合によっては操作する権力の作用は、より精緻で複雑なものへ発展していくことになる。だがそれはまた、いまや我々の生が、単に書字だけではなく、複数のメディアの交錯のなかで作り出されることをも意味している。そうしたメディアの複数性のなかで生きることは、権力への異議申し立てをよりさまざまなレベルで遂行する可能性をも開くことになるだろう。

第11章　フランツ・カフカ、生権力の実務家

1　法から官僚制へ

フランツ・カフカの物語の登場人物たちは、未知の法に呪縛された世界に生きているように見える。その法は『城』における決して近づけない城のようなものであり、『訴訟（審判）』における知らぬ間にそれを踏み越えて罪を負わされる。しかしながら、その法は単に手の届かぬところにある超越的な審級というわけではない。『訴訟』の「ほとんどの屋根裏にもある」[1] 裁判所事務所のように、それはつねに隣にあって、

1　フランツ・カフカ『訴訟』丘沢静也訳、光文社古典新訳文庫、二〇〇九年、二四三頁。

あらゆる場所に遍在している。また、『城』の主人公は城とのコンタクトを持とうとしてふもとの村で奔走するが、実はその村こそが当の城にほかならない。無限に離れているように見えるものの内部にすでに身を置いているというのは、カフカの物語の基本的なトポロジーである。そして、逮捕された『訴訟』の主人公が普段通りに生活することができるように、法はそのなかにいる者に何らかの制約や禁止を科すわけではない。有名な『掟の門前』のエピソードが示すように、掟（法）の門をくぐってそのなかを進んでいくことは決して禁止されていない。カフカの主人公たちは、超越的な法から命令を下されるのではなく、法の内容について自ら判断して行為することができる。

したがって、カフカにおいて問題となっているのは、法による禁止ではなく、法へのアクセスなのである。つまりそこでは、単に法の遵守を要求されるのではなく、法の内容が不明確であることによって、各人が自由に法を解釈する余地が残されている。実際、カフカの登場人物たちは、手紙、文書、寓話などを絶えず解釈し、読み解こうとする。解釈することへのこうした衝迫は、何らかの法を解釈するというよりは、解釈を解釈するという自己言及的な運動にも似てくる。不確かな法の内容を明らかにしようとする解釈の努力は終わりなく進み、むしろ法の存在そのものが、背後の何かを前提するこの解釈のプロセスによってもたらされた虚構であるかのようだ。したがってカフカの世界は、法の支配する世界というよりは、むしろ法の解釈と執行によって支配された世界であると言える。それは「事務室や公文書保管室、住み古された黴臭くて薄暗い部屋部屋」から成る「役人の世界」である。[2] そこでは、法の命令がいかなるものであるのかが明確なかたちで顕わとなることはない。『城』では事務室の奥に進むとまた新たな事務室がつぎつぎと現れるように、[3] 最終審級としての法は事務室の無限の連なりのうちに姿を消す。「法はいつも隣のオフィスや、ドアの背後に、果てしなく存在しているものである（このことは、すべてが「隣室」で起きる『審判』の第一章で、すでに見られた）」。[4] 本書の序論でも述べたように、いわばカフカの世界は、ドゥルーズ／ガタリの言う「隣接性」の構造によって特徴付けられている。重大な出来事が起こるのはつねに、人々が目にしている場所の隣にある場所、「隣室」である。権力の所在は、公衆の視線が集まる「壇上」ではなく、その背後の見えない「廊下、舞台裏、裏口、隣室」へと転位する。

2　ヴァルター・ベンヤミン「フランツ・カフカ」、『ベンヤミン・コレクション2　エッセイの思想』浅井健二郎編訳、ちくま学芸文庫、一九九六年、一一〇、一一二頁。
3　フランツ・カフカ『城』池内紀訳、白水Uブックス、二〇〇六年、二七三頁。
4　ドゥルーズ／ガタリ『カフカ』、九〇頁。

政治的には、かんじんなことは、いつも他のところで、会議場の廊下で、会議の舞台裏で起きている。[5]

かつて国王の廷臣や陰謀家たちが暗躍していた控えの間や回廊は、文書に没入する役人たちの事務室へと変容する。いまや重要なのは、法の超越性ではなく、法を執行する事務所の連なりから成る内在性の領野なのである。

それゆえ周知のように、カフカの作品においては、法の問題に劣らず官僚制の問題が重要なテーマとなっている。その登場人物たちは官僚機構によって全面的に覆いつくされた世界に生きている。『城』において「職務と生活」あるいは「通常の時間と労働時間」が区別できないまでに一体化しているように、[6]そこでは役所や事務所の仕事が人間の生そのものになっているかのようだ。ここにマックス・ヴェーバーの官僚制テーゼとの平行性を見るのは必ずしも恣意的というわけではない。カフカは一九〇一年からプラハ大学で法学の勉強に取り組んでいたが、一九〇六年の卒業時の彼の指導教官は、ヴェーバーの弟の国民経済学者アルフレート・ヴェーバーであった。カフカ自身は在学中に彼の授業を履修する機会がなく、卒業時の学位論文もなかったので、その直接の学問的指導を受けたわけではない。だが、カフカの友人のマックス・ブロートが当時アルフレート・ヴェーバーに心酔していたことなども考えると、カフカ自身がマックスおよびアルフレート・ヴェーバーの思想をある程度熟知していたとしても何ら不思議ではない。とりわけ、カフカも定期購読していた『ノイエ・ルントシャウ』誌に発表されたアルフレートの論文「役人」(一九一〇)には、兄マックスの官僚制論の影響が顕著に窺える。そこでは、サラリーマンや役人といった中・上流階層を見舞う「今日の社会の官僚制化」と、彼らの生がそうした「装置」あるいは「死せるメカニズム」に適応してしまう状況が批判的に分析されているのである。[7]

しかしながらカフカは、余すところなく合理化されたヴェーバー的な「鋼鉄の檻」として官僚機構を描き出しているわけではない。むしろカフカの世界では、文書が送り渡されなかったり紛失したりするなど、ある種の混沌が支配しており、集権的な官僚制ヒエラルキーは各所でほころびを見せている。それはまるで法を執行する役人たち自身が法の執行の障害となっているかのようである。だが、このような混乱と無秩序ゆえにこそ、見通しえぬ執行の領域はかえって拡大し、「太古の世界は逆にいっそう放縦にその支配を行使する」[8]。それがヴェーバーを直接的に意識したアンチテーゼ

5 同、一〇一頁(原文参照のうえ訳文変更)。
6 カフカ『城』、一〇〇、三九一頁。
7 Alfred Weber, »Der Beamte«, in: *Die Neue Rundschau*, 21 (1910), S. 1322, 1325.

であったかどうかはともかく、カフカの役人世界は行為の予見可能性をもたらす合理的な規則や組織から成るのではない。その組織の輪郭は曖昧模糊としており、人々の意図や行為にいかなる強制も束縛も加えない。それは『失踪者（アメリカ）』における「オクラホマ劇場」のように、「どこまでっていえないほど大きく」、「条件不問」で誰もがその能力に応じた役割を得ることができる。[9] しかし、そうした開かれた構造こそが、その官僚機構にそれだけいっそう強力な力を与えている当のものなのであり、それは決して「鋼鉄の檻」のようなメカニズムとして人々を支配しているわけではない。

カフカにおける官僚制の問題を考えるさいに目を向けるべきなのは、おそらくヴェーバーのテーゼの学問的な受容云々よりも、むしろカフカ自身のサラリーマンとしての職業生活であろう。彼が昼は会社で仕事をし、夜に自宅で小説を書くという「二重生活」を送っていたことはよく知られている。そして、カフカにとって職業生活は単にパンを得るための活動に過ぎず、作家生活にとっての障害でしかなかったと言われることもある。実際、彼自身しばしば「二重生活」[10]の負担を嘆いたり（一九一一年二月一九日の日記）、事務所の仕事を「無意味なこと」[11]と述べたりしている（一九二一年一〇月二五日の日記）。しかし実のところ、作家としてのカフカが誕生するにあたり、その職業生活は重要な役割を果たしていた。文学は生業から切り離されるべきとか、生業との関わりは文学の価値を貶めるなどと考えるのは誤りである。むしろ大学で法学徒として学業を修め、サラリーマンとして職業生活を送った彼の経歴がなければ、そもそもカフカの作品群は生まれなかったであろう。

とりわけ重要なのは、カフカが保険会社に務めるサラリーマンであったという事実である。[12] 彼はプラハ大学卒業後、一年間の司法修習を経て、一九〇七年一〇月からまずはイタリアに本社のある民間の「一般保険会社（Assicurazioni Generali）」に、次いで一九〇八年七月から半官半民の「ベーメン王国労働者事故保険協会（ＡＵＶＡ）」

8 ベンヤミン「フランツ・カフカ」、『ベンヤミン・コレクション2』、一一五頁。

9 フランツ・カフカ『失踪者』池内紀訳、白水Uブックス、二〇〇六年、三二三、三三〇頁。

10 『カフカ全集7 日記』谷口茂訳、新潮社、一九八一年、三三頁。

11 同、三九二頁。

12 保険会社でのカフカの活動とそのなかで彼が作成した諸文書の詳細な紹介は、Klaus Hermsdorf, »Franz Kafka und die Arbeiter-Unfall-Versicherungs-Anstalt«, in: Hans-Gerd Koch et al., *Kafkas Fabriken*, Marbach 2002, S. 41–78; ders., »Schreibanlässe und Textformen der amtlichen Schriften Franz Kafkas«, in: Franz Kafka, *Schriften Tagebücher Briefe: Kritische Ausgabe: Amtliche Schriften*（以下 *AS* と表記）, Frankfurt am Main, 2004, S. 11–104; Benno Wagner, »Amtliche Schriften«, in: Manfred Engel (Hg.), *Kafka-Handbuch: Leben, Werk, Wirkung*, Stuttgart 2010, S. 402–209. 邦語で読めるものとしては、エルンスト・パーヴェル『フランツ・カフカの生涯』伊藤勉訳、世界書院、一九九八年。

に勤務することになる。最初の就職先である一般保険会社で働き始めた頃の書簡で彼は述べている。

僕は一般保険会社に勤めていて、ともかく自分もいつかずっと遠い国々の肘掛け椅子に座って、事務室の窓から砂糖きびの畑だの、回教徒の墓地などを見たいという希望をいだいています。僕にとって保険制度そのものはとても面白いけれども、当座の仕事はやるせないものです。[13]

（一九〇七年一〇月八日のヘートヴィヒ・ヴァイラー宛書簡）

この「保険制度そのものはとても面白い」という発言を過少評価すべきではない。カフカの嘆きは、長時間勤務で薄給という一般保険会社の労働環境に向けられたものであり、決して保険業務自体に何のやり甲斐も見出していないわけではない。一般保険会社の労働条件への不満からカフカは一年後にAUVAに転職するわけだが、この新しい職場で彼は以後約一五年間にわたり有能な保険会社職員としてその能力を発揮する。

このAUVAというのは、当時のオーストリア＝ハンガリー帝国の社会保険制度を担った中心的組織である。一九世紀後半にドイツやオーストリアでは国家による社会保険の仕組みが整備されるが、国家が社会政策の一環として保険制度を導入したことは、それまでの法治国家のあり方に大きな転換をもたらすことになった。カフカにおける法や官僚制の問題はこうした背景から改めて考察してみる必要がある。彼は当時のヨーロッパ先進国で生まれたばかりの社会保険制度に関わるサラリーマンであった。これは決して些末なエピソードなどではなく、まさにカフカの思想の本質に触れるような事実なのである。[14]

13　『カフカ全集9　手紙』吉田仙太郎訳、新潮社、一九八一年、四九頁（原文参照のうえ訳文変更）。

14　カフカにおける保険制度と統計学の問題については、カフカ研究者ベンノ・ヴァーグナーによるものをはじめとして近年急速に研究が進んでいる。Vgl. Benno Wagner, »Poseidons Gehilfe. Kafka und die Statistik«, in: Koch et al., *Kafkas Fabriken*, a.a.O., S. 109–130; ders., »Kafkas phantastisches Büro«, in: Klaus R. Scherpe/Elisabeth Wagner, *Kontinent Kafka*, Berlin 2006, S. 104–118; Burkhardt Wolf, »Die Nacht des Bürokraten. Franz Kafkas statistische Schreibweise«, in: *Deutsche Vierteljahrsschrift für Literaturwissenschaft und Geistesgeschichte*, 80 (2006), S. 97–127; ders., »Zwischen Tabelle und Augenschein. Abstraktion und Evidenz bei Franz Kafka«, in: Sibylle Peters/Martin Jörg Schäfer (Hg.), *»Intellektuelle Anschauung«. Figurationen von Evidenz zwischen Kunst und Wissen*, Bielefeld 2006, S. 239–257; Joseph Vogl, »Lebende Anstalt«, in: Friedrich Balke et al. (Hg.), *Für Alle und Keinen: Lektüre, Schrift und Leben bei Nietzsche und Kafka*, Zürich/Berlin 2008, S. 21–33; Stanley Corngold/Benno Wagner, *Franz Kafka. The Ghosts in the Machine*, Northwestern University Press, 2011, chap.1, 2, 4, 9, 10.

2 保険社会の誕生──機械技術時代における事故とリスク

ドイツ帝国では一八八〇年代に宰相ビスマルクによって、疾病保険、労災保険、老齢・廃疾保険という一連の社会保険制度が世界に先駆けていち早く導入され、いわゆる「社会国家（福祉国家）」への第一歩を踏み出すことになった。これは言うまでもなく階級対立を緩和するための労働者対策の一環であり、「アメとムチ」政策の「アメ」に当たるものである。そして少し遅れてオーストリア＝ハンガリー帝国でもまたこれに倣い、労働者階級を懐柔するための政策が進展していく。その一つが一八八七年一二月二八日に成立した労災立法であり、これに基づいて帝国領内に地域別の七つの保険会社が設立されることになる。カフカが勤めたＡＵＶＡはそれらのなかで最大の保険会社であって、一八八九年にベーメン王国領の労災事業を管轄する会社として設立された。いわばＡＵＶＡはオーストリアの社会福祉国家を支える重要な一角を成していたのである。

保険制度の成立は一九世紀の産業・技術発展の帰結である。つまり、近代の機械技術が特に労働現場でさまざまな事故の急増をもたらしたことが、各国で保険制度の導入を促すことになったのである。[15]一九世紀初め頃に形成された旧来の法思想においては、誰かが事故によって障害を負った場合、補償責任はその事故の原因となる行為を行った人物が負うことが自明の前提とされていた。要するに、あらゆる出来事にはそれを自らの自由意志で行った主体がいるはずであり、それがひき起こした結果はその主体に帰責可能であるということは疑う余地のない大前提であった。一八〇四年のフランス民法典（いわゆるナポレオン法典）などは典型的に、そうした自由な個人という自由主義的な人間観に基づくものであった。

しかし、一九世紀における機械技術時代の進展はそのような前提を揺るがすことになる。労働現場等での機械による事故は、そもそも誰にその責任があるのかはっきりと確定するのが困難である。近代技術は、特定の個人に原因があるわけでもなく、人間があらかじめコントロールすることもできない事故や災害の可能性を増大させるのである。そうした事故はいわば技術発展の不可避的な付随現象であり、特定の人がその責任を負いきれるものではない。従来の自由主義的な法思想は、技術進歩によって危機に晒されるのである。

こうした状況に対応するため、例えばフランスでは一八九八年に労災保険について

15　近代における労働事故、保険制度、および社会立法の関係については、Claudia Lieb, *Crash. Der Unfall der Moderne*, Bielefeld 2009, S. 71–108.

の立法が成立するが、そのさい導入されたのが「職業リスク」という新たな概念であった。フランソワ・エヴァルドが詳細に解明しているように、この「リスク」という考え方は、それまでの法思想に重大な転機をもたらすことになる。そこで前提されているのは、事故や災害は主体の責任ある行為によって回避できるものではなく、そもそも人間は生まれながらにしてそのような危険を負った存在だということである。つまりここでは、ある行為の正・不正、その行為を行った者の罪や責任はもはや問題ではない。リスクの考え方に基づく保険制度において重要なのは、「それは誰の罪なのか」ではなく、「誰に損害を負担させるべきか」あるいは「誰が損害によってもたらされた欠損を引き受けるべきか」ということである。[16] この機械技術時代においては誰もが予期しえぬ危険に晒されている。そして、人々がそのような危険に対処するための新たな連帯共同体が、保険制度なのである。それは自由で平等な個人による社会契約というよりも、互いに保険料を出し合うことで、生じうるコストに共同で備える者たちの連帯契約である。

一九世紀後半からの各国での社会立法の進展とともに、法律のうちにそのようなリスク思考が入り込んでいく。しかしそこで現れてくるのは、法的な思考とリスク思考とのあいだの相克である。法的思考においては、帰責可能な人格の罪と責任を問うことが問題である。だがリスク考量にあたっては、起こった事故や災害が何らかの人格に責任を帰すことができるかどうかはどうでもよい。保険が関心を持つのは、災害の原因や責任ではなく、それがひき起こした不利益な結果の配分である。これは法学的な問題というより、目的合理的あるいは経済的な問題である。だがルーマンの言う通り、「リスクの引き受けとその処理」は、本質的に「法に対して無理な要求を課している」[17]。それは「法／不法」という法システムのコードを侵食する。不法行為を犯した者が損害補償の義務を負うのではなく、「ある行為が許容され、それゆえ合法であるとしても、にもかかわらず、損害がもたらされた場合には損害補償の義務を負う」[18]ことになるからである。つまり保険社会では、人は法に違反したことで責任を問われるのではない。すべての人は潜在的につねにリスクに晒されているがゆえに、皆がアプリオリに責任を負っているのである。それは、人間が自由な主体であるがゆえの責任ではなく、人間はリスクが遍在する産業技術社会に否応なく組み込まれた構成要素であるがゆえの責任にほかならない。

16 François Ewald, *L'État providence*, Grasset 1986, p. 353.
17 ニクラス・ルーマン『リスクの社会学』小松丈晃訳、新泉社、二〇一四年、七七頁（原文参照のうえ訳文変更）。
18 同、七八頁（原文参照のうえ訳文変更）。

それゆえここでは、責任を問われるのは自らの自由意志に基づく行為だけであるという古典的な法思想の前提が揺らぐことになる。こうした自由主義的な法治国家の原則の動揺は、カフカの作品の至るところで予感されている。『訴訟』の主人公ヨーゼフ・Kは自らの犯した不法行為が思い当たらぬまま、正体不明の訴訟手続きに巻き込まれる。役所は「住民の罪を嗅ぎまわ」るのではなく、「罪に引き寄せられて」、「監視人を派遣」する。[19] つまり、先立つ法があって、それに違反したときに罪が問われるのではなく、人々のあらゆる行為は可能性としてはつねにすでに法に違反し、罪を負っているものとして監視されるのである。

すでに刑法学の文脈ではこの当時、犯罪者が自由意志で行為する主体であることを前提とする従来の「旧派」刑法学に代わって、犯罪者の社会環境（場合によっては生物学的要因）に犯罪原因を見出そうとするチェーザレ・ロンブローゾやフランツ・フォン・リストらの「新派」刑法学が擡頭しつつあった。そしてカフカ自身も大学時代に、彼の在学中にプラハ大学に赴任してきた法学者ハンス・グロスの授業に傾倒することで、この新たな刑法学パラダイムについて熟知していた。現代犯罪学の創始者として有名なグロスは、犯罪者の主観的な意図や動機よりも、犯罪の客観的・社会的な条件へと目を向けたことで知られている。そうして、自白や証言ではなく、諸事実の科学的因果性の解明に基づく犯罪捜査学（Kriminalistik）を確立することになる。こうして、犯罪は単に個人の問題ではなく社会現象とみなされるようになり、法学は社会学・人類学・心理学などとの結びつきを強めていく。あらゆる人間とその行為は、法律に照らして合法であろうが不法であろうが、社会政策のための研究とコントロールの対象となるのである。

しかし、自由主義から社会国家へのこうした移行のなかでより重要な学問分野として浮上してきたのは統計学であった。まさに統計学を通じてこそ、保険制度に不可欠なリスク計算が可能になるからである。そしてプラハ大学在学中のカフカは、国民統計学者ハインリヒ・ラウフベルクの「一般およびオーストリア統計学」の授業を通じて、この最新の学問についての知識も得ていたのである。ラウフベルクはアメリカ人のハーマン・ホレリスが開発したパンチカードによる計算機を初めてオーストリアの国勢調査に導入した人物として知られている。カフカの『流刑地にて』に出てくる有名な処刑機械に着想を与えたのは、(彼が保険業務のなかで目にした木材プレーナー機、タイプライター、蓄音器などさまざまな説があるが) このホレリス計算機であるとも言われている。すでに大学時代に統計学を学んでいたカフカは、保険会社の職員

19　カフカ『訴訟』、一七頁。

となってからその重要性を一層痛感したはずである。現代の社会国家はもはや法的な基礎だけでは不十分であって、統計学を通じてこそその機能を十分に果たすことができる。

国家を法秩序ではなく統計的現象として把握する試みは、一七世紀にまで遡るものである。経済学者ウィリアム・ペティの友人であったジョン・グラントの『死亡表に関する自然的および政治的諸観察』(一六六二)はその先駆けである。彼はペスト流行時の死亡調書の分析を通じてロンドンにおける死亡率の推移を統計的に可視化したが、それによって発見されたのは、偶然のように見える死亡者数にも一定の規則性が見出せるという事実であった。偶然的な出来事から法則性を発見するという統計学の使命は、一九世紀のベルギーの数学者アドルフ・ケトレーによって明確に主張されることになる。近代統計学の創始者とされるケトレーの著作は、カフカの受講したラウフベルクの授業でも扱われたことは疑いない。

人々は社会のなかで混ざり合い、その総体は一見したところ非常に気まぐれな仕方で絡み合っているとしても、人々のあいだにはある秘密の結びつきがある。その結びつきゆえに、各々の個人は、我々が物理的には捉えられないが、科学の目を通じてのみ把握できる一つの全体の不可欠の一部分であると考えられるのである。[20]

統計学の眼差しのもとでは、単なる所与の事実は、一定の蓋然性をもって規則的に起こりうる出来事へと変容する。その場合、その出来事が、なぜ、誰の意図によって起こるのかはさしあたりどうでもよい。重要なのは、出来事の根拠を探ることではなく、出来事の蓋然性を計算し、そこから社会全体の法則を導き出すことである。つまり、「統計学が明らかにしようとしているのは、個々のケースで見ると不適切だが総体としては適切でありうるような事柄である」[21]。統計学は一個人の経験的観察からでは分からないような蓋然性と法則性の世界を顕わにするわけである。

産業技術社会の到来によって頻発するようになった事故や災害に保険制度の網目をかけるためには、統計学によって事故の蓋然性を計算し、そのリスクを定量化しておくことが必要である。個々人にとっては自身が事故に見舞われないことが最善であるのは言うまでもない。だが統計学は、事故は一定の確率で必然的に発生するということを前提する。つまり、「事故は例外であるどころか、むしろ規則となる傾向がある。

20 Cité par Ewald, *L'État providence*, op.cit., pp. 157–158.
21 ルーマン『リスクの社会学』、七五―七六頁（原文参照のうえ訳文変更）。

事故が起こらない、あるいはもはや起こることがないというほうが例外的である」[22]。統計学は、それに見舞われる個人からすれば悪夢のように偶然的に降りかかってきた事故の経験を、ごく普通のありふれた事例として把握する。不運はつねに起こりうるのであり、誰もその偶然性を逃れることはできない。保険社会とは法権利の平等ではなく、こうした事故の偶然性の平等に基づく社会にほかならない。

我々は皆、リスクの産物である。社会的観点から見れば、我々は偶然性であり、運の人間(homo aleator)である。(……)平等はいまや共通本性の同一性に由来するのではなく、偶然性の同義となる。[23]

誰もリスクからは自由ではないし、それゆえ誰も統計という法則に逆らうことはできない。

個人の物理的身体は、統計学を通じて社会国家の保険制度に吸収される。そこでは経験的な個人としての人間は解消され、より抽象化されたレベルへと移し替えられる。そのさいに人間の尺度となるのは、統計データから抽出される虚構的存在としてケトレーが提起した「平均人」であるだろう。すべての人間は、この正常概念としての「平均人」からの偏差にほかならない。カフカの『ある学会報告』のなかで主人公の猿が、人間たちを「一人の同じ人間」のように観察し、「ヨーロッパの人間の平均的教養」を身に付けようとしたのも、こうした観点から理解することができる。[24] カフカの登場人物たちが「性格をもたない」（ベンヤミン）、あるいは本来性のない「抽象的人間」（ギュンター・アンダース）であるように見える理由もここにあるだろう。その登場人物たちが「誰でもない者」もしくは「誰でもいい者」であるのは、アレントが指摘したようにその「ユダヤ人的な」状況を表しているというよりは、[25] カフカが保険業務のなかで向き合うことになった統計的存在としての人間類型を示唆しているとも考えられる。

事故や災害に見舞われることは個人にとっては深刻な事態である。しかし保険統計においては、それはただのノーマルな一事例にすぎない。個人の実存上の重大事である死もまた、単に非人称のうちに処理される出来事にすぎなくなる。むろんこれは、社会国家の「生権力」が死というものに特別の価値を置かなくなったことに対応して

22 Ewald, *L'État providence*, op.cit., p. 17.
23 Ibid., p. 372.
24 フランツ・カフカ「ある学会報告」、『断食芸人』池内紀訳、白水Uブックス、二〇〇六年、七九、八五頁。
25 ハンナ・アレント「隠された伝統」、『パーリアとしてのユダヤ人』寺島俊穂／藤原隆裕宜訳、未來社、一九八九年、五八―七二頁。

いる。そこでは、一八世紀までの主権権力のように公開処刑を通じて権力の栄光が上演されることはない。いまや、裁判の手続きが公開される一方で、刑は見えないところで執行されるといったように、死はますます人々の目から隠されるようになっていく。フーコーの語で言えば、主権者の「死なせ、生きるに任せる権力（あるいは生殺与奪権）」から、生権力の「生かし、死ぬに任せる権力」への移行である。[26]

例えば、『訴訟』の最終章での主人公の処刑は、誰も見ることのない秘密の執行として行われる。それは、犯罪者に汚辱とともに栄光をも与えていたかつての公開処刑ではなく、単に「恥だけが生き残る」ような処刑である。同じように、『流刑地にて』での将校の自殺は、処刑機械の故障によって「約束されていたはずの浄化」のない「単なる殺人」となり、[27]また、『断食芸人』での「栄光につつまれ、世間からもてはやされてきた」断食芸は、「関心がすっかり薄れて」しまい、「観客に見捨てられて」しまう。[28]近代の生権力は個々の死そのものの重大性には関心を持たず、死はその事件性を失う。社会国家の保険制度はそのような権力テクノロジーのもとで成り立っているのである。

保険制度の思想家という観点から見るなら、カフカが「規律訓練社会」から「管理社会」へ移行する「接続点」に位置しているというドゥルーズの指摘も理解できる。[29]カフカにはたしかに法（掟）へのこだわりが見られる。『訴訟』におけるように、その法はつねに主人公ヨーゼフ・Kにつきまとい、しばしばそう解釈されてきたように、それはまるで彼の内なる罪の法廷を示しているかのようである。つまり、彼を「主体」にする内面化された規範ということである。しかしながら、その法が何を命じているのかは結局のところ分からない。『流刑地にて』において、受刑者の身体に判決を刻み込む処刑機械が最後には自己破壊で終わったように、隠された法の内容や超越的な根拠は決して明らかにならない。したがって、例えばジュディス・バトラーのように、この処刑機械を身体への規範の規律訓練的な書き込みのメタファーとして解釈するのでは不十分である。[30] もし先述のように、処刑機械がホレリス計算機を示唆しているとするならば、そこにはむしろ統計を通じた管理社会の権力テクノロジーが表現されて

26　フーコー『社会は防衛しなければならない』、二四六頁。

27　フランツ・カフカ「流刑地にて」、『流刑地にて』池内紀訳、白水Uブックス、二〇〇六年、七九―八〇頁。

28　フランツ・カフカ「断食芸人」、『断食芸人』、一〇五、一一二、一一四頁。

29　ジル・ドゥルーズ「追伸――管理社会について」、『記号と事件』宮林寛訳、河出文庫、二〇〇七年、三六〇頁。

30　ジュディス・バトラー『ジェンダー・トラブル』竹村和子訳、青土社、一九九九年、二三〇―二三一頁。

いると見ることもできる。つまり、規律による主体化ではなく、自由に行為する人々を前提とした社会保険的なマネジメントである。実際『訴訟』の主人公は、法の命令が定かでないので、逮捕されたあとも好きに行動して構わない。したがってその処刑機械は、一方では個人の生理的身体に働きかける権力、他方では社会の統計的身体に働きかける権力とのあいだの中間地点にあると言うことができる。それはまさに、法学者でありながら、統計に基づく保険行政に従事していたカフカ自身が身を置いていた場でもあるのだ。

3　オーストリア社会国家と社会政策家カフカ

一九〇八年夏にカフカが入社した「ベーメン王国労働者事故保険協会（ＡＵＶＡ）」は、法律業務というよりは、むしろ経済学者、統計学者、数学者、簿記方、医師、エンジニアなどによるテクニカルな業務を主とする職場であり、まずはオイゲン・プフォールを課長とする「保険技術課」に配属されたカフカもまた、会社勤めの傍らでプラハのドイツ工科大（現チェコ工科大）の授業を受講するなど、労働事故をもたらす機械技術についての知識を深めていくことになる。ただ、カフカがＡＵＶＡに入ったとき、発足して二〇年足らずのオーストリアの労災保険制度はすでに大きな困難に直面していた。保険料負担に不満を持つ企業による虚偽申告が常態化し、AUVAは慢性的な財政危機に陥っていたのである。こうした状況のなか、一九〇九年初めに新たな役員に就任したロベルト・マルシュナーのもとで、AUVAは経営改善のための改革に乗り出すことになる。なかでもカフカが密接に関わることになったのは、企業をその職場の危険度に応じてランク付けする作業である。これは危険度のランクに応じた保険料負担を企業に課し、保険料徴収の厳格化を図ることを目的としたものであった。こうした危険度の設定は過去の事故の発生データを基にして行われるものであり、その限りで、それはまさに統計技術を用いた統治実践の典型であった。

こうして行われたランク付けの結果は一九一〇年初頭に各企業に通知されたが、カフカの仕事が本格的に忙しくなるのはむしろここからである。同年にプフォールを課長として新設された「企業経営課」で「立案者（Konzipist）」と呼ばれる法律官吏となった彼の主要な仕事は、そのランク付けに対して企業から寄せられる「抗告（Rekurs）」を受け付け、それに対して法学的な見地からAUVAの立場についての回答を与えることであった。企業にランク付けが通知されてから、AUVAにはわずか数週間でおよそ三一〇〇件にものぼる抗告が寄せられることになった。むろん、自分の企業の危険度が実際よりも高く設定され、保険料負担が重くなっているとする不満である。この抗告を処理する手続きはしばしば数年間にもわたり、以後何年ものあいだカフカはこの多忙な業務に追われ続けることになる。

ここで問題となっているのは、企業自身が考える自らの危険度の認識と、ＡＵＶＡが統計学に基づいて算出したそれとの齟齬である。個々の企業にしてみれば、具体的な経営事情を分かっているのは自分たちであり、ＡＵＶＡのランク付けはまるで実情に即していない。しかしながらＡＵＶＡからすれば、個々の企業はデータを通じた客観的な認識ができていない。ＡＵＶＡにとって重要なのは、事故の発生によって生じうる補償給付に見合った保険料収入を確保し、それによって労災保険制度を維持することである。だが、企業はこのような社会国家的な関心を持つことがなく、役所が定めた統計学上のリスクを割り当てられることに抵抗する。カフカはこの一連の仕事のなかで、企業からの多数の抗告申し立ての文書、および企業の利害の代弁者として現れた「弁護士（Advocat）」に対応しなければならなかったのであり、それが『訴訟』に見られるような、訴訟手続きにおける「請願書」や「弁護士」の戯画化された描写に反映していることは想像に難くない。

こうした企業側の非協力姿勢に対し、カフカは統計学を基礎としたリスク評価をあくまで擁護しようとする。例えば彼は一九一一年九月のある新聞記事のなかで、ドイツ帝国と比較して、「オーストリアのわれわれのもとでは、結論が統計学の結果から引き出されることがなかった、つまり、統計学の結果にきちんと合致した危険度が各企業グループに付与されることがなかった」[31]ということを問題にしている。もし資本家と労働者のあいだの階級対立を抑止するという、ビスマルクが意図したような社会保険制度の任務が達成されるとしたら、それは統計学という手段をおいてほかにない。保険技術はさまざまな党派性に左右されない客観的認識に基づいていなければならないのである。一九一〇年に公表されたランク付けは五年後を目途に見直されることになっていたが、一九一四年のAUVAの年次報告書でカフカは、その見直しにあたって「企業側および労働者側の専門家からの聴取」[32]が義務付けられていることを批判している。それによってAUVAとその事故統計が軽視されてしまうのを懸念してのことである。職場のリスク評価は、単なる当事者の意見ではなく、中立的な統計データに基づいてこそ信頼できるものとなるのである。

社会国家的な保険行政の代弁者たるカフカの論調はしばしば、社会的責任に無関心な企業への道徳的非難を含んだものにもなる。例えば、危険性が高いとみなされるエ

31 »Die Arbeiter-Versicherung und die Unternehmer«, in: *AS*, S. 246.
32 »Periodische Revision der Gefahrenklassifikation auf Grund der bezüglichen Ministerialverordnungen«, in: *AS*, S. 439.

レベーターを設置していたマリエンバートの旅館のオーナーが、定められた保険料に抗告を申し立てた事例などである。このオーナーは、その旅館は利潤目的で経営しているわけではなく、営業税の対象にもなっていないとして、通常の企業と同じような保険料負担を課されることに不満を示したのだが、これに対してカフカは、一九一二年七月にベーメン総督府に提出した意見陳述書で、税務上の区分によって企業の社会的責任が免除されてはならないと反論している。「さまざまな功利的・財政的理由に影響される税務官庁の決定」は、「社会目的に向けて努力する保険協会の決定を害しかねない」[33]。保険制度の目的は、国民のあいだに階級的利害を超えた連帯の共同体を打ち立てることにある。そのような社会国家を支えるのが、統計学的な客観性なのである。

カフカはまた、ＡＵＶＡの業務の一環として、一九一三年九月にウィーンで開催された「救護制度および事故予防のための国際会議」に出席している。一九世紀における社会政策の浸透によって、事故や病気の予防というのは全ヨーロッパ的な関心事となっており、そのための国際会議もたびたび行われるようになっていた。ＡＵＶＡもまた、保険金の支払いを削減して財務状況を改善するためにも、労働事故の発生の防止をその活動の大きな柱としていた。そうしたなかでＡＵＶＡはこのウィーンの会議に同年に副課長に昇進していたカフカを含む五人の代表を派遣し、カフカの上司である課長のプフォール、および役員のマルシュナーの二人が講演を行うことになった。

オーストリアにおける事故予防の現状と課題について報告したそれらの講演の原稿は、今日明らかになっているところでは、いずれもカフカの手によって執筆されたものである。そこでオーストリアの保険制度の欠点として挙げられているのは、ドイツのように「職能団体」ごとではなく、前近代的な帝冠領ごとに組織化された「領土的な保険」だということである。[34] だが、このように封建的な領域を前提とした保険制度は、機械技術の発展や産業構造の変化にうまく対応できるものではなく、その限りでオーストリアの事故予防の取り組みは、「ドイツにはるかに後れを取った」、「まったく不透明で脈絡のない発展」をしている。[35] それでもこれらの講演では、労使の代表から成る「州での合議体（Landeskollegium）」の設立などによって、領土原理に基づく現行制度を維持しつつ改善していくべきとの提案がなされている。[36] 前近代的な領土に

33 »AUVA an die Statthalterei: Äußerung zum Rekurs Hochsieder«, in: *AS*, S. 726.
34 »Die Unfallverhütung im Rahmen der Unfallversicherung, mit besonderer Berücksichtigung der Prager Arbeiter-Unfallversicherungsanstalt«, in: *AS*, S. 278.
35 Ebd., S. 292.
36 »Die Organisation der Unfallverhütung in Österreich«, in: *AS*, S. 298ff.

従って分割された属地的な保険制度が、オーストリアの社会国家においては躓きになっていたのである。

さらに言うと、オーストリアの後進性はそれだけではなく、近代国民国家以前の、諸民族のモザイクから成る文字通りの「帝国」だったという点にある。カフカ自身が明示的に問題にしているわけではないが、ドイツとは異なる多民族国家としてのオーストリア゠ハンガリー帝国の性格が、社会政策を通じた国民の均質化を妨げ、純粋な社会国家の形成にとって障害となっていたのである。オーストリアでの社会主義の実現にあたって民族問題をどう位置付けるかというのは、この時期まさにオーストロ゠マルクス主義者オットー・バウアーの『民族問題と社会民主主義』（一九〇七）などでも問題にされていたことであった。

ユダヤ人であるカフカにとってもまた、オーストリア国内の民族対立が無視できぬ問題であったことは疑いない。彼はウィーンの事故防止会議を、ちょうど同じときに同市で開催されていた第一一回シオニスト会議に出席するため途中で抜け出ているが、彼自身は必ずしも友人のブロートのようにシオニズム運動に賛同していたわけではない。むろん当時ヨーロッパ各地で高まりつつあった民族主義の動きがユダヤ人の置かれた状況を悪化させつつあることは彼も意識しており、とりわけ帝国内で一九世紀以来くすぶり続けていたチェコ・ナショナリズムは、その潜在的な反ユダヤ主義によってプラハのユダヤ人たちに不吉な影を落としていた。だがカフカは、ユダヤ人の独立国家建設に向かうよりも、特にフランツ・ヨーゼフ一世治下の民族的寛容に基づいた多民族国家オーストリア゠ハンガリー帝国に一定の信頼を持ち続けていたようである。そして彼にとって保険技術とは、国内の民族対立を超える統治手段であったとも言うことができる。それはいわば、階級の違いのみならず、民族の違いも超えた社会国家的な連帯の共同体を作り出すことができるはずなのである。

一九一四年七月にオーストリアの対セルビア宣戦とともに第一次世界大戦が勃発すると、カフカもまた愛国的な使命感から兵役に就くことを志願している。しかし、すでにAUVAにおいて重要な地位を占めるようになっていたカフカは、業務にとって「必要不可欠かつ代替不可能」との上司の身上書により、兵役を免除されることになる。このエピソードはカフカ自身のサラリーマンとしての有能性を示すとともに、世界最初の総力戦であるこの第一次世界大戦において、事務所での彼の仕事が、前線の戦いと同じくらい、否それ以上に重要な意味を持っていたことを示すものでもある。国内の全人口・全産業を戦争遂行という目的に向ける総動員体制のもとにあって、保険事業は労働力の維持と確保のために極めて重要な役割を果たすことになった。総力戦としての戦争は、国民を死に向かわせるだけではなく、むしろ生かして利用する生権力をも活性化させるのである。

戦争勃発後に書かれたカフカの作品においても、同時代のこうした状況を見て取ることができる。一九一七年に書かれたと思われる小品『新しい弁護士』（物語集『田舎医者』所収）は、アレクサンダー大王の軍馬であったブケファロスが弁護士となってやって来るという奇妙な物語だが、ここには、馬という輸送手段よりも本というメディアが、また武器による戦いよりも文書によるコミュニケーションが重要となる現代戦の状況が反映されている。また、戦後の一九二〇年に書かれたとされる小品『ポセイドン』でも、「戦車を駆って海を巡察」するのではなく、「机に向かい、計算」する海神ポセイドンの姿が描かれている。[37] 現場の戦場のみならず、事務所での書類作業が、現代の総力戦においては決定的な役割を果たすわけである。

戦争勃発によってオーストリア国内の労働状況は大きく変化し、AUVAはこれへの対策を迫られることになる。例えば、一九一五年のAUVA年次報告書でカフカが書いているように、出征により不足した男性労働者に代わって「未熟練の女性および若年労働者が非常に危険な機械で仕事をしている」[38] ことから、事故予防のあり方の再検討が必要となった。さらに、戦争によって生じたとりわけ深刻な問題は、戦争障害者の雇用問題であった。一九一五年二月の内務省の命令により、AUVAには戦争によって障害を負った帰還兵たちへの福祉事業が義務付けられる。AUVAの職員たちはこうした戦争障害者に対しても、労働事故の被害者に対するのと同様の責任感をもって対処することになる。実際、戦争による障害もまた、近代の技術進歩の結果としてもたらされたものである。その限りで戦争とは、機械技術の発達に伴って生じる労働事故のいわば極例であると言える。労働現場と戦場は連続しているのである。それゆえマルシュナーが言うには、平時において「近代の職業生活における障害」から国民を守るための福祉が整っている国家は、戦時においても「最善の準備ができている」[39]。戦争障害者への福祉事業においては、オーストリアの社会国家としてのあり方そのものが試されている。それゆえ、それは単なる「施し」であってはならず、「現代の職業戦争によって被害を受けるすべての住民には法的要求が認められねばならない」。戦争は社会国家を進展させるチャンスでもあるのだ。

そうして内務省命令に従ってAUVAが設置した組織の治療委員会という部署に配属されたカフカは、主として戦争神経症患者への支援業務に取り組むことになる。特に一九一七年五月にルンブルクに開設された戦争神経症患者のためのサナトリウムは

37　フランツ・カフカ「ポセイドン」、『ノート2　掟の問題』池内紀訳、白水Uブックス、二〇〇六年、一五五―一五六頁。
38　»Unfallverhütung«, in: *AS*, S. 480.
39　Zit. nach: »Schreibanlässe und Textformen der amtlichen Schriften Franz Kafkas«, in: *AS*, S. 79.

カフカの尽力によるところが大きく、その功績をもって彼は勲章候補に推薦されたりもしている（敗戦に伴う国家解体によって実際に授与されることはなかったが）。そのさいカフカはサナトリウム施設建設への援助を訴える記事を何度か新聞に寄せているが、しかし、この愛国的な新聞記事にはすでに帝国崩壊の予兆を見て取ることができる。気付かされるのは、それが「ドイツ＝ベーメン人、すなわちドイツ系民族同胞の全体」[40]に対する呼びかけであるという点である。つまり、（ドイツ文化に自らを同一化しているユダヤ人である）カフカは、ここではもはや国内のすべての民族に向けた全帝国的な愛国主義にはアピールしていないということである。実際この頃、帝国内のチェコ人市民たちは、同じスラヴ系民族であるロシア人へのシンパシー、さらに連合国によるチェコ人独立国家承認の誘惑によって、オーストリアからの離反までいかずとも、戦争への非協力姿勢を強めていた。一九一六年一一月には、六八年の長きにわたる治世によって帝国の存立を支えてきた皇帝フランツ・ヨーゼフ一世が逝去する。オーストリアの敗色が濃くなるにしたがって国内の民族問題は再燃し、民族対立が社会国家のもとで中和できる見込みはますます少なくなっていった。社会政策に基づく連帯共同体というカフカの期待は、帝国とともに消え去ろうとしていたのである。

4　法が失われた生のなかで——法律家とユダヤ人

一九一七年八月一三日の朝に喀血したカフカは、医者により初期の肺結核と診断され、翌月から数カ月の休養に入ることになる。このカフカの休養中にＡＵＶＡでは、ドイツ人の社長オットー・プリブラムの死をきっかけに、潜在していたドイツ人とチェコ人の対立が表面化する。社長はドイツ人、副社長はチェコ人というそれまでの暗黙の了解を破り、多数を占めるチェコ人役員がチェコ人の新社長を後任として提案したのである。これに反発するドイツ人職員との対立はウィーンの社会福祉省にまで持ち込まれ、一九一八年初頭に社会福祉省はＡＵＶＡ経営陣の分割を決定せざるをえなくなる。そして一九一八年半ばにカフカが職場に復帰したときには、すでにオーストリア＝ハンガリー帝国自体がその分解を止められなくなっていた。

一九一八年一〇月になるとプラハで革命が起こり、チェコスロヴァキア共和国の独立が宣言される。翌一一月にはＡＵＶＡでもドイツ人幹部の解職が決定され、マルシュ

40　»Deutscher Verein zur Errichtung und Erhaltung einer Krieger- und Volksnervenheilanstalt in Deutschböhmen in Prag«, in: *AS*, S. 499.

ナーやプフォールといったカフカと仕事を共にしてきた上司たちもＡＵＶＡの職を辞すことになった。新たに成立したチェコスロヴァキア共和国のもと、ＡＵＶＡは名称をドイツ語からチェコ語の「チェコ・プラハ労働者事故保険協会」へと変更し、文書等での使用言語もチェコ語に統一される。いまや社会国家的な連帯共同体に対して、民族の共同体が優位に立つようになるのである。

どちらかというとドイツ人に自らを重ね合わせていたユダヤ人でありながら、カフカはチェコ人職員との関係も悪くなく、一定のチェコ語能力も備えていたことで、新しいＡＵＶＡでも引き続き勤務することができた。とはいえ、第一次世界大戦後の特に東欧地域における民族自決の流れのなかで、彼が民族というものについてより真剣に考察せざるをえなくなったことは確かである。カフカはそれまでマックス・ブロートやギムナジウム以来の友人であるフーゴー・ベルクマン（のちのヘブライ大学学長）といった熱心なシオニストと親密に付き合いながらも、彼自身はシオニズムとは距離を取り続けた。[41] むろん同世代の多くのユダヤ人と同じく、もはやヨーロッパ文化への同化による解放を素朴に信じることのできない彼は、ヘブライ語やイディッシュ演劇などのユダヤ文化に関心を持ち、そこに何がしかのアイデンティティを見出そうとした。しかし彼が政治的シオニズムに傾倒することはなかった。『ジャッカルとアラビア人』（物語集『田舎医者』所収）は一九一七年にマルティン・ブーバーの主宰する雑誌『ユダヤ人』に発表されたものであり、ユダヤ人問題を示唆していると解されることの多い作品であるが、そこではユダヤ人が救いを求めるジャッカルの姿として戯画化され、民族離散からの解放というシオニズムのメシアニズム的な期待が揶揄されていると見ることができる。カフカは決して単純な同化論者ではないが、しかしユダヤ人国民国家に与することもなく、政治的には多民族国家としてのオーストリア＝ハンガリー帝国を信頼していたと言えるだろう。

第一次世界大戦後になって、こうしたカフカの態度に変化が現れたと見ることも可能である。一九二〇年以降、病気のため頻繁に休養を取り、年に半年も勤務できなくなっていたカフカは、一九二二年七月一日付でついにAUVAを退職する。そしてカフカが旧友のベルクマンにパレスチナ移住の希望を伝えるのが一九二三年夏のことである。また、『ある犬の研究』や『歌姫ヨゼフィーネ、あるいは二十日鼠族』といった晩年の作品には、「民族（Volk）」や「同類（Artgenosse）」といった言葉が頻繁に繰

41　カフカとシオニズム・ユダヤ人問題については、Andreas B. Kilcher, »Kafka und das Judentum« und Mark H. Gelber, »Kafka und zionistische Deutungen«, in: Bettina von Jagow/Oliver Jahraus (Hg.), *Kafka-Handbuch. Leben–Werk–Wirkung*, Göttingen 2008, S. 194-211, 293-303; Gerhard Lauer, »Judentum/Zionismus«, in: Engel (Hg.), *Kafka-Handbuch*, a.a.O., S. 50–58.

り返され、民族性というものへの強いこだわりを見ることができる。それゆえ、一九二四年六月の死に先立つ数年間のカフカは、シオニズムにシンパシーを持つに至ったとしばしばみなされている。民族を超えた社会国家の夢が挫折し、ヨーロッパを覆うナショナリズムの流れに抗えなくなったカフカは、彼自身がシオニズムというユダヤ・ナショナリズムに拠り所を求めるしかなくなったということだろうか。

そう単純ではない。たしかにユダヤ性の回復ということが晩年のカフカにとって大きなテーマになっていることは確かである。しかし同時に、彼がその作品を通じて示そうとしているのは、そのような回復の根本的な難しさにほかならない。これはまた、一九〇〇年頃からのユダヤ・ルネサンスのなかで、ブーバー、フランツ・ローゼンツヴァイク、ゲルショム・ショーレムといった西欧ユダヤ知識人たちが直面した問題でもある。つまり、すでに失われてしまって、もはや知ることのできない自らのアイデンティティとどのように関係できるのかという問題である。

一九二二年に執筆されたと思われる『ある犬の研究』はたしかに、オーストリア＝ハンガリー帝国が解体して多数の国民国家へ分裂していく歴史的状況のもとで、ユダヤ人が自分自身のアイデンティティを問い直し、再発見しようとする物語であるとみなすことができる。シオニストのブロートがこれをカフカの特に重要な遺稿とみなしたのも理由がないではない。だが、西欧ユダヤ人の比喩としての主人公の研究する犬は「失われた世代」に属しており、あらゆる伝統を「忘却」してしまっている。[42] その研究は決して思い出せないものを思い出そうとする終わりのない作業となり、むしろユダヤ性をそれ自体として取り戻すことの不可能性を示している。カフカは恋人のミレナ・イェセンスカに対して、自らがその一員である西欧ユダヤ人のこうした窮状について述べている。

僕の知る限り、僕は西欧ユダヤ人のなかでもっとも西欧ユダヤ的な人間です。というのは、誇張して言えば、僕には一刻たりとも安らかな時間が与えられていないということです。僕には何一つ与えられているものはなく、すべてを自分で獲得しなければならないのです。現在や未来だけではありません。過去すらもそうなのであり、どんな人間でもおそらく生まれながらに持っているもの、それすらも自分で獲得しなければならないのです。[43]

（一九二〇年一一月のミレナ宛書簡）

42　フランツ・カフカ「ある犬の研究」、『ノート2　掟の問題』、二一二頁。

43　『カフカ全集8　ミレナへの手紙』辻瑆訳、新潮社、一九八一年、一九〇頁（原文参照のうえ訳文変更）。

自分が覚えていない、あるいはそもそもまったく知らない伝統、にもかかわらず自分がそこに属している伝統に、どのようにして立ち戻ることができるのか。これが西欧ユダヤ人であるカフカにとっての難題であった。

自らが知りえないにもかかわらず、自らがそれに縛られる法（掟）というカフカの中心テーマは、ここに関連している。再発見されねばならないユダヤ的アイデンティティの核心とは、決して血の繋がりによる民族共同体ではなく、律法の啓示の経験にほかならないからである。ユダヤの伝統が失われたということは、この本来の律法が何なのかが分からなくなってしまっているということである。一九二〇年に書かれた『掟の問題』という遺稿では、誰も知らない太古の法（掟）が支配している状況が描かれている。そこでは、「掟自体がとてつもなく古」いので、「すでに解釈自体が掟になっている」[44]。法はもはや誰にも分からない秘密である。とすると、もしかしたら何らかの法が存在するという想定自体が実は幻想であり、人々が属しているのは、法そのものではなく、その法についての終わりなき解釈のほうであるとも言える。

そうして見ると、ユダヤ的アイデンティティに対するカフカの立場は、政治的シオニストのように国民国家や政治共同体のかたちでそれを取り戻すのでないのはもちろん、文化的シオニストのように特定の宗教や文化のうちにそれを見出そうとするものでもない。カフカは単純にユダヤ的アイデンティティを再発見できると考えているわけではなく、むしろ彼はユダヤ的なものに対して、それが何であるのか知りえないものに関係し続けるという「否定神学的な」関係を取り結んでいる。すなわち、不可能性の経験としてのユダヤ的経験ということである。これはユダヤ性という観点からのカフカ読解としては、ショーレムに始まり今日では一般的となっているパラダイムであろう。伝統とは、その伝統が何であるのかを探求し続けることである。別言すれば、法とは、法に関係することのうちにのみ存在する。

だが、このようにカフカにおけるユダヤ性の否定神学的な構造を指摘するだけでは十分ではない。注目すべきなのは、それが彼の職業生活と無関係ではないということである。保険行政に携わることになった法学者という彼のキャリアは、ユダヤの律法に対する彼の見方にもその影響をとどめている。つまり、カフカにおける法の不可視性は、一九世紀以降の社会国家において旧来の古典的な「法の支配」の原則が被ることになった状況変化に対応している。今日の産業技術社会では、「法の支配」という素朴な法治国家の原則では十分に対応することができず、単なる法律の条文を超えて社会目的を先取りするような社会政策が必要となる。法を形式的に遵守するのではな

44　フランツ・カフカ「掟の問題」、『ノート2　掟の問題』、一四七頁。

く、実質的な社会状態に介入するための行政措置が、しばしば法を追い越すのである。

カフカは法学の専門家であったが、さまざまな技術者と仕事を共にした保険業務のなかで、もはや法に基づく統治だけでは社会政策を遂行するには不十分であることが分かっていた。社会国家による行政介入のなかで生きる人々は、いまや純粋な「法の支配」のもとにはいない。彼らは、西欧ユダヤ人が自らの律法を見通せなくなっているように、法そのものからは疎遠になっている。だが、かつての自由主義的な法治国家の段階に戻ることはできない以上、何の媒介もない法そのものとの関係などはもはや不可能だろう。要するに、見えないところに姿を消す法というカフカの思想のうちには、「西欧ユダヤ人」であると同時に「社会政策家」であるという、彼自身の二つの立場が重ね合わされていると見ることができる。今日においては、「法律家」としても、「ユダヤ人」としても、そのアイデンティティを純粋なかたちで実現することはできない。カフカにとっては、現代西欧社会でユダヤ人であるということは、社会国家のなかで法律家であるということとある程度同義であったと言える。法律家カフカはＡＵＶＡの保険行政のなかで、いわば律法を失ったユダヤ人のように活動していたのである。

カフカが父との家族関係においていかにオイディプス的な法のうちにとらわれているように見えようと、ＡＵＶＡの仕事を通じた社会関係においては、彼はむしろ法を超えた新たな統治の地平に身を置いていた。たしかにカフカは、法律の専門家としても、また律法にアイデンティティを見出すユダヤ人としても、法というものにこだわり続けている。だがベンヤミンに言わせれば、「カフカが絶えず法に固執する」のは「彼の作品の行き詰まりの点」である。[45] カフカが描き出しているのは、むしろ法がすでに失われてしまった世界であると解釈することから、彼の作品の新たな政治的可能性が開けてくるだろう。ベンヤミンによれば、「カフカにおける「法」の概念は総じて見せかけの性格を持っており、そもそも一つのまやかしである」[46]。カフカにおいては、法は「生」そのものと見分けられないまでに一体化しているのである（こうした見方に対しては、法が失われた世界は啓示以前の神話的世界と区別できなくなってしまうとするショーレムの反論がありうる。彼のベンヤミン批判によれば、カフカの世界は「経典」が「失われている」のではなく、「経典」が啓示されてはいるがそれが「解読できない」だけである）[47]。そうしたベンヤミン的な（場合によってはドゥルーズ的な）

45　『ベンヤミン－ショーレム往復書簡』山本尤訳、法政大学出版局、一九九〇年、二一三頁。
46　»Benjamin an Kraft. San Remo, 12. 11. 1934«, in: Hermann Schweppenhäuser (Hg.), *Benjamin über Kafka. Texte, Briefzeugnisse, Aufzeichnungen*, Frankfurt am Main, 1992, S. 98.
47　『ベンヤミン－ショーレム往復書簡』、二二三頁、あるいは二〇〇頁も参照。

いだろう。

解釈は、カフカ自身の職業生活に目を向けるなら、決して無理のあるものとは言えな

カフカは少なくとも保険会社での仕事を通じて、単なる法の支配とは異なる仕方で人間の生を把握する統治行為に直接的に関わっていた。そして彼はそうした統治に対し、階級や民族を超える連帯の共同体の手段として、ある程度の期待を寄せていた。この期待は二〇世紀初めにはナショナリズムの高揚のなかで挫折することになったが、そのような統治のあり方は今日、国民国家を超えるかたちで再び活性化しつつあるようにも見える。しかし、それは必ずしもカフカが望んだような社会政策による連帯共同体としてではなく、グローバルな経済的・テクノロジー的統治のディストピアとしての様相を帯びているが。カフカ自身の最終的なユートピアのヴィジョンもまた、単に保険による連帯ということに尽きるものでは決してなかっただろう。彼の登場人物たちはしばしば、固有性のない統計化された平均人の世界で戸惑っているように見える(自らにもっとも固有なものとしての死を手に入れられずに永遠に小舟で漂う狩人グラフス)。法を超える統治の領野は、一定の希望とともにある種の不吉さをも孕みながら、カフカにおいても両義的なものであり続けている。

第12章　スパイ、ゲーム、秘密の戦争

1　社会国家における不安――探偵の形象

一九世紀の産業社会は前近代的な共同体の解体を推し進め、大衆社会の形成を促したが、他方でそれは、人々のあいだに漠然とした不安感を生み出すことになった。近代の大衆社会は、もはや前近代の共同体のように人がその全体を簡単に見渡すことができるものではなく、人々は自らを取り巻く社会を、何か疎遠で不気味なものとして感じるようになる。起こりうる出来事の予測はますます困難となり、いつどのようなかたちで危険やリスクが降りかかってくるか分からない。近代社会はいわば危険が遍在する社会である。自身の周囲の環境に対するこのような不安と不信を、人は特に大都市において抱くようになるだろう。都市の匿名の群集のなかに身を置くとき、人は

社会からの疎外感をいっそう強め、自分のいる世界が安全ではないという感覚はさらに高まっていく。近代の大都市はとりわけ危険な場として意識されるのである。

一九世紀半ば頃から小説やジャーナリズムのあいだで高まっていく日常犯罪への関心は、このような背景のもとで理解することができる。新聞の三面記事を日々にぎわす街の犯罪に人々が惹きつけられるのは、見知らぬ他人に取り囲まれ、誰が犯罪者になりうるか分からない近代の都市経験に特有の現象である。不安の空間と化した大都市では、人はつねに、いつ襲いかかってくるともしれない犯罪への恐れや、安定した社会生活はいつでも崩壊しうるという疑念にとらわれることになる。一九世紀以降の社会国家（福祉国家）は、人々のこのような不安感を静め、秩序の安定を維持するために、さまざまな政策的措置によって社会に介入するようになる。そしてこの時期にはまた、人々のそうした不安な意識を反映した新たな文学ジャンルも登場してくる。それが犯罪小説、とりわけ探偵小説である。

探偵小説は、つねに至るところで犯罪が起こりうる近代都市生活の産物である。まず平穏な社会生活を破る事件が起こり、不穏さと緊張のなかで物語が進展する。ある事件が発生することで、安定した現実の自明性が疑われ、物語の世界は読者の前に謎めいたものとして現れてくる。いわば読者は探偵小説において、全体としての連関を失って断片化された世界へと投げ入れられる。そして探偵は、そうした不確実な世界のなかで手掛かりと痕跡を探り、隠された真実を明らかにして、理解可能な世界を取り戻す。ブロッホ、クラカウアー、ベンヤミン、ブレヒトといった左派の思想家たちがこのような探偵小説の構造のうちに、断片化された生から真の救済へと至る革命的モチーフを読み取ろうとしたとしても、探偵小説が本質的に保守的な性格を持っていることは否定しがたい。それは、例えばコナン・ドイルにおけるように、単に作家自身の愛国主義にのみ起因するわけではなく、そのジャンルそのものの特質を成している。

探偵小説はたしかに不穏さを喚起することで日常的な現実の自明性を破壊する。しかしそれは既存の秩序を批判するためではなく、逆に、秩序が維持されるべきことを確認するためにほかならない。事件に介入し解決する探偵は、秩序の防衛者である。犯罪によって脅かされた秩序は回復されねばならず、勝利するのはつねに国家の側である。探偵小説では、国家の秩序そのものの正統性が疑われるような事件は決して発生しない。犯罪がいかに不安と緊張を喚起しようと、それはあらかじめ決められた秩序の最終的な回復に向かうための演出にすぎない。秩序の根幹が揺らぐことはなく、安定性の根本的な崩壊は回避される。重要なのは、脅かされた日常生活の安定を取り戻し、読者に安心と平穏を与えることである。いわば探偵小説の機能とは、人々を見舞う社会不安の鎮静化である。それは、犯罪によって亀裂が生じた社会秩序が、探偵を通じてその傷口を修復し、自らの優位を再び打ち立てる物語なのである。

探偵は危険な場としての都市を捜索する。探偵小説は、ダニエル・デフォー以来の冒険小説、とりわけアレクサンドル・デュマ（父）やウージェーヌ・シューといった一九世紀の都市冒険小説の系譜を引き継いでおり、探偵は都市という舞台で活躍する冒険者なのである（例えば一八九二年刊行の最初のホームズ短篇集は『シャーロック・ホームズの冒険』と題され、またその他多くのホームズ物語もその原題には「〜の冒険（The Adventure of ...）」という語が冠されている）。探偵は都市のなかを冒険しながら、公共の秩序を守る役割を引き受ける。おりしも誕生しつつあった社会国家が、社会秩序の安定のために国民生活のあらゆる領域への介入を強めていったように、探偵は秩序がほころび始めたように思われるところにはどこにでも、場合によっては警察に先んじて介入する。

エドガー・アラン・ポー以来、探偵小説の紋切型として定着している警察と私立探偵との役割分担は、社会国家における秩序防衛という観点から考察することができる。警察はたしかに公安と秩序の番人だが、しかしそれは名目上あくまで法律に基づいて活動する。つまり、警察は実際に法律の侵害が起こらない限り、事件に介入することができない。その行動は法律に制約されるのである。だが私立探偵は、法侵害の有無とは関係なしに自由に捜査活動を繰り広げる。探偵は警察では扱えない「身分の高い高貴な人物」の依頼を内々に解決したり、捜査の過程で自分自身が法律に抵触するような手段を用いたりする。クラカウアーはこう指摘している。

警察は公共の手段であり、法の代理人であり、そのことが警察に限界を設ける。(……) その活動は、ここでは合法的活動に限定されている——探偵の方は、合法に対しても違法に対しても無差別に行動できるのである。[2]

つまり探偵小説の世界では、単に合法性のみに基づいて秩序が維持されるわけではない。秩序の維持のためには、法に縛られた警察だけでは不十分である。私立探偵という形象は、現に犯罪が行われたときにのみ対処する古典的な法治国家ではなく、犯罪が起こるに先立って予防的にその芽を摘んでおく社会国家行政のあり方に対応しているのである。

1 Luc Boltanski, *Énigmes et complots: Une enquête à propos d'enquêtes*, Gallimard 2012, pp. 58–59, 72. 探偵小説およびスパイ小説の政治・社会学的背景についての本章の分析は、リュック・ボルタンスキーのこの著作に大きく依拠している。

2 クラカウアー『探偵小説の哲学』、一〇一頁。

秩序の潜在的な危険の芽は社会の至るところにある。つねに起こりうる秩序の危機を防ぐため、探偵は日常生活をかき乱すようなふとした出来事をいち早く嗅ぎ付ける。その出来事は必ずしも法に抵触するような犯罪であるとは限らない。探偵が興味を示すのはしばしば、それ自体は法律に違反しているわけではないが、日常的な感覚からすれば違和感を覚えるような奇妙な出来事である。例えば、不自然に高額な報酬が得られるおかしな仕事（ホームズ・シリーズ『赤毛連盟』『ぶな屋敷』）、親族や間借り人の不可解な振る舞い（同『赤い輪』『サセックスの吸血鬼』）、どこからともなく届いた不思議な手紙（同『四つの署名』『踊る人形』）、さらには何か超常的な存在が関わっていると思われるような事件（同『バスカヴィル家の犬』）など。これらは犯罪として追及されるようなものではなく、それゆえ警察が捜査すべき事柄ではない。だが探偵は、そうした普通ではない「異常な」事柄のうちに秩序の危機を予測する。

つまり探偵は、「合法性」への侵害のみならず、「正常性」からの偏差をも敏感に感じ取ることができる。社会秩序は合法性だけで成り立っているわけではない。法律は社会の全領野をカヴァーするにはつねに不完全であり、法律だけで秩序の安定がもたらされることはない。合法か違法かという問題とは別に、人々は社会に一定の「正常な」状態があることを想定しており、その状態が崩れかかるときに不安と脅威を覚えるのである。したがって秩序の安定のためには、合法性のみならず、正常性が維持されるようにしなければならない。犯罪だけでなく、異常な事態の発生に対処しなければならない。それゆえ探偵は、日常生活のなかの「奇妙さ」に注目し、そこに「潜在的な犯罪」を見出すのである。[3] そのさい重要なのは、彼が揺らぐことのない「コモンセンス」を備えているということである。[4] 探偵はそうしたコモンセンスに基づいて、社会の至るところにある異常な事柄に気付くことができる。

> 警察は、容疑者の行為が明示的な法規則を侵害する場合にしか悪を見ないきらいがある。(……)探偵のほうは至るところに悪を見る。彼は悪がどこにでもあることを知っている。それは、異常性があらゆるところにあり、正常性つまり現実の秩序にいつでも侵入してくるという意味においてである。[5]

そうして探偵は、社会国家がそうであるように、社会のあらゆる場所に介入する。明白な違法行為があったかどうかに関わりなく、正常ならざる事態を感じ取ったときに、

---

3 Boltanski, *Énigmes et complots*, op.cit., p. 82.
4 Ibid., pp. 85, 87.
5 Ibid., p. 84.

探偵は社会防衛の活動を開始するのだ。

探偵は単なる法よりも高次の社会秩序を体現している。彼はそうした秩序の番人として、物語のなかで特権的な地位と能力を有している。探偵は諸々の登場人物のうちの一人ではなく、我々と同じように社会のなかにいる一人の人間でもない。探偵小説の世界は、誰もが犯罪者の嫌疑をかけられるような、場合によっては物語の語り手すらもそれから逃れえないような、全面的な不信の空間である（例えばアガサ・クリスティの『アクロイド殺し』）。だが、そのなかにあって探偵だけは、そのような疑念から自由な特別な地位にある。また、探偵は常人とは思えぬ並外れた知性を駆使することができる。一九世紀における経験主義科学の発展や、客観的証拠に基づく刑事裁判の確立を背景として生まれたのが、「合理《ラチオ》」（クラカウアー）の権化としての探偵の形象である。探偵小説はしばしばオカルトやファンタジーの要素を含みつつも、超常現象はつねに退けられ、最後には自然科学的因果性に基づく合理的な説明が探偵によって与えられる。このような探偵の能力がいかに超人的に見えようと、彼は健全な市民としてのコモンセンスを失うことはない。彼の卓越した地位と能力は、既存の社会秩序に挑戦するようなものではなく、あくまでもそれを維持するためのものである。探偵は犯罪を社会的な問題ではなく、個人的な問題とみなすにとどまる。いかなる事件にせよ、それが社会批判に結びつくことはほとんどない。探偵はただ、公共の秩序の動揺に終止符を打つだけである。

社会不安の鎮静化をその機能とする探偵小説は、たとえ合法性やそれに基づく警察の活動に限界があるとしても秩序はつねに維持されることを示さねばならない。探偵は自らの良識や道徳感覚に基づいて、法にとらわれずに自由に行動し、事件を解決する。秩序の危機はしばしば法だけでは防ぐことのできないかたちで発生し、その場合には法を超えて対処することが必要である。異常な事柄を感じ取った探偵は、正常な状態の回復を正義として、法に先んじてその活動を開始する。リュック・ボルタンスキーの簡潔な定式を借りるなら、「探偵とは日常的な例外状態における国家である」[6]。探偵は国家の非公式のアクターとして、法の限界を補いつつ、秩序を防衛するのである。

6　Ibid., p. 112.

2　国家危機パラノイア――愛国者としてのスパイ

探偵小説は近代社会における人々の漠然とした不安から生まれた。一九〇〇年頃になると、ここからさらに新たに、秩序の破壊に対する不安を反映したジャンルが派生的に生じることになる。それがイギリスで誕生したスパイ小説である。すでに探偵小説においてもスパイ小説の要素を含んだものが少なからず見られるが、二〇世紀にはこれが独自の文学ジャンルとして花開くのである。

スパイ小説の主人公もまた、探偵と同じように、国家の秩序の防衛者という役割を担っている。しかし、その主人公が直面するのは、ただの刑事犯罪ではなく、国家そのものを脅かすような謀略や国事犯罪であり、その敵は、単なる個人としての犯罪者ではなく、外国や国際的な秘密組織のような、国家の境界を超えた存在である。

スパイ小説は、一九世紀末から二〇世紀初めにかけての帝国主義対立を背景として生まれたものである。この時期のイギリスは、工業化を進めるヨーロッパ大陸諸国の追い上げによって、絶対的優位にあった従来の国際地位が揺らぎ始めていた。そうした状況のなかでイギリス国民のあいだに広がりつつあった帝国没落への不安が、国家の危機をテーマとするスパイ小説の興隆をもたらしたのである。

そのような危機意識をスパイ小説に先立ってフィクションの分野でいち早く表現したのが、一九世紀後半に流行した空想戦争小説であった。イギリス陸軍の軍人であったジョージ・チェスニーによる『ドーキングの戦い』(一八七一)はその先駆けである。普仏戦争によるドイツ帝国の成立を受けて執筆されたこの小説は、新興国ドイツの脅威を喧伝して軍の増強を求める一種の政治的キャンペーン文書であった。実際、ドイツに本土を侵攻され敗北するイギリスの姿を描いたその内容はセンセーショナルな反響を呼び、以後、多くの類似した空想小説が出版されることになる。最初期のスパイ小説作家の一人であるウィリアム・ル・キューの『一八九七年のイギリスの大戦』(一八九四)でも、本土に侵略してきたフランスとロシアを退けるイギリスの義勇兵が描かれるなど、戦争空想小説は、帝国主義競争の激化によって国の安全への不安を募らせるイギリスの読者大衆を大いに魅了したのである。来たるべき第一次世界大戦を控えたこうした時代の雰囲気のなかで、スパイ小説もまた誕生することになる。

冒険小説の伝統は疑いなくスパイ小説のうちにも流れ込んでいる。スパイもまた探偵と同じく危険な場を踏破する冒険者であり、同時に、脅かされた秩序を守る役割を担っている。しかしスパイ小説では、一見したところ非政治的な探偵小説とは異なり、国家の安全という政治的な要素が前面に押し出される。スパイ小説の主人公は、危機に晒されたイギリス帝国そのものを冒険の舞台として活躍する。彼は国家の命運を背負って行動し、最後にはそれを救う英雄的な個人である。そうしてスパイ小説も探偵小説と同じように、秩序の危機は克服されることをメッセージとして伝え、読者に安心感を与えるのである。その限りで、スパイ小説もまた元来は非常に保守的な性格を帯びたジャンルであった。実際、初期のスパイ小説はナショナリズム的な作家によって数多く執筆されており、抜きがたい国粋主義的偏見にとらわれていることも稀ではない。

アースキン・チルダーズの『砂洲の謎』（一九〇三）は、現代スパイ小説の始まりを告げる作品の一つである。[7] 一八九九年からのボーア戦争に義勇兵として身を投じたチルダーズは、イギリス帝国の理念の熱心な信奉者であり、この小説にはまさにそうした愛国主義的なスタンスをはっきりと見て取ることができる（ただし彼はのちにアイルランド独立運動に身を投じ、友人だったウィンストン・チャーチルらから裏切り者という非難を浴びることになるが）。その直接の執筆動機は、一八九八年および一九〇〇年にドイツで続けざまに制定された海軍増強のための艦隊法である。この小説はこうしたドイツの挑戦に危機感を募らせたイギリス保守勢力のプロパガンダの一環とみなすことができる。チルダーズは、アルフレッド・T・マハンの海上権力論などを示唆しつつ、「新しい海軍国」としてのし上がろうとするドイツの脅威を登場人物に繰り返し語らせている。[8] この小説は、ドイツのイギリス本土侵攻計画を未然に防ぐ二人のイギリス人の活躍を描きながら、イギリスの国防体制に警鐘を鳴らすことを意図していたのである。[8]

この小説の二人の主人公、カラザーズとデイヴィスは、決してプロのスパイではなく、休暇を取ってヨット旅行を楽しんでいる一民間人にすぎない。彼らはドイツの沿岸をヨットで航行しながら、色気を出して北海沿岸のドイツの防衛体制を探ろうとするが、その冒険のさなかに期せずして、イギリス政府もまだ摑んでいないドイツの陰謀を発見することになる。彼らは沿岸の砂洲のなかに張り巡らされた水路を調査するうちに、当初は「防衛に関する」秘密だと思っていたものが、実は「攻撃」のためのものであったことに気付かされる。[9] つまり、砂洲のなかの水路は、沿岸部の運河や鉄道とうまく組み合わされることで、監視されやすい軍港を使わずに多数の艦船をイギリスに向けて送り出せるよう整備されたものだったことが明らかになるのである。

7 チルダーズの伝記および『砂洲の謎』については、Hans-Peter Schwarz, *Phantastische Wirklichkeit. Das 20. Jahrhundert im Spiegel des Polit-Thrillers*, München 2006, S. 17-35; Horn, *Der geheime Krieg*, a.a.O., S. 167-178.

8 アースキン・チルダーズ『砂洲の謎』斎藤和明訳、筑摩書房、一九七〇年、一〇一、一二五—一二六頁。

9 同、三四五頁。

『砂洲の謎』は最初のスパイ小説として文学史上のインパクトをもたらしただけでなく、そこで述べられているドイツ沿岸の詳細な地理的情報や正確な海洋知識のもつリアリティと相まって、当時のイギリスの世論や政府に大きな反響を呼び起こし、国民のあいだに国防への関心を喚起することに成功した。主人公の一人デイヴィスは、イギリスの国民も政治家も国防意識がまるでないことに不満を漏らしている。

国民一般は、だいたい理解できないよ。平和なときに戦争の準備が必要だと言ってもね。石頭の政治家《ステイツマン》たち—ステイツマンだとさ、自分のことをこう呼んでいるがね、――こういう連中は、仕方がないですませるだろうか。彼らは、現実の問題をあるがままに見るために、給料をもらっているんだから。（……）だいたい石頭の連中は、一般市民のなかの警世家たちに蹴り上げられ突き上げられ、やっと目を覚まし腰を上げて、どうだやったではないかなんて自慢顔をして、また蹴っとばされるまで眠ってしまうんだ。煽動家と言われたりして、警世家ったってごくわずかの数しかいない。彼らは、なにか言えば、そのお返しに嘲笑を浴せられるんだ。[10]

ドイツの謀略を暴き出す二人の主人公は、頼りない「石頭の政治家たち」に代わって、まさに「一般市民のなかの警世家」としての役割を果たす。これはまさに、チルダーズ自身がこの小説の出版によって果たそうとした役割でもある。政府や政治家ではなく、市井の愛国者こそが国難をいち早く察知し、国を救うために行動するというわけである。したがって、探偵小説の私立探偵がそうだったように、初期のスパイ小説において秩序の防衛者となるのは、軍や警察といった公式の政府機関ではなく、非公式の民間人である。国を憂いた一個人が人知れず大冒険を繰り広げることで、国家はその危機を脱することができるというわけである。

だがスパイ小説においては、政府機関と愛国的な主人公との緊張関係は、探偵小説以上に先鋭化する。そこに見られるのは、警察と私立探偵のような、秩序防衛のための単なる役割分担ではない。むしろスパイ小説では、しばしば主人公が公式の政府機関と対立し、警察に捜査・追跡されることさえある。現代スパイ小説の原型を確立した記念碑的作品であるジョン・バカンの『三十九階段』(一九一五)には、このジャンルのそうした典型的モチーフをはっきりと見て取ることができる。[11] バカンもまた、南

10　同、一二四—一二五頁。
11　バカンの伝記および『三十九階段』などの著作の分析については、Schwarz, *Phantastische Wirklichkeit*, a.a.O., S. 36–60; Boltanski, *Énigmes et complots*, op.cit., pp. 176–197.

アフリカ（ボーア）戦争直後の南アフリカ勤務などによって、イギリス帝国主義の忠実な擁護者となった人物である。彼の小説には、今日においても政治やサブカルチャーなどの諸領域で頻繁に見られる保守ナショナリズムのクリシェやステレオタイプが数多く詰め込まれ、愛国的であることを自称する紋切型の言説の一つの有力な源泉を成している。

『三十九階段』は第一次世界大戦の勃発直後に数週間で書き上げられたものであり、戦争直前の一九一四年五月の出来事とされたこの物語は、大戦の原因についての陰謀論的な解釈に基づいて展開される。主人公はロンドンで退屈な暮らしを送る南アフリカ帰りの鉱山技師リチャード・ハネーである。彼は諜報員スカッダーとの出会いをきっかけに、ヨーロッパに戦争を起こそうとイギリス国内で暗躍する国際地下組織「黒い石」の陰謀に巻き込まれ、期せずして大冒険に乗り出すことになる。そのさい、「黒い石」の謀略をハネーに教えたスカッダーがハネーの部屋で殺害されたことから、ハネーはこの地下組織に追跡されるのみならず、彼に殺人の嫌疑をかける警察からも逃げ回らねばならなくなる。主人公は、真の危機を見ることができない間抜けな警察に妨害されながらも、国家の危機を救うべく活躍するのである。

『三十九階段』では、警察は誤解に基づいて主人公を追い回す。また、政府要人の会議には海軍大臣になりすました地下組織のメンバーが紛れ込んでいたりする。スパイ小説に見られる公式の政府機関へのこうした不信は、二〇世紀初めのこの時期に国家という存在の自明性が大きく揺らいできたことを背景にしている。それは帝国主義的な国家間対立の激化のみならず、金融資本主義のグローバルな発達にも起因するものである。この時期の人々は、国家は国家を超える何らかの力によってますます無力で不安定なものになりつつあるという感覚を抱き始めていた。それによって、秩序の究極的な保障者という国家の役割が、徐々に疑われるようになっていくのである。探偵小説に比べると不確実な地位しかもたないスパイ小説の国家には、同時代の人々のこうした意識が反映されている。スパイ小説は、国家は一見平和のうちにあっても、実は「つねに戦争状態にあり、つねに脅かされ、つねに脆弱である」[12]ことを示そうとする。平和という外見の水面下で繰り広げられる「秘密の戦争」こそが、スパイ小説のテーマである。

旧来までの歴史の主体としての国家の地位がグローバルな資本の流れによって揺るがされることで、人々は歴史が何によって動かされているのか、その確信を持てなくなっていく。世紀転換期の世界のこうした不安定性と不透明性のなかで、いわゆる陰

12　Boltanski, *Énigmes et complots*, op.cit., p. 184.

謀論が人々のあいだに跋扈するようになる。[13] つまり、国家を超えたところにいる隠れた何者かが世界を動かしているというファンタジーである。国家の統治能力が疑われ、自分たちが見通すこともコントロールすることもできなくなっていく世界への不安と不満から、人々は陰で陰謀をめぐらす「本当の」権力者の存在を仮想するようになるのである。

こうした超国家的な陰謀の主体としてはさまざまなものが想像される。左翼は国際金融資本、右翼は社会主義者や無政府主義者、そしてヨーロッパの少なからぬ人々はユダヤ人のうちにそうした陰謀家の姿を見ようとした。とりわけ、場合によっては資本家にも無政府主義者にも重ね合わされる国家なきユダヤ人は、こうした陰謀史観の犠牲となった極めて不幸な民族であり、ユダヤ人による世界支配計画を記したとされる偽書『シオンの賢者の議定書』がロシアの秘密警察によって捏造されたと言われたのもこの時期である。バカンの『三十九階段』には、こうした陰謀論が余すところなく盛り込まれている。地下組織「黒い石」の活動家はドイツ人として描かれているが、しかしそれを陰で操っているのは、敵国としてのドイツというよりも、革命を起こそうとする「無政府主義者」、戦争による金もうけをもくろむ「資本家」、そしてそれらのあいだでうごめく「ユダヤ人」である。[14] そこでは、この時期の陰謀論者たちが考える諸々の陰謀家の形象がすべて一緒くたにされている。そのような一つの陰謀主体を想定することで、人々は、複雑性を増し、理解することが困難になっていく世界の出来事の原因と責任についての手軽な説明を手にすることができる。

不透明で不確実な世界のなかにあって、人は至るところに危険を見る。それゆえスパイ小説においては、すべての人が潜在的な敵となる。主人公ハネーは、ロンドンから離れたイギリスの田舎のなかを逃げ回りながら、つねに敵と遭遇することを恐れる。実際、彼を追いかける敵の自動車や飛行機が唐突に出現したり、主人公が逃げ込んだ屋敷の老紳士が実は敵組織の首領であることが明らかになったりさえする。スパイ小説は、あらゆるところに敵の姿を見る被害妄想的もしくはパラノイア的な不安にとり憑かれているのである（エミール・クレペリンが「パラノイア」という精神病理を発見したのもちょうどこの時期である）。敵は政府のなかにまで入り込んでおり、すべては疑いから逃れられない。国家でさえ陰謀家の隠れた権力に対しては脆弱である。だが、初期のスパイ小説作家は、そうした不信の世界のなかでも国家はなお最終的には救われることを読者に説得しなければならない。陰謀に打ち克ち、秩序と安定を取り戻す人物が現れることを示さねばならないのである。

13 『三十九階段』の背景を成している世紀転換期の陰謀論については、ibid., pp. 197–215.

14 ジョン・バカン『三十九階段』小西宏訳、創元推理文庫、一九五九年、一四—一五頁主人公ハネーは陰謀組織との秘密の戦争を勝ち抜くそうした愛国的個人である。警察にも追われ、もはや頼るものをもたない彼は、ただ自分自身の責任とリスクで活動する。無能な政府と警察を尻目に冒険を繰り広げ、国を救うのは、ここでもまた一人の民間人である。しかし同時にバカンは、田舎の庶民もまた、国のために行動する素朴な愛国者として描き出している。逃走中のハネーは、出会った宿屋の亭主、道路工夫、羊飼いの老婆などに幾度となく助けられる。さらにリベラルな平和主義者も、ナイーヴな愚か者として戯画化されつつも、最後には国のために立ち上がる。ハネーが出会った自由党の青年紳士ハリー卿は「ドイツの脅威」に対する危機感がまるでない「軽率な男」だが、[15]ハネーの冒険に感銘を受けて彼に協力することを申し出るのである。市井の市民のこうした愛国主義的な理想化はバカンの小説にしばしば見られ、例えばヨーロッパで社会主義革命の火の手が上がりつつあった大戦末期に書かれた『ミスター・スタンドファスト』（一九一九）においても、労働者は社会主義者の煽動を退ける愛国的な人々として描かれている。たとえ政府や警察が信頼に足るものではなくなったとしても、危機に晒された国家は、志のある国民によって守られるというわけである。

スパイ小説が描き出すのは、警察や軍による公式の治安・防衛活動ではなく、日の当たらないところで行われる非公式の活動である。そのような活動はしばしばいかがわしい汚れ仕事としてイメージされ、人々の眼にはスパイは得体のしれない日陰者として映ることも多い。しかしチルダーズやバカンなどの小説においては、スパイとしての主人公は、公的な身分をもたない民間人でありながらも、イギリスの支配層である紳士に属する人物として表象される。つまり、敵のスパイが卑しく低俗な存在であるのに対し、国を守る味方のスパイは（すでに探偵小説の私立探偵がそうであったように）きちんとした社会的身分をもち、ヴィクトリア朝の紳士理想に適った人物とされる。つまり彼は、秩序の安定を体現するような、信頼できる人物でなければならないのである。紳士としてのスパイは、不安と疑念に苛まれた読者に安心感を与え、国家の秩序が揺るぎないものであることを示す。その非公式の隠密活動がいかに陰謀的なものに見えたとしても、スパイ小説の主人公はあくまでもすでに存在している秩序のために戦っている。彼がその秘密の戦争のなかで行うことは、他人の自動車を盗もうが他人の住居を破壊しようが、そういった不法行為はすべて、国家の安全という愛国主義的な大義のもとに正当化される。

15　同、六五―六六頁。

3　植民地、官僚制、冒険者――キプリングの『少年キム』

勇敢な民間人が国家のために命を賭すという初期スパイ小説のモチーフには、同時期における各国のスパイ活動の実態がある程度反映されている。たしかにスパイは歴史上つねに存在し、外交や戦争において少なからぬ役割を果たしてきた。だが、国家が公的制度としての情報機関を設置して、プロの職員としてのスパイをもつようになったのはごく最近の現象である。一九〇〇年頃までは、各国の情報機関はスタッフも資金も少ない周辺的な組織にとどまっており、諜報活動の多くの部分は民間の協力者による情報収集に依存していた。

こうした不完全な組織形態に変化が生じたのが第一次世界大戦前後の時期である。そのさいイギリスでは、チルダーズ、ル・キュー、E・フィリップス・オッペンハイムなどのスパイ小説が大衆的な成功を収めたことも大きな役割を果たした。特にル・キューは『一九一〇年の侵略』（一九〇六）のような反独的なスパイ小説によって、すでにイギリス国内に多数のドイツ・スパイが潜伏しているとのパニックをひき起こすとともに、軍情報部の高官との個人的な人脈もあって、情報機関の改革に多大な影響力を及ぼした。[16] 現実のイギリス政府の情報機関もまた、スパイ小説と同じように、敵のスパイが至るところに潜んでいるとするパラノイア的な不安から生み出されたのである。そうして一九〇九年に最初の現代的な情報機関であるシークレット・サーヴィス・ビューローが創設され、やがてそのもとにイギリス国内での外国のスパイ活動に対抗するためのＭＩ５や、海外での諜報活動を任務とするＭＩ６などの組織が整備される。以後、第一次世界大戦、第二次世界大戦、そして冷戦を経るなかで、諜報活動に専門的に従事する政府職員の数は、各国で急速に増加していく。[16]

ハンナ・アレントは冷戦状況下にあって、こうした「見えざる政府」の支配が拡大しつつあることに懸念を表明していた。そのさい彼女は、秘密諜報員による支配は、「帝国主義政策」と「密接な伝統的関係」があることを指摘している。[17] 彼女が念頭に置いているのは、一九世紀後半からのヨーロッパ列強による植民地支配である。実際、『三十九階段』の主人公が南アフリカ育ちであるように、スパイ小説において植民地という場はしばしば物語の重要な背景を成している。ドイル、チルダーズ、バカンなどが植民地経験のある作家であったという事実も無視することはできない。つまり、冒険

16　Christopher Andrew, *Her Majesty's Secret Service*, Viking 1985, pp. 37–52.

17　ハンナ・アーレント『全体主義の起原２　帝国主義』大島通義／大島かおり訳、みすず書房、二〇一七年、xii頁。

小説の理想的な舞台は、本来、非ヨーロッパ世界の植民地なのである。スパイたちの冒険ゲームは、単にイギリス本土の防衛のためではなく、植民地支配の維持のためにも繰り広げられるのである。

民間人スパイを活用した植民地での大々的な諜報活動を描き出したのが、スパイ小説の古典であるとともに、植民地文学の傑作であるラドヤード・キプリングの『少年キム』(一九〇一)である。イギリス植民地下のインドで主人公の少年が縦横無尽に活躍するこの小説は、ジェームズ・F・クーパーやカール・マイなど、エキゾティックな非ヨーロッパ世界を舞台とした冒険・スパイ物語の伝統に連なるものだと言える。この小説の背景となっているのは、一九世紀後半から二〇世紀初めのインドと中央アジアにおいてイギリスとロシアが繰り広げた植民地勢力争いである。この争いはのちに、まさにキプリングのこの小説の言葉を借りて、「グレート・ゲーム」と呼ばれることになる。

このグレート・ゲームは多くのスパイが動員された大規模な諜報戦でもあった。実際イギリスは、一八五〇年代のインド大反乱を鎮圧し、一八七七年に英領インド帝国を設立して植民地支配を完成してからも、広大なインド亜大陸に比べれば相対的に少数の駐屯軍で支配を維持せねばならなかったのであり、そのためには絶えず諜報活動を行うことで各地の不穏な動きをいち早く察知できねばならなかった。一八七三年には北方のロシアの脅威に対処するため、インド北部の都市シムラに戦争局（War Office）の情報部門（Intelligence Branch ＝ＩＢ）が設置され、インドにおける諜報活動の拠点となる。[18] そしてこのグレート・ゲームには、しばしば現地にいた研究者、旅行家、冒険家などの民間人がプレイヤーとして参加することになった。「イギリス帝国主義はイギリスの冒険家を諜報機関員に変えてしまった」[19]。彼らもまた、国家から公的な保護を受けることなく、自らのリスクで行動する一私人である。

「でも政府が保護してくれないの？」
「闇戦争《グレート・ゲーム》に関わっている者には保護など与えられない。死んだら、死にっぱなし。名前は名簿から抹殺される。（……）」[20]

帝国主義の時代の冒険者とは、秘密のうちに生き、秘密のうちに死ぬような、植民地防衛のためのスパイである。

---

18 Andrew, *Her Majesty's Secret Service*, op.cit., p. 11.
19 アーレント『全体主義の起原２　帝国主義』、一七三頁。
20 ラドヤード・キプリング『少年キム』斎藤兆史訳、ちくま文庫、二〇一〇年、三五四頁。

アレントの分析するところによると、植民地こそが秘密政治の最たる空間にほかならない。立憲国家のもとで公開性の原則に基づく政治が行われていたヨーロッパ本国とは異なり、植民地においては秘密と匿名性の支配が貫徹されたというのである。そうした帝国主義的な支配の中心的形象を成すのが、一方では「官僚もしくは行政官」であり、他方では「諜報機関員もしくはスパイ」である。[21] 前者に関して言えば、官僚制は植民地支配においてその極限的な形態にまで発展したとされる。アレントの言う「官僚制」とは、単に法律のもとで機能する近代立憲国家の役人機構のことを指しているのではない。

官僚制とは、政治に代って行政が、法律に代って指令が、決定者の責任が問われ得る公的・法的決定に代って役所《ビュロー》の匿名の処分が登場する支配形態である。この意味では官僚制は、国民国家にとっても他のいかなる形の近代国家にとっても不可欠な官吏機構と実質的にはほとんど関係がないと言える。[22]

つまり、ここでアレントがラディカルな意味で用いている「官僚制」とは、「普遍的妥当性をもつ法律の永続性」である「合法性」が放棄され、それに「その時かぎりの適用」を目的とした「命令」が完全に取って代わるような体制のことにほかならない。[23]帝国主義の植民地行政官を特徴づけているのは、「法と適法性に対する蔑視」であり、また「公開性《エッフェントリヒカイト》そのものとその光の中で動くものすべてに対する蔑視」である。[24]このことが植民地を一種の永続的な例外状態の場に変えることになる。そこでは「法の支配」に代わって匿名の「命令の体制《レジーム》」が現れ、しかもそれが「例外」ではなく「通則」となるのである。[25]

植民地行政官たちにとっては、立憲国家や法律は「余計な障害」でしかなく、状況依存的な政令こそが何よりも優れた支配手段である。そうして、代表と公開性の空間は、匿名の権力行使である官僚制の背後に後退する。アレントにとって、エジプト総領事のクローマー伯やケープ植民地首相のセシル・ローズは、そのような官僚制支配の体現者であった。自分自身を「匿名性」のうちに抹消し、「舞台裏の権力」のなかに身を置くこうした行政官たちが、帝国主義的な秘密政治の担い手なのである。そし

21 アーレント『全体主義の起原2 帝国主義』、一七二頁。
22 同、一一八―一一九頁。
23 同、一七二頁。
24 同、二二六、一六八頁。
25 同、二二七頁。

てこうした植民地における官僚制は、もう一つの陰謀家の形象であるスパイによって補完される。

キプリングの小説の主人公キム（キムバル・オハラ）は、まさにそのような植民地スパイとして活躍するインド育ちのイギリス人少年である。彼は聖河を探求するチベットのラマ僧の弟子となって旅をするうちに、イギリスのための諜報活動をしている商人マハブブ・アリや、キムの亡き父を知るイギリス軍の従軍神父などとの出会いによって、グレート・ゲームの諜報戦に身を投じることになる。キムの卓越した才能は、いかなる環境にもいかなる人々にもすぐに馴染むことができ、英語もヒンディー語もウルドゥー語も理解し、イギリス人にもインド人にもなることができるその変幻自在の能力にある。さまざまな人物に難なく変装することができ、嘘や演技にも長けた彼は理想的なスパイであり、つねに新たな人材を必要としているグレート・ゲームにとっては、まさに「競技《ゲーム》にふさわしい」千年に一人の「逸品」なのである。[26]

しばしば「キムってだれだ[27]」との自問に駆られるほど自由にアイデンティティを交換できるキムは、まさに植民地支配にとって不可欠の能力を備えている。彼はあらゆる地方とその文化に習熟しており、その土地の人間に擬態することができる。他方、北方のインド諸侯の藩王国と内通してイギリスの支配を覆そうとするフランスやロシアのスパイたちは、そのような土着の文化についての知を持つことがない。彼らはただ土地を機械的に測量するだけであり、また通訳や案内人を介さないと地元の人間とコミュニケーションできない。彼らはこのような無知があだとなって地元の人々を怒らせ、インドから退去せざるを得なくなる。そしてキムのほうは持ち前の柔軟な適応力を生かして、彼らから秘密書類を奪い、北方の諸侯の反乱を未然に防ぐことに成功する。

『少年キム』においても最後に確認されるのは、スパイの活躍によってイギリスのインド支配が維持されるということである。非ヨーロッパ世界を文明化するヨーロッパ人の使命、いわゆる「白人の重荷」を信じていたキプリングにとっては当然のことであるが、彼はインドがイギリスによって統治されるべきことに何の疑いも持っていない。あるインド人老兵はインド大反乱という「暗黒の年」に支配者イギリスへの忠誠を守ったことを誇り、ラマ僧はそれを「功徳」として賞賛する。[28] 物語の末尾で、ラマ僧は全インドを俯瞰する幻視を見て、自らの聖河探求の旅が成就したことを告げるが、これはインドのあらゆる地方を熟知し、どこでも自在に飛び回ることのできるキ

26 キプリング『少年キム』、二九五頁。
27 同、三二七、四九八頁。
28 同、九八頁。

ムの能力と符合するものにほかならない。その幻視はイギリスの支配を守ったキムに与えられた祝福であり、政治支配の完成は精神的探求の完成と最後に一致するのである。

しかしながら、キプリングは単なるヨーロッパ至上主義者ではない。彼がこの小説のなかで示しているのは、植民地支配は単にヨーロッパの白人によってではなく、ヨーロッパと非ヨーロッパのはざまにいる中間的な人々によって保たれるということである。つまり、完全なイギリス人でも完全なインド人でもないキムのようなハイブリッドな存在にこそ、帝国の防衛はかかっているのである。どこにでも行き何者にもなれるそうした植民地スパイは、普通のヨーロッパ人から見れば、「過渡期のインド」のように「東洋と西洋を混ぜあわせた化け物」のようにも映る。[29] だが、植民地スパイのアイデンティティの不確かさは、その秘密の活動にとってはむしろ長所である。

エドワード・サイードはこのような存在としてのキムについて、人類学者ヴィクター・ターナーの用語を借りて「リミナルな」人物と呼んでいる。[30] それはある社会や共同体のなかで確固たるアイデンティティを持たず、いわば秩序の内部と外部の境界線上に位置する人物である。それはたしかに既存の秩序とは緊張関係にあるが、しかし秩序を転覆するというよりは、むしろ秩序を絶えず再生し持続させるのに貢献する。イギリス帝国は、何者とも同定しがたいこのような「リミナルな」人々の働きによって守られるのである。彼らの活動は通常のルールの枠内に収まることはなく、場合によってはそれに抵触することもある。だが、そのように秩序を踏み外すようにも見える周辺的な人々こそが、秩序を維持する当のものなのである。

探偵小説の私立探偵も、(小説においてであれ現実においてであれ)民間人スパイも、そのように秩序の限界に身を置く形象である。それらは警察や官僚機構のような公的な機関を非公式なかたちで補完する。しかもそれはしばしば、公的機関があからさまに行うことのできない予防的な治安行動、さらには非合法な行為に手を染めることによってそうするのである。それはフーコーが「非行性《デランカンス》」と呼んだような、権力との共犯関係にある違法行為に近い。

フーコーの『監獄の誕生』での分析によれば、近代の監獄が犯罪者を減少させるどころが、再犯を繰り返して監獄に舞い戻る人々を生み出しているのは、決して監獄制度の失敗を意味するものではない。社会からつまはじきにされ、その周辺にとどめ置かれるこうした「非行者《デランカン》」を作り出すことこそ、実は監獄の重要な機能なのであり、

29　同、四二〇頁。
30　エドワード・W・サイード『文化と帝国主義1』大橋洋一訳、みすず書房、一九九八年、二六一―二六二頁。

近代の警察はそのような人々を「密偵」、「密告者」、「隠密役《いぬ》」として治安維持のために利用してきたのである。つまり非行性とは、「政治的もしくは経済的に危険がいっそう少ない――極端な場合には活用可能な――形式[31]」を取った、飼いならされた違法行為である。非行者とは権力の道具として利用されるような犯罪者なのだ。法は法の侵犯と互いに補い合う。そうして、「犯罪行為が権力機構の歯車の一つに化」し、「法を力説する連中と法を侵す連中とのあいだの秘密裡で混沌とした了解協調」が生まれるわけである。[32]

すでにマルクスはこのような非行者たちを「ルンペン・プロレタリアート」という名で呼んでいた。[33] それは社会の周辺に排除された存在であるが、秩序を転覆する革命的階級としてのプロレタリアートとはまったく異なり、まさにそうした周辺から支配階級を支え、既存の秩序を維持するために働くはぐれ者たちの形象にほかならない。

このような非行者たちと同じように、探偵もスパイもまた、公的な権力行使を非公式な仕方で代行する。彼らは国家の治安機関から自由に行動し、しばしばそれと摩擦をひき起こすが、公安と秩序の維持という国家の存在理由《レゾン・デートル》には忠実であり続ける。彼らは法の例外のなかで活動する。しかしそれはあくまで国家理性のための法侵犯である。秘密の戦争のエージェントは、例外状態における秩序の防衛者なのである。

4　演技としての政治

『少年キム』で描かれるのは、イギリス帝国防衛のための極秘任務である。とはいえ主人公のキムは、単に誰にも気づかれず、誰の眼にも止まることのない地下活動家というわけではない。実のところ彼の活動は、依然として公開性の光の残滓をとどめている。彼はたえず変装をし、演技をして人を欺くことを楽しむ。このように人前で何らかの役割を演じるということは、政治的公開性に不可欠の身振りである。つまりキムは、ただの秘密諜報員ではなく、演技性を伴う政治的な活動に没頭している。そしてサイードが指摘するように、キムはこうしたスパイ活動に「楽しみ」を見出している。[34]彼は自らの任務をいわばゲームとして楽しむのだ。

31　フーコー『監獄の誕生』、二七五頁。
32　同、二八〇頁。
33　カール・マルクス『ルイ・ボナパルトのブリュメール18日』植村邦彦訳、平凡社ライブラリー、二〇〇八年、一〇四―一〇七頁。また、スラヴォイ・ジジェク『大義を忘れるな』中山徹／鈴木英明訳、青土社、二〇一〇年、四二九―四三〇頁、参照。
34　サイード『文化と帝国主義1』、二五六頁。

これからおれもどんどん北に向かって、闇戦争《グレート・ゲーム》に入りこむんだ。まったく、杼みたいにインドじゅうを駆けめぐっているんだな。そして、それに参加して楽しめるのも。[35]

キプリングがインドを舞台にした帝国主義抗争を「グレート・ゲーム」というメタファーで言い表したのは理由のないことではない。それはたしかに西洋列強同士の熾烈なせめぎ合いではある。しかし、それは本当の意味で生死をかけた深刻な闘争として描かれているわけではないのである。

別言すれば、キムはスパイ活動を、命を危険に晒す冒険としてではなく、一種のスポーツとして楽しんでいる。実際、イギリス帝国主義とスポーツマンシップとのあいだには密接な関連がある。キプリングを含む多くのイギリスの植民地主義者は、単に傍若無人な侵略者として振る舞っていたわけではない。彼らはイギリスのパブリック・スクールに根差した紳士的なスポーツマンシップを身に付けていることを自認し、自らの帝国主義的侵略に道徳的な装いをこらしていたのである。彼らにとって植民地での活動は、フェア・プレイの精神に則ったスポーツにも似たものであった。

このことは、キプリングの友人であったロバート・ベイデン＝パウエル卿が二〇世紀初めに創設したボーイスカウトのうちにも見て取ることができる。ボーイスカウトは元来、南アフリカ（ボーア）戦争でのイギリス軍の苦戦を憂慮したベイデン＝パウエルが、イギリスの少年に心身の鍛錬を施すために始めた運動である。そのさい彼はキプリングの冒険小説に触発され、少年たちがそうした鍛錬を自然のなかのスポーツのようなものとして体験できるようにした。そうして少年たちは、いわばゲームを楽しむように、植民地空間で活動するのに必要なテクニックを身に付けるのである。

『少年キム』のみならず多くのスパイ小説において、ゲームとしてのスポーツが重要なモチーフとして現れるのはそれゆえである。[36]『砂洲の謎』では主人公がヨットでのセーリングを趣味とし、『三十九階段』の主人公ハネーは南アフリカの草原でしばしば狩りを楽しんでいた人物であり、また、サッパー（ハーマン・シリル・マクニール）の小説の有名な主人公ブルドッグ・ドラモンドも元ボクシング選手であるといったように、彼らはスポーツマンとして冒険に身を投じるのである。アマチュアの民間人である彼らは、たしかに警察や外交官といったナショナル・セキュリティの公的な担い手

35　キプリング『少年キム』、三九七頁。

36　スパイ小説におけるスポーツのモチーフについては、Michael Denning, *Cover Stories: Narrative and Ideology in the British Spy Thriller*, Routledge & Kegan Paul 1987, pp. 32–58.

とは違って、ときに法を無視したやり方で敵と戦うが、しかしそれでもなおスポーツマンシップに則って行動する紳士として描かれる。彼らは卑怯な手を使わず、むやみに相手の命を奪うことがない。その戦いは国家の命運をかけたものでありながらも、敵の殲滅へとエスカレートすることはなく、決して一線を超えることのないゲームにとどまっている。スポーツとしてのスパイ戦というのは、イアン・フレミングのジェイムズ・ボンド・シリーズに至るまで繰り返し見られるスパイ小説のモチーフであり、そこでは、バカラ（『カジノ・ロワイヤル』）、ゴルフ（『ゴールドフィンガー』）、スキー（『女王陛下の００７』）など、しばしばゲームを通じて勝負が繰り広げられる。

キムが夢中になるのは変装と演技のゲームである。そしてこうした役割演技の身振りは、多くの植民地主義者に共有されていたものであった。彼らは植民地支配に乗り出すにあたって、ある使命を帯びた一つの役割を自覚的に引き受けていた。それはつまり、キプリングの言うところの「文明化の使命」を担うという役割、すなわち非ヨーロッパ世界を野蛮から救い出し、文明の恩恵を授けるという役割である。アレントが指摘するように、植民地へと渡ったイギリス人は、異国の地の人々を災いから解放するという「竜退治の伝統」によって突き動かされていたのであり、自らその災いを取り除く「竜退治の武者」として振る舞おうとした[37]。植民地支配は暴力や犯罪行為などではなく、むしろ野蛮な地に暮らす人々の救済という大義によって粉飾されたのである。

そのような「少年時代の理想」に生きる植民地主義者たちにとって、植民地での活動は、いかに残虐なものであろうと「お伽話」のなかのゲームとなる。彼らは「ゲームの世界」に惹きつけられた「ジェントルマン」である。[38]この紳士《ジェントルマン》たちは偽善の仮面をかぶり、少年のように冒険ゲームに夢中になる。しかし、植民地主義者たちがただの行政官僚や諜報機関員ではなく、そのように大義を身にまとった演技者であったということは、彼らもまた政治的公開性を完全には捨て去ってはいないことを示している。彼らの役割演技がいかに植民地支配と表裏一体の偽善であったとしても、そこにはなお剝き出しの暴力を抑える政治的なものの可能性が残っている。実際、「偽善(Hypocrisis)」とはまさに、古来から政治に必要とされてきた能力だったのである。

偽善の語源であるギリシア語の「ヒュポクリシス」とは、元来、否定的な意味をもった概念ではなかった。[39]アリストテレスの『弁論術』では、弁論のさいに事柄をどのよ

37 アーレント『全体主義の起原2 帝国主義』、一六〇―一六三頁。
38 同、一二八頁。
39 偽善の概念史については、Klaus-Michael Kodalle, »Heuchelei«, in: Joachim Ritter (Hg.), *Historisches Wörterbuch der Philosophie*, Bd. 3, Darmstadt 1974, S. 1113–1115.

うに演技的に語るかが「ヒュポクリシス（演技的語り口）」と呼ばれ、これは弁論において「最大の効果を挙げるもの」と言われている（一四〇三b）[40]。「劇の競技」でも「国家公共の場における競技」でも大きな力を発揮するのは、語られる事柄やその作者よりも、その「役者（ヒュポクリタイ）」のほうである（一四〇三b）[41]。つまりヒュポクリシスの原義とは、人前で役者として何かを演じ、表現することにほかならない。演劇においても政治的弁論においても、そのような演技の能力こそ、観衆を説得し、納得させるのに不可欠のものである。

必ずしも否定的な概念ではなかった古代ギリシアのヒュポクリシスが、偽善という今日的な意味で理解されるようになるのは、もっぱらキリスト教の影響下においてである。新約聖書からグレゴリウス一世、セビリアのイシドールス、トマス・アクィナスなどを経てルターに至るなかで、それはしだいに、おのれの真の意図を隠し、他人を欺くための偽りの仮面として非難されるようになる。そうして、偽善としての表面的な演技に対し、本来性としての魂の内面が対置されるわけである。

にもかかわらず、偽善としての政治的演技が意味を失ったわけではない。偽善はフランシス・ベーコンやラ・ロシュフーコーなどバロック期の思想家によって再評価されるが、それは、真なる内面といった本来性の神話にこだわっていては、正義同士がぶつかり合う宗教戦争のエスカレートは止むことがないからである。偽善はたしかに宗教的信心とは齟齬をきたすような政治的術策であり、一つの悪徳である。しかしそれは諸々の本音や心の内がそのまま表に出るのを防ぎ、秩序の平穏を保つためのやむを得ざる悪徳なのである。「偽善は悪徳が美徳に捧げる敬意のしるしである[42]」とされる理由は、少なくとも偽善がある限り、相互に決して相容れることのない各人の内面が剝き出しのまま衝突する極端な闘争状態は回避されるからであり、こうした最悪の悪徳を防ぐという意味において、偽善は最小限の美徳であるとも言えるからである。

したがって、人々が建前としての偽善を顧みなくなるとき、政治空間は荒廃する。かつて丸山眞男は、偽善を嘲笑して「真情」や「本性」を求める日本の政治風土を指摘し、それが結局のところ本音や欲望の露悪的な垂れ流しに終わることを批判した。こうした日本の文化は、「われわれの社会行動が「演技性」にとぼしいこと、それだけでなく、演技的行動のなかにそれ自体「まごころ」ならぬ不純な精神を嗅ぎつける傾向があることと、無縁ではないようである[43]」。丸山に言わせると、イギリスや中国

40　アリストテレス『弁論術』戸塚七郎訳、岩波文庫、一九九二年、三〇五頁。
41　同、三〇六頁。
42　ラ・ロシュフコー『ラ・ロシュフコー箴言集』、六九頁。
43　丸山眞男「偽善のすすめ」、『丸山眞男集　第九巻』岩波書店、一九九六年、三二七頁。

とは対照的に、ドイツや日本には偽善と演技が欠けており、それが両国の「政治的感覚」の未熟さに繫がっている。[44]政治とは、行為者が本当は何を考えているかは関係なく、彼が他人の目にどう映っているか、彼が人前で何を上演しているかがすべてである。こうした偽善の能力こそが、一定の規範性のもとで人々が共存するような政治空間を可能にする。

それゆえアレントも、アンシャン＝レジームの宮廷社会の偽善を暴き出してその仮面の下にある真実を暴き出そうとしたフランス革命期の恐怖政治を批判するのである。[45]政治において決定的なのは外見上のパフォーマンスであって、それを超えて本来性を探求することは政治的なものを破壊する。『全体主義の起原』でそうした政治的演技の実践者として評価されているのは、ユダヤ人のイギリス首相ディズレイリである。彼にとって自らのユダヤ人としてのアイデンティティは、何らかの人種的本質ではなく、一つの公的な演技にほかならなかった。それは本来性から解放された政治的な自己上演のモデルであった。アリストテレス的なヒュポクリシスは、政治的動物としての人間の「本性」である。人間は真理をただパフォーマティヴなものとしてしか知ることができないのである。

変装による演技を楽しむキムもまた、ただのスパイや陰謀家ではなく、なお政治的行為者としての性格をとどめている。アレントにとってキムのゲームは、パフォーマティヴな政治の近代最後の可能性を示すものであった。だから彼女は帝国主義の時代を、一定の「節度」と「限界」を保った「黄金の安定期」としてノスタルジックに回顧するのである。[46]キムは、誰かの手足として活動することよりも、パフォーマンスすることそれ自体に喜びを感じている。彼は「ゴールがなく理解し得る目的がない」ゲームに夢中になることで、「永遠の生の充足感」を得ることができる。[47]それは「ゲームのためのゲーム」である。そうしてキムのゲームは、決して何ものかの手段や道具ではないパフォーマンスそのものとしての政治的行為の理想に極めて接近する。

だが、キムがイギリス帝国主義のためのスパイであることは否定できない事実である。彼はグレート・ゲームのなかの一つの駒にすぎない。そのゲームの成り行きは彼個人が見通せるものでも、動かせるものでもない。「この闇戦争《グレート・ゲーム》はとても規模がでかいから、一度に少ししか見れないのだ[48]」。結局スパイたちは、当人がどう考えている

44　同、三二八頁。
45　ハンナ・アレント『革命について』、「第二章　社会問題」参照。
46　アーレント『全体主義の起原2　帝国主義』、四頁。
47　同、一七五―一七六頁。
48　キプリング『少年キム』、二九八頁。

にせよ、帝国主義的目的のなかに埋め込まれている。彼らの行為は、「ゲームのためのゲーム」というよりも、帝国主義列強の政治的道具として利用される。そのとき、他人を欺く演技に夢中になるスパイは、自分自身がより高次の行為者によって欺かれていると言える。「〈グレート・ゲーム〉に加わった冒険者はどの場合も欺かれた詐欺師となった[49]」。

スパイ小説が登場した二〇世紀初めには、そのパラダイムとしてのゲーム的なものがすでに困難に直面していた。それと同時に、公開性の光のなかで演じられるパフォーマンスとしての政治的なものもまた危機に見舞われつつあった。おおよそ第一次世界大戦前後に始まるイデオロギー対立の時代がこうした危機を加速させ、スパイという形象をある悲劇性を帯びたものへと変容させていくことになる。

5 ゲームの終焉――T・E・ロレンスのジレンマ

初期のスパイ小説で描かれていた愛国的英雄としてのスパイは、ほどなくして自らの役割に絶えず疑念を覚える悲劇的個人としてのスパイへとその場を譲ることになる。それは、当初スパイ小説の背景となっていた守るべき国家そのものへの信頼が、二〇世紀の政治状況のなかで揺らいでいったからである。国家や帝国の防衛を屈託のない大義として信じることのできた時代はいまや過ぎ去るのである。

こうした事情は二〇世紀のスパイ小説の変遷に色濃く反映されることになるが、フィクションに先立って、自らが従うべき信念のそうした動揺を現実に生きた一人の人物がいる。第一次世界大戦時にイギリスの諜報員として、オスマン帝国に対するアラブの反乱に助力したトーマス・エドワード・ロレンス（アラビアのロレンス）がそれである。ロレンスについての記述は『全体主義の起原』でも一つのクライマックスを成しており、いまだ政治的なものが残っていた時代から全体主義の時代に移行する分水嶺に位置付けられている。イギリス帝国主義の代理人でありながら、自ら大義を信じる一人のアラブ人であるかのように戦ったロレンスのうちには、同時代の世界状況のなかで政治的演技の実践が直面することになったジレンマが表されている。

第一次世界大戦中のオスマン帝国に対するアラブ人の蜂起は、イギリスがアラブ人による国家建設を約束したフサイン＝マクマホン協定に基づいて行われたものである。しかし同時にイギリスはフランスやロシアとのあいだでサイクス＝ピコ協定を締

49　アーレント『全体主義の起原2　帝国主義』、一七六頁。

結し、戦後にアラブ地域を分割統治することを密約していた。これはむろんアラブ人国家の建設の約束とは相矛盾するものである。サイクス＝ピコ協定の存在をあらかじめ知りながら、独立国家のためのアラブ人の反乱に身を投じることになったロレンスは、自分が欺瞞を働いているという意識を拭い去ることができない。戦勝の暁には「アラブ人への約束などは一辺の死文字と化すること[50]」は明らかだったからである。ロレンスはアラブの衣装を身にまとい、ともに反乱を戦うアラブ人たちに同化しようとする。しかし彼は、彼らの独立国家への期待を裏切るイギリスのエージェントであることで、アラブ人の姿を演じながらも絶えず「恥辱感」に苛まれる。アラブ反乱の経緯を描いたロレンスの有名な著作『知恵の七柱』に現れているのは、イギリスとアラブ人という二つの忠誠に引き裂かれた彼の内面の葛藤である。

ロレンスはアラブ人の仮面をかぶり、アラブ・ナショナリズムの大義を掲げる。エドワード・サイードはこれを、キプリングのキムの偽装と同じく、「すべてが可能で、どこへでも行けて、何にでもなれると思いこみたい人間のファンタジー[51]」と述べ、このようなヨーロッパ白人の冒険ファンタジーが西洋列強による植民地支配を前提にしたものにすぎないと批判している。しかしロレンスは、自分がアラブ人になり切ることができると単純に信じていたわけではない。彼はどんなに変装して真似をしようと、本当のアラブ人には決して近づけないことを自覚している。

私の場合は、幾年かの間アラブ人の衣裳を着て暮らし、そして彼らの心的な基礎を模倣しようという努力は私からイギリス人という自己を放棄させ、西洋およびその環境を新しい目で見直させた。つまり彼らは私のために私の西洋をことごとく滅してくれたのである。それでも私はなおも心からアラブ人の皮膚をつけることはできなかった。あるのは、ただ見せかけだけであった。[52]

アラブ人は独立国家を信じて戦い、ロレンスもそうしたアラブ人に擬態する。しかし、イギリスにとってアラブ人の反乱は、帝国主義的な利益のために利用しうる一つの道具にすぎない。ロレンスはアラビアの地でイギリス人としてのアイデンティティから距離を取ることができたが、かといってアラブ人になり切れたわけでもない。彼がどのように振る舞うにせよ、それはイギリスかアラブ人のどちらかへの裏切りとなる。ロレンスの役割はどうあっても欺瞞から逃れえないものだったのである。

50　T・E・ロレンス『知恵の七柱2』柏倉俊三訳、平凡社・東洋文庫、一九七一年、八四頁。
51　サイード『文化と帝国主義1』、二九四頁。
52　T・E・ロレンス『知恵の七柱1』柏倉俊三訳、平凡社、一九六九年、一〇頁。

それゆえロレンスは、アラブ人国家の約束の反故が明らかとなった第一次世界大戦後に記した『知恵の七柱』で、アラブ反乱のなかで自らが得た栄光を繰り返し疑問視しているのである。彼の中東での活躍は戦後すぐにイギリス国内で広く知られるようになり、「アラビアのロレンス」は一躍時代の寵児としてジャーナリズムに追い回される。しかし彼にとってこの名声は、アラブの人々に対する裏切りの後ろめたさと一体のものであった。

ただりっぱな演技者のみが彼に好意を寄せる印象を刻みうるだけである。ここではアラブ人は私を信じている。（……）そこで私はいっさいの名声などというものは、私の場合のように、すべて欺瞞の上に築かれているのではないかというような気がしてくる。私の演技に対する賞賛という報酬は、いまや拒むわけにはいかないものであった。[53]

たしかに『知恵の七柱』には、自らの果たした役割をひけらかし、栄光を渇望するようなロレンスの自己顕示欲が見出せる。しかし彼はまた、この「栄光」が「恥辱」に満ちていることも意識している。[54]「アラビアのロレンス」としての彼の活躍は、公共空間で人々から賛美される英雄的な生としては決定的に傷つけられている。彼は自分の演技がパフォーマンスによる政治的アイデンティティの創出ではなく、帝国主義の手段にすぎない汚辱に満ちたスパイ活動であることを分かっているのである。

初期のスパイ小説の主人公たちとは違って、ロレンスは自らの使命に対する素朴な信頼を持つことができない。変装による役割演技とイギリス帝国主義の利害関心は、キプリングのキムにおいてはまだ矛盾なく結びついていたが、ロレンスは両者のあいだで分裂する悲劇的なスパイとなる。それでもロレンスは、単なる帝国主義の道具に甘んじることなく、アラブ人としての役割を演じ切ることでそれを出し抜こうとする。彼は、イギリスがアラブ人国家の約束を認めざるを得なくなるように、アラブ人自身の手で最終目的地ダマスカスの解放を実現すべく力を尽くす。たとえそれが不確実な期待に依拠した気休めであり、アラブの人々への自らの欺瞞を慰めるための「自己欺瞞」だったとしてもである。[55] そうしてロレンスは、列強の帝国主義的な目論見を超えるような「歴史の必然」に「みずからを投入」して、[56] その流れのなかで与えられた役

53　T・E・ロレンス『知恵の七柱3』柏倉俊三訳、平凡社・東洋文庫、一九七一年、一九一頁。
54　ジル・ドゥルーズ「恥辱と栄光――T・E・ロレンス」、『批評と臨床』、二五〇頁。
55　ロレンス『知恵の七柱3』、八四頁。
56　アーレント『全体主義の起原2　帝国主義』、一八一頁。

割だけを演じようとした。結果として帝国主義列強はアラブ人を欺き、ロレンスは「秘密権力の手先」として行動したにすぎなかったが。かくして彼は自らが見通せない高次の力の犠牲となった。その演技が裏切られることで終わったロレンスは、アレントの見るように、近代最後のアンビヴァレントな政治的演技者である。全体を見通すことのできない一個人としての彼は、もはや冒険ゲームを楽しむのではなく、悲劇のうちに巻き込まれるのである。

6 裏切りの国家——左派スパイ小説とその背景

ロレンスのような悲劇的なスパイの形象は、第一次世界大戦前後からフィクションの分野においても頻繁に登場するようになる。それによってスパイ小説はしだいに、伝統的な冒険物語にとどまらない新たな性格を帯びたジャンルへと移行していくことになる。つまり、英雄的な活躍をする主人公ではなく、汚辱と幻滅に満ちた自らの任務のなかであがく主人公を描くものへと変わっていくのである。

ジョゼフ・コンラッドの『密偵』(一九〇七)はそうしたスパイ小説の先駆けである。社会秩序をかき乱そうとするアナーキスト組織の陰謀を描いたこの作品は、全篇にわたってシニシズムの雰囲気に覆われている。主人公のヴァーロックは、秩序の防衛という栄誉ある役割を担うどころか、組織に命じられたテロを保身のために嫌々引き受け、その実行犯として妻の知的障害を負った弟を利用するなど、道徳的に卑小な小物スパイにすぎない。最終的に主人公一家が死ぬだけで、アナーキストたちは相変わらず残り続けるこの陰謀物語は、世界についての不安と不確実性の意識を高めるだけである。

同じように、第一次世界大戦中に自身がイギリスの情報機関に勤務した経験のあるサマセット・モームも、そのスパイ小説『アシェンデン』(一九二八)のなかで、スパイの日常活動をいかなるロマンもなしに散文的に描き出している。モームは現実のスパイ活動というものが「全体的には、極端に単調」で、「多くの仕事は異常なほど役に立たない」[57]ことが分かっており、それにいかなる英雄的な脚色も加えることはない。その活動は何の栄光もなく、ただの薄汚れた下仕事でさえある。例えば、この作品に登場する主人公の協力者のメキシコ人スパイは、紳士的とは到底言い難い人物である。このメキシコ人は人違いの殺人も平然と犯すなど、スパイ小説の文法であるスポーツ

57 サマセット・モーム『アシェンデン』中島賢二/岡田久雄訳、岩波文庫、二〇〇八年、一〇頁。

マンシップが大きく揺るがされる。

奴さんはパブリック・スクールで教育を受けたわけじゃないしな。そもそも、ゲームというものを、わしやきみとはまったく違うルールで考えているところがある。[58]

また、物語の最後では、主人公は諜報活動に入ったロシアでなすすべなく革命に巻き込まれる。彼は何の任務も果たせぬまま、ただ歴史の成り行きに流されるだけである。彼は能動的に活躍する英雄ではなく、歴史の全体状況を動かすことのできない受動的な一個人にすぎない。

二〇世紀のイギリス・スパイ小説は、おおよそ二つの系譜に分岐すると言える。愛国的なスパイによる国家防衛をテーマとした『少年キム』や『砂洲の謎』は、その後、バカン、サッパー、フレミング、さらにはアメリカのトム・クランシーといった保守的な右派スパイ小説の系譜に繋がっていく。他方、スパイをただの平凡な人間として描いた『密偵』や『アシェンデン』は、エリック・アンブラー、ジョン・ル・カレ、グレアム・グリーンのような、批判的な左派スパイ小説の系譜を生み出していった。そうした左翼的な作家たちの登場とともに、スパイ小説は単なるナショナリズム的なプロパガンダ小説にとどまることなく、社会批判の小説へと発展していく。イギリス帝国の理想を素朴に信じることのできた時代は終わりを告げるのである。

左派スパイ小説においては、守るべき国家という大義はその信頼を失墜し、国家は拠り所になりえないどころか、個人を欺くことさえある存在として描かれる。左翼作家たちは、自分の力では如何ともしがたい状況のなかで苦闘し、ときに裏切られるスパイの姿を描くことで、あらゆる政治権力の欺瞞を暴き出そうとするのである。例えば、社会主義のシンパであった一九三〇年代のアンブラーによる『暗い国境』（一九三六）や『恐怖の背景』（一九三七）などにおいては、主人公は資本家階級や軍産複合体に操られた陰謀の主体である国家に翻弄される。[59] スパイ小説は徐々に反愛国主義的な特徴を帯びていき、右派のみならず、左派にとっての政治的アンガジュマンの文学にもなっていくのである。

スパイ小説における国家の地位の失墜は、一方ではグローバルな経済によって、他方では自由主義・社会主義・ファシズムといったイデオロギーによって近代主権国家

58 同、八八頁。
59 アンブラーについては、Schwarz, *Phantastische Wirklichkeit*, a.a.O., S. 61–91; Boltanski, *Énigmes et complots*, op.cit., pp. 215–220.

の基礎が侵食されていった事情を反映している。人はもはや国家だけを忠誠の対象とするのではなく、ナショナリズム以外のさまざまな理念や信念に身を捧げるようになるのである。それによって、一つの国家に暮らす同じ国民であっても、誰が何を信じているのか分からず、誰もが敵になりうるような世界へと変容する。このような戦線の曖昧化と敵の不透明化のなかで、二〇世紀はあたかも「裏切りの世紀」(西ドイツの保守ジャーナリストであったマルグレート・ボヴェーリの語)であるかのような様相を帯びることになる。第二次世界大戦中のイギリスのウィリアム・ジョイスやアメリカのエズラ・パウンドといったファシズム・シンパ、フランスの対独協力者(コラボラトゥール)、ファシズム各国で活動した国内抵抗者やコミュニズム・スパイ、五〇年代のアメリカのマッカーシズム、イギリスで発覚したキム・フィルビーの二重スパイ疑惑などは、伝統的な国家による友敵区分の危機を示す例にほかならない。スパイ小説の主人公がおのれの忠誠を尽くすものを見失っていくというのは、とりわけ第二次世界大戦から冷戦にかけての時期に顕著であるような、現実世界における世界観の安定性の喪失を背景にしていると言える。

そうして左派スパイ小説では、主人公の足元から行為の信頼できる基盤がほぼすべて取り除かれることになる。それは、ある特定の国や組織を敵とするのではなく、政治権力一般への、さらには世界そのものへの不信によって特徴づけられる。そして国家は、秩序の安定の保証人であるどころか、それ自体が陰謀を企てる犯罪の主体であるとさえみなされるようになる。[60] それゆえ主人公はしばしば、外国のスパイよりも、自国の情報機関によって危険に晒されるのである。彼は自分が属する情報機関のなかで上司に欺かれ、裏切られる。左派スパイ小説で描かれるのは、敵国による国家の危機というよりも、国家の退廃した官僚システムによる個人の危機である。主人公が不可解な官僚組織に翻弄されるカフカの『訴訟(審判)』や『城』、あるいは全面化された監視国家に暮らす主人公がそれに抗おうとするジョージ・オーウェルの『一九八四年』(一九四九)がしばしばこの種の犯罪・スパイ小説の系譜に連なる作品とみなされるのも理由のないことではない。第二次世界大戦前後の探偵小説で言えばロマン・ノワール、映画で言えばフィルム・ノワールにおけるように、腐敗しているのは社会の全体であり、そのなかで生きる個人を描き出すことこそが問題なのである。左派スパイ小説の主人公は、国家や社会を守るのではなく、退廃した国家や社会から自分自身、仲間、愛する人を守ろうとする。そこで主題となるのは、英雄的な行為者ではなく、単なる政治権力の手段として利用され裏切られるスパイの姿を通じた政治批判であ

60　Cf. Boltanski, *Énigmes et complots*, op.cit., pp. 68–69, 231–232.

る。

そのようなスパイ小説の代表的作品の一つが、東西冷戦下のドイツにおけるスパイ戦を描いたル・カレの『寒い国から帰ってきたスパイ』(一九六三)である。[61] 一九五〇年代にフレミングがジェイムズ・ボンドの活躍を描くことで、冷戦と脱植民地化のなかで没落しつつあったイギリスをフィクションの上で再び世界政治の中心に引き戻そうとしたのに対し、ル・カレはそうした保守主義者のファンタジーを批判し、無力な一個人としてのスパイの姿を醒めた筆致で描き出す。

イギリス情報部員である主人公リーマスは、元ナチスの東ドイツ情報部高官ムントに西側のスパイの嫌疑をかけて失脚させるという任務を帯びて、二重スパイを装って東ドイツに潜入し、ムントの部下のフィードラーに接触する。しかしながら、実はムントは本当に西側の協力者であり、イギリス情報部の真の狙いは、ムントにスパイの疑いを抱いたフィードラーのほうを失脚させることであった。そしてそのためにイギリス情報部は、リーマスおよび彼が任務のなかでたまたま恋愛関係に陥ったイギリス共産党員の図書館員リズを利用する。彼らはフィードラーがムントの罪を追及するために設置した東ドイツの査問会で、意図せずして、容疑者と告発者をひっくり返し、容疑をムントからフィードラーに移し替える証人の役割を演じる。リーマスは査問会が終わってはじめて真実を知るのである。

この小説では主人公は自分が本当は何のために動いているか分かっておらず、彼の演技は一貫して他者の意図によって操られている。主人公が偽りの演技をするというより、主人公自身が最初から欺かれているのである。リーマスが心を通わせた無実のユダヤ人フィードラーは粛清され、生き残るのはイギリス情報部が肩入れした反ユダヤ主義者で二重スパイのムントである。リーマスとリズ、そして彼らの愛は、そうした策謀の道具として利用される。

あのひとたちのしていること、もっと、もっと怖ろしい意味があるんだわ。わたしにしろ、だれにしろ、利用できる人間のヒューマニティを、そのまま自分たちの武器にかえて、人殺しのためにつかおうというのよ。[62]

結局のところ、「個人の犠牲」を「全体のために必要とあれば正当化[63]」する限りにお

61　ル・カレのこの作品については、Horn, *Der geheime Krieg*, a.a.O., S. 349ff.; Boltanski, *Énigmes et complots*, op.cit., pp. 227–231.

62　ジョン・ル・カレ『寒い国から帰ってきたスパイ』宇野利泰訳、ハヤカワ文庫、二〇一四年版、三六四―三六五頁。

いて、西側の国も東側の国も変わることがない。西側世界に戻ることを拒否してベルリンの壁の下で自ら国境警備隊の銃弾を浴びるリーマスの最後の身振りによって告発されるのは、個人を目的のための手段とする国家権力そのものの欺瞞である。

グレアム・グリーンもまた、同じような反英雄主義的なスパイ小説作家の一人である。[64] 若い頃バカンを作家として信奉していたグリーンは、やがてイギリス帝国への幻想から醒め、その愛国主義的な姿勢から距離を取るようになる。第二次世界大戦中はイギリスの秘密情報部（ＳＩＳ＝いわゆるＭＩ６）で任務についていたが、しかし彼は共産主義に親近感を抱いていた左翼的な作家であり、特に戦後は『おとなしいアメリカ人』（一九五五）などの反米的な傾向の作品もあって、東側諸国で脚光を浴びることにもなった。グリーンは、秘密情報部時代の上司であり、のちに二重スパイであることが露呈してソ連に亡命するキム・フィルビーとも終生交友を持ち続け、フィルビーの背信行為に一定の理解を示している。とはいえグリーンは、西側世界をたびたび批判しながらも、社会主義国家を単純に理想化しているわけでもない。一九六九年のハンブルク・シェイクスピア賞の受賞講演で彼が述べるところによると、あらゆる国家には抑圧的性格がある。それゆえにこそ、国家のなかで不服従的であろうとする「不実の美徳」が大切となるのである。[65]

グリーンの『ヒューマン・ファクター』（一九七八）は、情報機関という官僚組織のなかで忠誠のジレンマに直面するスパイの姿を描き出した作品である。イギリス情報部に勤務する主人公モーリス・カッスルは、かつて黒人の妻セイラと息子のサムがアパルトヘイト下の南アフリカから決死の脱出を行うのを支援してくれた共産主義者への恩義のため、ソ連に内部情報を流す二重スパイをしている。機密漏洩が明るみに出て情報部から追及される彼は、たしかに国家への反逆者ではあるが、しかしそれは自らの家族への忠誠の結果でもある。

「つまるところ、私は人の言う裏切り者だ」

「それがなんなの」と彼女は言って、手を彼の手のひらに添えた。（……）「わたしたちにはわたしたちだけの国がある。あなたとわたしとサムの国。あなたはその国は裏切ってないわ、モーリス[66]」

63 同、一九三頁。

64 グリーンの伝記および『ヒューマン・ファクター』における忠誠のジレンマについては、Denning, *Cover Stories*, op.cit., p. 130-134; Schwarz, *Phantastische Wirklichkeit*, a.a.O., S. 92–119; Horn, *Der geheime Krieg*, a.a.O., S. 361ff.

65 Cf. "The Virtue of Disloyalty," in Graham Green, *Reflections*, Penguin 1990, pp. 266–270.

だが、信念に基づいたこの裏切りが、信じる家族との絆を守れるわけではない。最終的にカッスルはソ連に亡命せざるをえなくなるが、妻子をイギリスから出国させることには失敗する。結局、彼は売国奴の汚名を受けることに加えて、家族の繫がりまでも引き裂かれることになる。カッスルを苦しめるのは、国家への忠誠とヒューマニティへの忠誠とのあいだのジレンマである（妻セイラは黒人であり、また息子サムはセイラの前夫の子であってカッスルと血の繫がりはないことから、この家族は人種を超えたヒューマニティの絆を象徴している）。グリーンはスパイの悲劇的な窮状を描くことを通して、国家権力を告発するとともに、それを超えるヒューマニティへの（グリーン自身のカトリックに根差すところの）信仰告白を行うわけである。

今日の小説や映画などの政治スリラーにおいては、ル・カレやグリーンのような左派的な政治批判だけでなく、保守的な国家防衛のモチーフも頻繁に見られるのは確かである。かつて二〇世紀初頭のイギリスで帝国の没落への不安からスパイ小説が生まれてきたように、一九六〇年代にはヴェトナム戦争などによるアメリカの覇権の陰りを背景として、愛国的なスパイ小説の系譜がイギリスからアメリカへと受け継がれる。六〇年代に始まるテレビシリーズ『スパイ大作戦』（のちの映画『ミッション：インポッシブル』シリーズ）や、右派の作家であるトム・クランシーなどのスパイ小説には、国家とその情報機関への信頼をはっきりと見て取ることができる。これらの作品もまた、初期の探偵・スパイ小説と同じく、危機に対する人々の不安を解消するという機能を担っている。ただしそれらは、主人公が知性と策略によってではなく、筋肉と条件反射によって敵と戦うアクション・スリラーとしての性格を帯びるのだが。この種の主人公は、左派スパイ小説のように裏切られる悲劇的な個人でもなければ、ロマン（およびフィルム）・ノワールのように腐敗した組織や社会のなかで自らの生のあり方を貫くハードボイルドな個人でもなく、何よりも秩序が維持されるべきことを信じて疑わず、あらゆる物理的手段を尽くして国家（場合によっては地球）を守るタフな個人となろう。

いずれにせよ、フィクションにおけるスパイの世界は、九・一一以降のテロリズム・パラノイアの時代にあってもなお、正義としての秩序とそれへの懐疑という二つの傾向がせめぎ合う場であり続けている。その秘密の戦争の空間は、単に陰謀論的ファンタジーをかき立てるだけでもなければ、安全と秩序のための例外状態に尽きることもなく、なお（友敵の明確な区別というシュミット的な意での）政治的なものを動揺さ

66　グレアム・グリーン『ヒューマン・ファクター』加賀山卓朗訳、ハヤカワepi文庫、二〇〇六年、三四一頁。

せるような批判的機能をとどめていると言える。

7　演技の潜勢力――ブレヒトの『処置』

スパイが活動する空間は一種の例外状態であり、そこでは高次の目的のためにしばしば法が侵犯される。それは、秩序を維持する愛国的スパイだけではなく、既存の秩序を攪乱する革命的スパイの場合も同様である。政治においては、秩序の防衛が目的であれその転覆が目的であれ、公式の活動と秘密の活動が接合されていなければならない。これはレーニンが一九二〇年の有名な左翼小児病論文で強調していたことでもある。そのなかで彼は革命政党が合法的闘争と非合法闘争を同時に遂行すべきことを主張し、これは同年に開かれたコミンテルン（第三インターナショナル）の第二回大会でも共産主義政党の行動指針として採用されることになる。この大会で決定された二一カ条のコミンテルン加入条件では、コミンテルンの下にある各国共産党に合法的活動と非合法活動との結合が要求される。つまり、革命政党は議会のようなブルジョワ的合法性の制度を利用しつつ、労働組合、軍隊、農村などにおいて水面下のプロパガンダとアジテーションを展開しなければならないというわけである。

革命政党のそうした秘密政治を主題化した作品が、ベルトルト・ブレヒトの戯曲『処置（Die Maßnahme）』（初演一九三〇）である。[67] これはあたかも共産主義国家の全体主義政治を正当化しているようにも解釈できる戯曲であり、ナチスを逃れてアメリカに亡命していたブレヒトが一九四七年一〇月三〇日に下院の非米活動委員会で審問を受けたときにも、調査委員長ロバート・ストリップリングによって彼の親共産主義的な立場を証示するものとして引き合いに出された作品である。その後東ドイツに居を移したブレヒトも、五六年の死の直前にこの劇の上演禁止を言い渡すなど、それは非常に問題含みの作品とみなされてきた。しかしそれを単に、全体のために個人が犠牲になることを求めた左翼教条主義の演劇とみなすだけなら誤解である。それは、左派スパイ小説と異なる仕方ではあるが、秘密のスパイ活動における道徳的ジレンマを呈示す

---

67 『処置』については、ニコラウス・ミュラー＝シェルによる分析 Nikolaus Müller-Schöll, »Das "epische Thaeter" ist "uns" (k)eine Hilfe. Brechts Erfindung eines Theaters der Potentialität«, in: Michel Vanoosthuyse (éd), *Brecht 98. Poétique et Politique/Poetik und Politik*, Montpellier 1999, S. 43–54; ders., *Das Thaeter des »konstruktiven Defaitismus«*, Frankfurt am Main 2002, S. 335–361、エーファ・ホルンによる分析 Eva Horn, "Actors/Agents: Bertolt Brecht and the Politics of Secrecy," in: *Grey Room*, 24 (2006), pp. 39–55; ders., *Der geheime Krieg*, a.a.O., S. 270–308、および、Yasco Horsman, *Theater of Justice*, Chap. 4, "Brecht on Trial: The Courtroom, the Theater, and The Measures Taken," Stanford University Press 2011, pp. 91–132 参照。

ることで政治批判を遂行しようとする演劇的な試みにほかならないからである。

『処置』は、革命工作のためにモスクワから中国の奉天に派遣されたアジテーターたちが、仲間の若い同志を殺害するに至った顛末を物語る戯曲である。中国に到着した彼らは現地で先に活動していた若い同志と合流し、非合法の情宣活動に従事するために皆で仮面を付けて「自分の顔を抹殺[68]」する。仮面を付けるこの身振りにもたしかに、政治的な演技の要素を見て取ることはできる。しかしこの偽装は公開の場に現れるためのものではなく、アイデンティティを抹消して不可視の存在になるためのものである。それは、古代演劇のように或る人格（ペルソナ）を帯びるための仮面というよりも、脱人格化のための仮面なのである。アジテーターたちは仮面によって自らの正体を隠すが、それに代わって何らかの別のアイデンティティを演じるわけではない。仮面を付けた彼らはもはや何者でもなくなる。彼らは集団のなかに自らを没し、ただの匿名の存在になる。

すでにブレヒトは『都市住民のための読本』（一九二六）のなかで「痕跡を消せ」と題された詩を書きつけていた。これは都市大衆のアイデンティティ喪失状況を言い表しているると同時に、ベンヤミンが述べているように「非合法活動家に対する指示[69]」でもある。『処置』のアジテーターたちは自己を抹消し、自らのいかなる痕跡も残さずに活動せねばならないのである。

アジテーターたちは中国の労働者を助けるための武器や食糧は何も持たず、ただ「古典理論家と宣伝活動家の教え」および「共産主義の基本原則《いろは》」を伝えに行くだけである。[70]だが、若い同志は党の命じるこうした工作活動に我慢できず、彼の人間的感情はそれと繰り返し衝突する。酷使されるクーリー（苦力）への同情、無実の労働者を痛めつける警官への義憤、米値を吊り上げる悪徳商人の手を借りることの拒否など、若い同志の素朴な感情はすべて活動の妨げになるだけである。目の前の人間の苦しみに直接的に反応することは革命に寄与するものではなく、世界の変革という長い目で見れば控えなければならない。

若い同志　それじゃ古典理論家たちは、ありとある悲惨に対してただちに何よりも先に救いの手をのばすことには反対なのだね？

68　ベルトルト・ブレヒト「処置」、『ブレヒト戯曲全集　第8巻』岩淵達治訳、未來社、一九九九年、二三二頁。

69　ヴァルター・ベンヤミン「ブレヒトの詩への註釈」、『ベンヤミン・コレクション4　批評の瞬間』浅井健二郎編訳、ちくま学芸文庫、二〇〇七年、四八七頁。

70　ブレヒト「処置」、『ブレヒト戯曲全集　第8巻』、二三一、二三四頁。

三人のアジテーター　反対だ。

若い同志　それならそんな古典理論家は屑だ。そんなものは引き裂いてやる。生身の人間が叫んでるんだぞ。彼らの悲惨が、理論の壁などでせきとめられるものか。だからこそ僕は行動に移るのだ、即座に。僕は吼えたけり、理論の壁を打ちやぶるぞ。（文書をやぶく）[71]

若い同志は目の前の悲惨を見過ごすことに耐えられず、そのための役に立たない共産主義の理論家の教えに反発する。彼にとっては「生身の人間」こそが「理論」に優先しなければならない。そしてついに若い同志は自らの仮面を取って正体を明かし、自分たちがモスクワから来た救済者であることを人々の前で告げるのである。

だが、若い同志のこの行動によってアジテーターたちは町を追われ、追っ手の厳しい追及に晒されることになる。彼らは顔を知られてしまった若い同志を殺害することを余儀なくされ、彼の遺体が跡形もなく焼き尽くされるように石灰坑のなかに投げ入れる。非合法活動家は仮面を付けて自己抹消するだけでなく、自らの死の痕跡すらも完全に消し去らねばならないわけである。

若い同志は自らの殺害に同意することを求められ、「了解」する。これはいかなる英雄的な自己犠牲も意味しない。彼は革命の大義の犠牲者として名を残すのではなく、そのような栄光をも犠牲にする。先走って行動した若い同志は、革命を自らの手で引き寄せる英雄たらんとした。しかし共産主義の教えでは、活動家たちは単なる歴史過程の媒体であり、彼らに求められるのは革命に向かって進む歴史の法則に従うことだけである。若い同志は、革命の成功のために自らの死を「了解」することで、歴史の必然のうちに自己を埋没させる。

重要なのは個人が法則性と一致することであり、若い同志は「共産主義の基本原則」に従って行動してさえいれば良かったのだろうか。若い同志の処刑は党の命じる教えの正当性を示すものなのだろうか。たしかに「個人が二つの眼をもっていれば／党は千の眼をもつ[72]」といった劇中の「党の讃歌」などを見る限り、ブレヒトは個人が共産主義の教説に身を捧げ、その犠牲になることを認めているようにも見える。それゆえ、ジャーナリストのルート・フィッシャー（『処置』の共作者である作曲家ハンス・アイスラーの姉）などはブレヒトを「ソヴィエト秘密警察（ＧＰＵ）の歌手」などと呼び、この作品を三〇年代後半のモスクワ裁判のようなスターリン体制下での大粛清を予感させるものとして非難した[73]。他方でアレントは、非米活動委員会へのブレヒトの

71　同、二五三頁。
72　同、二五五頁。

召喚をきっかけに著したブレヒト論のなかで、『処置』に対していくぶん好意的な理解を寄せている。彼女によれば、ブレヒトがこの戯曲のなかで明るみに出したのは「全体主義政党の規則についての真実」である。つまりそれは、「全体主義政党が何としてでも秘密にしようと望んでいた事柄」、すなわち「個人の絶対的服従」を暴露する役割を果たしているというのである。[74]

しかし、いかに解釈するにせよ、ブレヒトが党の教えに従わなかった若い同志の処刑を単純に正当化しているわけではないことは確かである。注意すべきなのは、その処刑が「判決（Urteil）」ではなく、まさに劇のタイトルにあるような「処置」であるという点である。この劇の一九三四／三五年のモスクワ版では、この処刑について次のようなやり取りがなされている。

コントロールコーラス　それで、それは判決ではなかったのか？
四人のアジテーター（非常に大声で）　否、処置であった！[75]

処置であるとはつまり、何らかの規範に基づく法的な判決もしくは処罰ではなく、ある特定の状況のもとで必要となったアドホックな行為だということである。たしかにレーニンの左翼小児病論文でも、革命の実践は単に教条を墨守するのではなく、状況に応じて迂回や妥協などの柔軟な戦術を必要とすることが述べられているが、それよりも注目されるのは、ブレヒトの言うこの処置がカール・シュミットにおける「処置＝措置（Maßnahme）」の概念に極めて近いということである。

　実のところ一九三〇年頃には、シュミットとブレヒトは直接の面識はなかったものの、共通の知人であったカール・コルシュを通じて間接的な影響関係があったと言われている。[76] それゆえブレヒトは、シュミットが法律ではなく状況によって規定される行為と定義した措置概念についても、それを意識していた可能性がある。のみならず、シュミットのほうもまた、措置にかなりの記述を割いている『合法性と正統性』（一九三二）が戦後にイタリア語に訳されたときに付した序文の草稿のなかで、まさにブレヒトの『処置』を参照することを促しているのである。[77]

---

73 Vgl. Ruth Fischer, »Die Maßnahme« in: Bertolt Brecht, *Die Maßnahme. Kritische Ausgabe mit einer Spielanleitung von Reiner Steinweg*, Frankfurt am Main 1972, S. 416–418.

74 Hannah Arendt, »Der Dichter Bertolt Brecht«, in: *Die Neue Rundschau*, 61 (1950), S. 55.

75 »Druckvorlage einer Moskauer Ausgabe (1935/36)«, in: Brecht, *Die Maßnahme*, a.a.O., S. 100.

76 Vgl. Hans-Dietrich Sander, »„Die Massnahme“, Rechtsphilosophisch Betrachtet. Carl Schmitt – Karl Korsch – Bertolt Brecht«, in: *Deutsche Studien*, 17 (1979), S. 146.

77 Ebd., S. 151.

シュミットが法律と区別する措置は、一般的な規則に基づく決断ではなく、眼前の事態に対処するための状況的な決断である。そしてそれはとりわけ、法が宙吊りにされる例外状態において重要な役割を果たすとされる。つまり措置とは、規範による正当化を必要としない緊急行為としての性格を持っている。同じように、『処置』における若い同志の処刑もその場の状況に強いられたものであって、必ずしも正しい行為として「正当化」されているわけではない。若い同志の処刑の報告を受けたコントロールコーラスはそれを「了解」するが、それは処刑を正しいものとして認めているわけでも、ましてや党の教えに背いた若い同志に然るべき処罰が下されたとみなしているわけでもない。

ブレヒトは『処置』の初演のプログラムのなかで、この劇の目的を「政治的に不正な行為を示し、それによって正しい行為を教えること」[78]と述べている。この「政治的に不正な行為」とは何か。それは若い同志の無鉄砲な行為というよりも、この劇の成り行き全体を指していると見ることができる。世の悲惨に憤る若い同志は自らの人間的な感情に忠実に行動しようとするが、ある特定の具体的状況下でそうした純粋な心情を貫こうとすることは、かえって意図に反して不都合な結果を招くだけである。実践的な決断とはつねに、限られた知に基づくそのつど具体的な決断でしかない。そこではつねに純粋性が犠牲にされ、普遍的な正しさが満たされることはなく、ある種の暴力や不正を伴うことは避けられない。若い同志の処刑はまさに、たしかに不正であるが、しかし具体的状況のもとでは犯さざるを得ない実践的な決断、つまりは政治的な決断にほかならない。

ここにあるジレンマは以下のようなものである。一方では、仮面を付けたアジテーターたちが下した処刑という処置は、人間的感情を犠牲にするという不正を犯している。しかし他方で、若い同志が顕わにする仮面の下の素顔、「人間的、開放的でなんの邪念もない顔」[79]が正しいというわけでもない。紙に書かれた党の教えに対して、彼の素朴なヒューマニズムのほうにより真実があるわけではないのである。ブレヒトは、若い同志の行為も、彼の処刑も正当化してはいない。実践状況において下されたその処置は、党の教えと人間性、仮面と素顔とのあいだの解決不可能なジレンマをただ呈示するだけである。

よく知られているように『処置』は、ブレヒトが日本の能曲『谷行』を翻案して書いた『イエスマン』をさらに練り直して作られた作品である。仮面を付けるアジテーターたちの身振りに能の影響を見出すことは、たしかに不可能というわけではない。

78 Zit. nach: Müller-Schöll, *Das Thaeter des »konstruktiven Defaitismus«*, a.a.O., S. 355.
79 ブレヒト「処置」、『ブレヒト戯曲全集　第8巻』、二五六頁。

とはいえ、こうした仮面のうちに、丸山眞男が批判したような日本の露悪的な本音主義に抵抗しうるもう一つの日本の可能性、つまり政治的演技の契機を見出すとしたら誤解だろう。スラヴォイ・ジジェクは、「仮面の下にある顔よりも仮面の中により多くの真実がある」という「仮面の優勢」こそ、『処置』の「日本から得られる教訓」であるとしているが[80]、実のところ『処置』においては仮面においてすら真実は存在しない。むしろそこでは、生身の人間としての素顔や本音の正しさだけでなく、党のエージェントとしての仮面の演技の正しさも退けられている。仮面を付けたアジテーターたちが純粋な心情を持った若い同志を処刑することは「政治的に不正な行為」であるが、しかしこの不正な行為に対置しうるような何らかの「正しい行為」が示されているわけではない。この劇は、いずれも正しくありえないアジテーターたちと若い同志による二つの行為の対立関係のうちで、正しい行為が存在しうることをただ純粋な可能性として指し示すのみである。

紙に書かれた党の教えは、パンを与えることはなく、ただ知を与えるだけである。それは現実の物質的な救済を妨げることでしか、救済の手を差し伸べることができない。『処置』の全体を通じて上演されるのは、このように救済を頓挫させることによる救済というパラドクス的な政治的批判の身振りである。それはスパイの悲劇のなかで政治権力の不正を描き出し、それにヒューマニティを対置して賛美するグリーンの

『ヒューマン・ファクター』の政治批判とも異なっている。『処置』においては、若い同志に象徴される人間性や人道主義さえも宙吊りにされ、いかなる代替的な正義も呈示されることはない。そこに見られるのは、普遍的な正義や人間主義的な道徳の棚上げであり、「倫理的な普遍性を一時停止するような倫理的命令[81]」である。それは、つねに不正でしかない実践的状況に対して向けられる、つかの間の冷徹な眼差しの瞬間なのである。

『処置』の世界は、それ自体としては全面的な不正の空間であり、例外状態における措置の空間である。しかしブレヒトは、こうした執行の暴力の世界のうちに一時的に中断を差し挟み、その世界の外にある何ものかを指示しようとする。つまり、現に執行されておらず、ただ潜勢力としてのみ存在する執行可能性それ自体を知覚させ、「世界の変革」が可能性として存在することを示そうとするのである。若い同志が少しの「間」を挟んで自らの処刑に与える「了解」においては[82]、そのような反省を伴うラディカルな中断が経験される。問題なのは、政治的に演技することではなく、むし

80 スラヴォイ・ジジェク『汝の症候を楽しめ』鈴木晶訳、筑摩書房、二〇〇一年、二六四頁。
81 同、二六三頁。
82 ブレヒト「処置」、『ブレヒト戯曲全集　第8巻』、二六一頁。

ろ演技を政治的に停止することなのである。ブレヒトは「歴史の必然性」に従うことを勧めているどころか、むしろまったく逆である。彼における批判的政治とは、つねに不正な決断が下されるいまここの状況の根源的な偶然性を顕わにし、いまあるものとは違ったものがありうることを示そうとするものにほかならない。その意味においてブレヒトの演劇は、ベンヤミンが指摘したように、「静止状態」における「驚き」の経験を通じて、人間のうちに秘められた変革の可能性を目覚めさせようとする「潜勢力の演劇」（ニコラウス・ミュラー＝シェル）なのである。[83]

83　ヴァルター・ベンヤミン「叙事演劇とは何か」、『ベンヤミン・コレクション5　思考のスペクトル』浅井健二郎編訳、ちくま学芸文庫、二〇一〇年、三五八―三五九頁。

第13章　統治の彼方の政治

1　弱い国家としてのファシズム？

人が政治において何より警戒すべきなのは、国家権力の肥大化という点に尽きるのだろうか。二〇世紀の全体主義が典型的に示しているように、政府が国民の生活を全面的に統制するような国家こそ、何にもまして避けるべき最悪の政治的病理と言えるのだろうか。だがそもそも、全体主義とはいかなる現象だったのか。ここでは、質量ともにすでに厖大な蓄積のあるナチズム・ファシズム・社会主義についてのさまざまな分析を逐一検討することはできない。ただ、全体主義は国家の権力行使が極限にまで拡大した権威主義的な支配体制であったというのは、一般的に受容されている常識的な見解であると思われる。

経済史的観点から見れば、このような全体主義体制は、一九世紀後半以降に登場した干渉主義国家がいびつに権威主義的な形態を取ったものであると理解することができる。こうした見方は、ソ連のような社会主義国家だけでなく、ナチズムについても当てはめることができる。例えば、フランクフルト学派の理論家であるフリードリヒ・ポロックは第二次世界大戦中に亡命先のアメリカで行った分析のなかで、ナチス体制を「国家資本主義」と規定している。[1] それはかつての競争的な資本主義から独占資本主義への移行によってもたらされた政治体制である。そして、通常の独占資本主義においては独占企業体が引き受けている市場調整の任務が、国家資本主義のもとでは国家自身によって専有される。こうした見方からすれば、ナチズムやファシズムが社会主義的な計画経済との親和性を帯びることも理解できる。いずれにせよ、全体主義体制においては、経済が国家の全面的な統制下に置かれているというわけである。

しかしながら他方で、ナチズムについてはこれとは正反対の解釈も存在する。つまり、行き過ぎた国家主義の病理というよりも、逆に反国家主義の病理としてのナチズムという解釈である。それは国家権力の経済介入が強すぎるというよりも、むしろ国家が経済をコントロールできるだけの強さを持っていないことで生じた一種のアナーキーな体制だということである。このような観点からナチズムを分析したのが、ポロックと同じくフランクフルト学派に属する政治学者フランツ・ノイマンの著書『ビヒモス』（一九四二）であった。彼はナチズムを国家資本主義と規定するポロックの分析に異議を唱える。ノイマンによれば、ナチズムは国家が経済を社会主義的に統制することなどは目指してはおらず、それゆえ、それは決してポロックの言うような国家資本主義ではない[2]。ナチス体制ではむしろ、従来の資本主義的な経済構造は手つかずのまま維持されている。そしてそこでは、私的な利益集団や企業体が党・軍部・官僚などと結託しつつ、国家機構を自らの資本主義的な利害の貫徹のための道具として利用しているというのである。

こうした『ビヒモス』の分析の基礎を成しているのは、ヴァイマル期のカール・シュミットのいわゆる「多元主義国家」批判である。シュミットはヴァイマル体制がさまざまな利益集団の活動によって多元的に分裂した状態にあることを懸念していた。周知のように、ノイマンは一九三〇年前後のベルリンでシュミットと深い交友を持ち、強い理論的影響を受けている。彼がフランクフルト学派の一員とみなされるようになるのは、ナチス政権成立後に亡命したニューヨークでフランクフルト大学から移転し

1　Frederick Pollock, "State Capitalism: Its Possibilities and Limitations," in: *Studies in Philosophy and Social Science*, 9 (1941), pp. 200–225.

2　フランツ・ノイマン『ビヒモス』岡本友孝ほか訳、みすず書房、一九六三年、二〇三、二〇五頁。

てきた「社会研究所」の活動に加わった三〇年代後半以降である。とはいえ、その後もシュミットから受け継いだ理論的な諸要素が消えることはなく、ノイマンはオットー・キルヒハイマーと並んでいわゆる「左翼シュミット主義者」などと呼ばれることも多い。シュミットがナチス体制のうちに、経済・社会的諸勢力に対して無力なヴァイマル体制を克服する強い国家を見たのに対し、ノイマンはナチス体制を、むしろヴァイマル体制に見られた政治的弱体性がその極限にまで達したものとして理解する。ノイマンによれば、ナチズムにおいては、強い国家が経済を統制できているわけではない。逆にナチズムは、経済・社会的諸勢力による国家の領有と侵食が行き着くところまで行き着いた混沌状態であるとされる。

　なぜノイマンが自らの本のタイトルを「ビヒモス」としたのかもここから理解できる。このタイトルは、宗教内戦時代のイングランドを描いた晩年のホッブズによる同名の著作『ビヒモス』を踏まえたものである。そのさいホッブズは旧約聖書に由来する神話的な怪物の名であるビヒモスを、公安と秩序を守る絶対国家の象徴であるリヴァイアサンと対置して、混乱と内戦の象徴として用いている。ノイマンもまた、これとまったく同じ意図で、ビヒモスという名を本のタイトルとしたのである。ノイマンにとってナチス体制は、「無国家、混沌《カオス》、無法と無政府の支配」であり、「世界を混沌《カオス》に変じようとしている」[3]という点において、国家の統治が失われた内戦状況に似ている。それは、一般的に考えられているイメージとは違って、国家権力による絶対的な支配というわけではない。むしろそこでは、国家は経済の要求に屈し、それに従うだけの道具となっている。それゆえノイマンは、ナチス・ドイツはそもそも国家であるのかという疑問を提起する。「このように〔政治権力の統一性という〕限定された意味においてさえ、ドイツに国家が存在するかどうか疑わしい」[4]。もはやドイツに国家は存在しない。ビヒモスとしてのナチス体制はいわば、経済・社会的諸勢力が国家を利用し、それを食い尽くす内戦状態に近い。

国家の強さではなく、その弱さの帰結としてのファシズム。このようなノイマンの議論と偶然にも符合しているのが、丸山眞男が敗戦直後に行った日本ファシズムについての分析である。東京裁判の速記録をもとに書かれた論文「軍国支配者の精神形態」(一九四九)のなかで、彼は「無責任の体系」としての日本ファシズムという有名なテーゼを提起している。そこで明らかにされるのは、誰も政策決定に責任を負うことのないまま戦争に突き進んだ日本ファシズムの「矮小性」である。彼によれば、自らの権限を絶対化し、ただ既成事実を追認するだけの官僚主義は、政治家をも含む日本の政

3　同、一頁。
4　同、四〇〇頁。

治指導者全体に蔓延し、その結果、戦前の日本においては責任ある政治主体がまったく存在しなかった。とはいえ丸山はこのような状況を、日本ファシズムに限らない権力の普遍的な「運動法則」であるともみなしている。彼は「絶対君主でさえも、いなある意味ではまさに絶対君主こそ官僚の優越する専門知識に対して最も無力なのである」[5]というヴェーバーの言葉を引用し、責任ある主権者が執行権力としての官僚機構に従属させられる倒錯した事態についても洞察している。

（……）近代の君主制は表面の荘厳な統一の裏に無責任な匿名の力の乱舞を許すいわば内在的な傾向をもっているのである。[6]

ここでは丸山もまた、ヴァルター・ベンヤミンが『ドイツ悲劇の根源』で、あるいは後期シュミットが「権力の前室」論で論じたのと同じように、主権者を取り巻き、その決断を無力化してしまう秘密の陰謀空間を問題にしているのである。したがって、日本ファシズムにおける責任なき官僚支配は、決断する主権者の無能力という悲劇的な必然性に起因するものとも言える。

ただし、丸山の言う「無責任の体系」とは、単に官僚支配の肥大化を意味するにとどまらない。彼の分析の特徴は、国家機構の外にいる私的な行為者、すなわち「右翼浪人」のような「無法者」に注目したところにもある。日本ファシズムにおいては、単なるロボットである「神輿」、そしてそれを擁して実権を振るう「役人」と並んで、国家機構の外側から恣意的な影響力を行使する「無法者」が大きな役割を果たしたとされる。[7]

「無法者」タイプはこの国のファシズムにも重要な役割を演じたが、彼等は「浪人」というその別名が示すようにまさに権力的地位に就かぬ所に特色があり、その代りに権力者のところに不断に出入りして彼等のうす気味悪い配下として彼等から不定の収入を得つつ（……）舞台裏で動いていた。[8]

秘密の陰謀空間では、国家の役人だけでなく、公式にはいかなる権力行使の権限も持

5　丸山眞男「軍国支配者の精神形態」、『丸山眞男集　第四巻』、岩波書店、一九九五年、一三七頁。また、ウェーバー『権力と支配』、二九四頁も参照。
6　丸山「軍国支配者の精神形態」、『丸山眞男集　第四巻』、一三八頁。
7　同、一四一頁。
8　同、一〇四頁。

たないはずの浪人たちもが暗躍していたわけである。

　丸山によれば、こうした無法者は決して単に副次的な存在ではなかった。むしろ、無責任の体系では無法者こそがあらゆる行動の端緒となったのである。国家の公的な統治者は無法者に引き回され、彼らが作った既成事実に流された。その限りで日本ファシズムは、矮小な統治者が「無法者あるいは無責任な街頭人の意向に実質的にひきずられる」ような、「倒錯的なデモクラシー」であった。要するに、このファシズムにおいては、強力な国家権力が上から強権的な支配を行っていたわけではない。逆に、そこでは国家はおよそ国家の体を成すことなく、ただ非公式の無責任な行為者たちによって利用され翻弄されるだけの脆弱な存在にすぎなかったというのである。

　ノイマンと丸山がファシズムを反国家主義の極致とみなす点で奇妙に一致しているのは、単なる偶然ではないのかもしれない。彼らはともにシュミットの強い影響を受けた政治学者であり、ファシズム国家が本来あるべき「健全な」国家ではないことを危惧する良き「シュミット主義者」であった。そして彼らはいずれも、自らが診断した政治の病理に対して、シュミット的とも言える解決策を志向した。つまり、責任ある決断を担うことのできる政治主体の確立である。

　シュミットと同じく、ノイマンはすでにヴァイマル末期から、民主主義を脅かす経済・社会的諸勢力の活動に抵抗できるような強い国家を主張していた。ただし、シュミットが特に行政権力にその役割を期待したのに対し、ノイマンはあくまで立法権力としての議会に最高の権威を見出し、ナチス体制のもとで議会の主権が破壊されたことを繰り返し非難しているが。[10]そして周知のように丸山もまた、日本的な無責任の体系に対して、責任ある近代的主体に基づく国民形成を目指すような、近代主義的な国民主義とも言える立場を取った。ノイマンと丸山がこだわったのは、政治的なものの優位にほかならない。その担い手が国家であれ国民であれ、政治は経済・社会領域から屹立し、私的な行為者たちの影響力に左右されない固有の領域として確保されねばならない。ファシズムにおいて極まった統治の退廃に対しては、責任をもって主権的決断を下すことのできる政治主体の確立こそが求められるのである。

だが、統治の退廃への処方箋は、もっぱら政治的なものの主体を確立することに尽きるのだろうか。責任をもって主権を担うことのできる確固とした国家もしくは国民を打ち立てることだけが重要なのだろうか。このような疑問に答えるものとして、全体主義と同時代に現れたさらなる選択肢をここで挙げることができる。つまり、一九

9　同、一二四頁。

10　Franz L. Neumann, *Wirtschaft, Staat, Demokratie. Aufsätze 1930–1954*, Frankfurt am Main 1978, S. 74, 130f., 183.

三〇年代のドイツで誕生し、第二次世界大戦後の西ドイツの経済再建にも大きな役割を果たしたオルド自由主義である。

アレクサンダー・リュストウ、ヴィルヘルム・レプケ、ヴァルター・オイケンといった経済学者に代表され、しばしば新自由主義の祖とみなされるオルド自由主義は、市場や経済そのものに内在する合理性を再発見し、国家権力から独立した統治（あるいはオイコノミア）固有のメカニズムに秩序の形成を委ねようとした。必ずしも主権という政治的な最高規範に依存しなくても、マネジメントやガヴァナンスは成り立ちうるというわけである。ジョルジョ・アガンベンは『王国と栄光』のなかで、西洋におけるこうした思想の系譜を探求している。それはいわば、主権の超越性を基礎づけるシュミット的な「政治神学」に対置されるような、生政治的な内在的秩序へと繋がっていく「経済神学《オイコノミア》」の系譜である。[11]

とはいえオルド自由主義は、もともとヴァイマル末期の政治・経済状況を背景に誕生した思想として、シュミットとの一定の親縁性も見て取ることができる。つまり、自由な市場が機能するためには、干渉主義的な国家ではなくとも、やはり強い国家が求められるというのである。オルド自由主義者の一人リュストウもまた一九三〇年前後にシュミットと密接な親交のあった経済学者であるが、三二年に行った新自由主義の「綱領的宣言」（政治学者カール・J・フリードリヒの評）ともされる講演（同年に「自由な経済――強い国家」と題されて雑誌掲載）のなかで、「国家は経済の運命でもある」[12]と言明している。この講演でのリュストウの問題意識は、シュミットやノイマンのそれとまったく同じである。国家は私的な利益集団の食い物にされるような「獲物としての国家[13]」であってはならず、「諸々の団体や利害関係者の上に立つような強い国家」、つまり「経済的利益に巻き込まれたときには再びそこから身を引き離すような国家[14]」でなければならないというのである。

リュストウにとって、自由な経済は単に国家のないところで可能となるわけではない。弱い国家であれば、諸々の経済・社会的勢力が自らの利益のために利用する道具となり、かえって自由な市場を歪めてしまうだろう。それゆえ、「新しい自由主義は（……）強い国家を求める[15]」。オルド自由主義はアダム・スミスなどとは異なり、予定

11　アガンベン『王国と栄光』、一三頁。アガンベンに依拠しつつ、シュミット的な政治神学ともフーコー的な統治性とも異なるオルド自由主義の経済神学について論じているのは、Mitchell Dean, *The Signature of Power*, Sage 2013, pp. 154–159, 178–183.

12　Alexander Rüstow, »Die staatspolitischen Voraussetzungen des wirtschaftspolitischen Liberalismus«, in: ders., *Rede und Antwort*, Ludwigsburg 1963, S. 250.

13　Ebd., S. 255.

14　Ebd., S. 257.

調和的な秩序が完全に自然的に生じると考えているわけではない。むしろ、国家こそが自由な市場を作り出す役割を果たさねばならないとされる。

であるとすると、政治神学と経済神学は単に対立する二つのパラダイムではないのかもしれない。主権か生政治か、超越的権威か内在的秩序か、という二者択一があるわけではなく、両者は相補的な関係にあるとみなすこともできる。今日の統治は、フーコーが統治性ということで想定するような純粋な権力テクノロジーへと移行しつつあるのだろうか。むしろアガンベンが指摘するように、権力は栄光を必要とする以上、[16]国家主権の役割は統治性のメカニズムのなかでも残り続けるのではないか。だからこそ、新自由主義的な統治が国家に権威付けられた法や正統性を必要とするという共犯性も生まれるのである。経済的アクターにとって障害とみなされているものがあるとしたら、それは国家というよりも、むしろ民主主義である。国家の機構とその権威は、経済にとってつねに利用することのできる有益なものであり続ける。

経済による国家のこのような横領に対しては、あくまでも国民主権を原則とする政治を守り抜くのが真っ当な立場なのかもしれない。しかし、主権の執行としての統治が、主権者の下した決断から逸脱する傾向を本質的に内在しているのだとすれば、国家の主権を国民の手に取り戻すということだけで今日の政治の危機に根本的に対処できるのだろうか。政治的なものにはまだ別の可能性があるのではないだろうか。

2 純粋手段の政治──無用なものの潜勢力

統治の活動はそれを基礎づけているはずの主権から自立化する傾向がある。これは、法の執行が当の法そのものを超えてしまうというシュミット的な例外状態のラディカル化から得られる認識である。これまでも繰り返し述べてきたように、ベンヤミンはドイツ悲劇論のなかで、そのような極端な例外状態を、無力な主権者を取り囲む廷臣や陰謀家の世界ということで問題にした。主権的決断を執行する統治の活動のなかで、当の主権者自身がその活動の外に遺棄されるのである。

とはいえ、このことは必ずしも主権がもはやいかなる役割も持たないことを意味するわけではない。アガンベンが言うように、このような「無用な王」、つまり統治しない主権者は、無為のうちに退きつつも、「形式的には自分に属しつづけている運営〔administratio〕を正当化[17]」し、統治の空間を可能にするための条件であるからだ。そう

15　Ebd., S. 258.
16　アガンベン『王国と栄光』、一〇頁。
17　同、一九四頁。

して生み出されるのは、グノーシスにおける退隠する神と活動する神、あるいは形而上学における「第一原因」と「第二原因」の区別のように、分割されつつ相補的な「王国（Regno）」と「統治」の二重構造にほかならない。シュミットは「王は君臨すれども統治せず」という有名な言葉に触れ、「統治する」を取り除いた「君臨する（régner）」に何が残るのかという法学者マックス・フォン・ザイデルの問いに次のように答えている。つまり、それは「力（potestas）」から区別された「権威（auctoritas）」として存在し続ける、と。[18]

したがって、統治しない主権者はたしかに無為のうちに置かれるが、それでもやはり統治機械のなかで不可欠な役割を果たし続ける。それは力を正統化する権威である。だからこそ無力な主権者には、それでもなお栄光の輝きが残されるのである。統治の活動は無為な主権者による栄光を必要とする。主権と統治、無為と活動とのこのような結託に対して、アガンベンは次のような問いを差し向ける。

栄光装置の外で無為を考えることは可能なのか？[19]

つまり、栄光や喝采によって統治に正統性を与えるのとは違った「無為」というものを、一体どのようにして考えられるのか。それは王国と統治の二重機械を停止させるような無為である。アガンベンが目指すのは、「オイコノミアや栄光の彼方で[20]」、つまりガヴァナンスからも主権からも自由なところで政治を考えることである。[21] 無為を特徴とするそのような政治とはいかなるものなのか。これは実のところ、アガンベンに先立って、ベンヤミンが「真の政治」という名のもとに構想していたものであった。

ベンヤミンは一九二〇年一二月初旬に友人のゲルショム・ショーレムに宛てた書簡のなかで、「政治」についてのある著作の構想を明らかにしている。結局は完成することのなかったこの著作は、「真の政治家」と「真の政治」という二つの部分から成るとされ、有名な論考『暴力批判論』（一九二一）は「真の政治」のなかに「暴力の撤廃」と題されて（書かれなかった「最終目的なき目的論」というもう一つの論考とともに）組み込まれるはずだったと想定されている。[22] 周知のように、『暴力批判論』のなかで

18　シュミット『憲法論』、二三八頁。
19　アガンベン『王国と栄光』、四六三頁。
20　同、四八四頁。
21　統治を不活発化させる「無為」としての、そして「遊び」としてのアガンベンの政治については、Daniel Loick, »Von der ~~Gesetzes~~kraft zum Gesetz~~eskraft~~. Studium, Spiel, Deaktivierung: drei Strategien zur Entsetzung der Rechtsgewalt«, in: ders. (Hg.), *Der Nomos der Moderne*, Baden-Baden 2011, S. 194–212; Dean, *The Signature of Power*, op.cit., pp. 211–216.

彼は、主権的な「法措定的暴力」と執行としての「法維持的暴力」との不可分の絡み合いを指摘し、それを「神話的暴力」と呼んで批判している。法措定の純粋性は、法の執行のうちでつねに汚染され、不純なものとなる。

こうした事態が生じるのは、シュミットが言うように、そもそも法はそれ自体で妥当するわけではなく、そのつどの具体的事例に合わせて適用・執行されることではじめて妥当性を獲得できるからである。つまり、法の運用なしには法そのものに意味はない。法が意味を持つのは、それが適用されるべき具体的事例が存在してこそである。そのように法を運用するということは、そのつどの具体的な目的に合わせて法を利用することにほかならない。法はこうして合目的的に使用されるものであるがゆえに、「法からの目的の解放」[23]である例外状態の可能性も生まれることになる。執行権力は往々にして、規範への適合よりも、目的合理性を優先するからである。法の運用は法に妥当性を与えるものであるが、しかし同時にそのときには、法が特定の目的のための手段となる可能性も排除することができない。

ベンヤミンが思考しようとするのは、執行によって不純化されない法そのものである。だが、法がそのつどの目的に合わせて運用されるものである限り、それは執行の暴力に繋ぎ止められたままである。ベンヤミンが目指すのは、法の撤廃というよりも、法の暴力の撤廃である。そのためには、法はいかなる合目的性にも服することなく、あらゆる目的から解放されなければならない。法がもはや目的のための手段ではなくなるとき、執行の暴力は停止されるはずなのである。ベンヤミンは一方ではジョルジュ・ソレルの『暴力論』（一九〇八）を、他方では一九二〇年三月に起きた右翼クーデタのカップ一揆を数日で頓挫させたドイツ全土のゼネストを念頭に置きつつ、いかなるユートピア的な目的も持たない「プロレタリア的ゼネスト」のうちに、そのような「純粋な手段」を見出そうとする。[24] それは「正しい目的に対してそのための手段という関係にある」のではないような「別種のある暴力」であり、[25] すなわち神話的暴力を停止する「神的暴力」と名指されるものにほかならない。

のちにベンヤミンは神話的な暴力連関のこうした停止を、論考『フランツ・カフカ』（一九三四）で改めて取り上げることになる。つまり、そのなかで法の「勉学」と呼ばれているものがそれである。カフカの長篇小説『失踪者（アメリカ）』に出てくる学

22 Vgl. Chryssoula Kambas, »Walter Benjamin liest Georges Sorel: Réflexions sur la violence«, in: Michael Opitz/Erdmut Wizisla (Hg.), *Aber ein Sturm weht vom Paradiese her. Texte zu Walter Benjamin*, Leipzig 1992, S. 254, 265; Uwe Steiner, *Walter Benjamin*, Stuttgart/Weimar 2004, S. 77.
23 シュミット『独裁』、一〇頁（原文参照のうえ訳文変更）。
24 ベンヤミン「暴力批判論」、『ドイツ悲劇の根源（下）』、二五八頁。
25 同、二六二頁。

生たちは寝る間も惜しんで法の勉学に没頭する。また、小品『新しい弁護士』の奇妙な主人公ブケファロスは、かつてのようにアレクサンダー大王の乗馬として働くことを止め、開業しない弁護士として古い書物を読みふける。[26] 彼らはともに実地には興味がなく、ただ法を勉学する。法の勉学は、法を実践に役立てるためのものではない。それはむしろ、法を使用価値から解放するのである。法は、もはや具体的事例には適用されず、それゆえいかなる目的のためにも用いられなくなることで、執行の暴力から身を引き離す。「もはや実地には用いられず、もっぱら勉学されるだけの法、それが正義への門なのである」[27]。勉学されるだけの法とは、あらゆる有用性から解き放たれた法であり、それをベンヤミンは正義と呼ぶ。それはいわばその無用性によって、法の適用や執行に中断をもたらすのである。

ベンヤミンにおける「真の政治」の鍵となるのは、目的を持たない純粋な手段である。そしてアガンベンもまた、自らの政治のプロジェクトを（むろんベンヤミンを意識しつつ）端的にこう表現している。

手段性を露呈すること、手段それ自体をそのまま目に見えるものにすることが、政治的なことである。[28]

何らかの目的の役には立たない法、純粋な手段となった法は、無為のうちに退く。しかしこの無為は、自らが引き下がることで執行の空間を開くような主権者の無為ではない。それはむしろ絶対的に役に立たないものとなって、目的合理的な執行の活動を躓かせる。純粋な手段は統治機械を脱臼させるのである。純粋な手段性の政治は、法を破壊するわけではなく、ましてや新たな法を措定するわけではない。それはただ法をその機能連関から引き離すだけである。だが、こうして無用のものとなった法は、権力の道具であることをやめ、むしろ既存の権力の流れを宙吊りにする。純粋な手段を露呈させるということは、そのつどの目的に支配された統治の活動に対して無目的性をもって介入することにほかならない。

もはや適用も執行もされない無用の法には何が残るのか。ベンヤミンにすれば、そのとき法に残るのは、法の適用可能性そのものである。つまり、執行と適用は現に行われるのではなく、ただ純粋な可能性として存在し続けるのである。シュミットにとっ

26 ヴァルター・ベンヤミン「フランツ・カフカ」、『ベンヤミン・コレクション2』、一五六、一六二頁。
27 同、一六二頁。
28 ジョルジョ・アガンベン「政治についての覚え書き」、『人権の彼方に』高桑和巳訳、以文社、二〇〇〇年、一二二頁。

て重要なのは、法そのものよりも法的判決であった。というのはつまり、法をそのつど一回的な文脈のなかで適用し、法に妥当性を与えることが問題であった。シュミットにとっての「政治的なもの」は、そのような一回的な判決(=決断)の必要性から導き出されてくるものである。他方、ベンヤミンの「真の政治」においては、法は適用を停止され、そのつどの文脈のなかで獲得されるはずの妥当性を失う。そのとき法は自らが適用される文脈をただ可能性としてのみ、つまり来たるべき世界としてのみ保ち続けることになる。

実際、ベンヤミンには一貫して「~可能性(-barkeit)」へのこだわりがある。[29]『言語一般および人間の言語について』(一九一六)の「伝達可能性」、『ドイツ・ロマン主義における芸術批評の概念』(一九一九/二〇)の「批評可能性」、『翻訳者の使命』(一九二一)の「翻訳可能性」、『複製技術時代の芸術作品』(一九三〇年代)の「複製可能性」など、それは彼の著作の至るところに現れる。この「~可能性」が示すのは、他の何ものかの意図や目的を実現する手段とはならない「媒質(Medium)」そのものとしての潜勢力である。現に存在する事物や現に行われた行為はすべからく、それが別のようにありえたはずの可能性、あるいはそれが別のようにありうる可能性を伴っており、事物や行為はそのような潜勢力によって生き延びる(ある著作がその潜勢力の展開としての翻訳を通じて「死後の生」を獲得するように)。だが、現に行われる行為は潜勢力を汲み尽すことはできないし、現に存在するものが潜勢力を完全に実現することもできない。もしそうした潜勢力がそれ自体として顕わになるとしたら、それは逆説的にも、事物や行為が何の機能も持たない無力なものに零落したときである。つまり、事物や行為が「いまあるのとは違ったようにもありうる」という革命的な性格を持つのは、それらが無用のものに変容するときなのである。

そうしたベンヤミンの政治は、「弱いメシアニズム」とも呼べるような性格を帯びることになる。彼は「メシアは暴力によって世界を変えてしまおうとはせず、ただほんの少しだけ世界を正すだろう」[30]というあるラビの言葉に触れている。つまり、メシアはいまある世界を新たな世界で置き換えることはしない。それはある目的に替えて、別の目的を据えるわけではない。メシアの到来は世界の全面的な変革を意味するのではない。おそらく来たるべき世界においても、すべてのものはいまあるのと同じ状態であり続けるだろう。ただし、「ほんの少し異なっている」。

29 ベンヤミンにおけるこのモチーフに焦点を当てた研究としては、Samuel Weber, *Benjamin's -abilities*, Harverd University Press 2008.

30 ベンヤミン「フランツ・カフカ」、『ベンヤミン・コレクション2』、一五二頁。

> ヴェールはひらひらと翻る。するとその下で、すべてのものが、いつのまにか位置をずらしている。／入れ替わりと取り替えがあるのだ。何ひとつ留まり続けはせず、何ひとつ消え去りはしない。[31]

この「弱いメシア的な力」[32]はただ、いまある世界の働きを停止させ、それを不活性化させる。そのとき事物は少しだけその姿を変える。つまり、事物は自らが埋め込まれていた世界の目的合理的な活動から解放されて、他の何もののために存在するのでもない、ただの事物それ自体として現れてくるのである。それは有用性の論理に駆り立てられた既存の秩序からすれば、何の価値も持たない。しかし、ベンヤミンはこのようにうち捨てられたものにこそ、「救済」の可能性を見る。

　無用の事物の救済というベンヤミンの思想は、彼がバロックにおける廃墟のアレゴリーを主題化した一九二〇年代半ばのドイツ悲劇論以来一貫している。三〇年代のボードレール論では、事物がアウラを帯びた商品として物神化されるのに対抗して、商品世界のうちにアレゴリー的な廃墟の世界を見ることが主張される。「商品世界の欺瞞的な美化に対抗するのは、商品世界のアレゴリー的なものへの変形である」[33]。それゆえ、近代における仮象（もしくはアウラ）の凋落は、一つの積極的な可能性を秘めた現象である。それによって、資本主義的な商品経済の機能連関に中断を生み出すことができるからである。そのとき事物は、商品世界から脱落した役に立たないものとして立ち現れてくる。だが事物は、このように誰も利用することができず、絶対的に所有不可能なものになることで、支配からの自由を指し示すことができる。

3 事物としての生――非人間的なものの唯物論

良く知られているように、ナチス政権の成立後にパリに居を移したベンヤミンは、一九四〇年の死の直前まで友人のテオドーア・W・アドルノと頻繁に書簡のやり取りをしている。この往復書簡では、おりしもベンヤミンが執筆したばかりのカフカ論やボードレール論などが議論の俎上に載せられるが、そのなかでアドルノはベンヤミン

---

31 ヴァルター・ベンヤミン「日の照りつけるなかを」、『ベンヤミン・コレクション6 断片の力』浅井健二郎編訳、ちくま学芸文庫、二〇一二年、二四〇頁。

32 ヴァルター・ベンヤミン「歴史の概念について」、『ベンヤミン・コレクション1 近代の意味』浅井健二郎編訳、ちくま学芸文庫、一九九五年、六四六頁（原文参照のうえ訳文変更）。

33 ヴァルター・ベンヤミン「セントラルパーク」、『ベンヤミン・コレクション1』、三八二頁。

にさまざまな異論を寄せながらも、「物を有用性という苦役から解放する」[34]という課題を自らも引き受けることになる。

アドルノは、資本主義における商品の物神的性格についてのマルクスのフェティシズム論、あるいはルカーチの物象化論をラディカルに転倒し、自立化した商品世界からの人間の疎外を、商品世界に対する人間の主体性の回復によってではなく、むしろ物象化の徹底によって克服しようとする。つまり商品を、もはや商品ですらない、交換価値も使用価値も失った単なる事物そのものにまで変容させるということである。そのような事物の姿としてアドルノが好んで言及するのは、カフカの小品『家父の心配』に登場する奇妙な糸巻き型の生き物（事物？）「オドラデク」である。ベンヤミンのカフカ論では「呪縛のうちに生きている」ような「歪められ」た事物としかみなされていないこのオドラデクを[35]、アドルノはまさに「希望の暗号」として捉えている。

たしかにオドラデクは、物の世界の裏面性として、歪められているものの符号ではあります——けれども、そういうものとして、まさに超越の、つまり有機物と無機物との境界を取り払って両者を宥和させることの、あるいは死を揚棄することとの、ひとつのモティーフなのです。（……）いいかえれば、物というかたちにまで倒錯した生にのみ、自然的関連からの逃走が約束されているわけです（……）[36]。

「有用性なしに生きのびる商品としてのオドラデク」は「人間にとって直接性をもたない」[37]。つまり、それは人間が何らかの目的をもって使用することはできない。しかし、そうした役に立たないものとして、それはいまある世界の機能連関から解放されたもう一つの世界を約束している。

アドルノは、物象化を主観主義によって克服しようとする(初期)マルクスやルカーチの観念論的な企てに対して、「客観の優位」としての「唯物論」を対置している。[38]資本主義社会がもたらす疎外に対してアドルノが差し向けるのは、人間主義的な解決ではない。つまり、人間自身が事物のように交換可能となり、目的のための手段とされてしまう事態に対して、アドルノは単に他の何ものの手段にもならない自律した人間主体を打ち立てようとしているわけではない。むしろ彼は、人間を非人間的なもの

34 『ベンヤミン/アドルノ往復書簡(上)』野村修訳、みすず書房、二〇一三年、一七五頁。
35 ベンヤミン「フランツ・カフカ」、『ベンヤミン・コレクション2』、一一八、一五一頁。
36 『ベンヤミン/アドルノ往復書簡(上)』、一〇四―一〇五頁。
37 同、一六六頁。
38 テオドール・W・アドルノ『否定弁証法』木田元ほか訳、作品社、一九九六年、二三五頁。

へ変容させようとするのである。

ベンヤミンはボードレール論のなかで、物神として崇拝される商品が人間のようなアウラを帯びる事態（それは「娼婦」という形象において極まる）に対して、生あるものや有機的なものの破壊を主張していた。アドルノも同じように、事物の人間化ではなく、人間の事物化をもって物象化に対抗する。すなわち、人間はむしろ徹底して事物に近づかなければならないのである。「物象化の魔力は、主観がみずからを物にかえることによって打ち破られるのだ[39]」。重要なのは、自己目的としての主体になることではなく、おのれの手段性を徹底することである。つまり、みすぼらしいものへのミミクリーによって、いかなる目的の役にも立たない手段となることである。

十分に生きていない生の、中途半端な役たたず性をなおす治療薬があるとしたら、それは唯一、完全な役たたずさであろう。そんなわけでカフカは死と親交をむすぶのだ[40]。

このとき人間と事物、有機物と無機物、そして生と死のあいだの境界は抹消される。人間は死者に、さらには事物に似たものへと姿を変える。

むろんアドルノは、近代的な主体性を完全に放棄するわけではない。役に立たない事物は、それ自体として救われているわけではなく、そのものとしては人間の固有性を奪い去るこの世界の罪責を反映したものにすぎない。それはただ廃墟もしくは地獄としての世界の相貌を顕わにするだけである。このように歴史の「死相（facies hippocratica）」を見るベンヤミン的なアレゴリカーの眼差しは、ナチスによるホロコーストという出来事を経た戦後のアドルノによってラディカル化される。つまり、無用のものたちが生き延びる空間は、最悪の罪責としてのアウシュヴィッツのイメージと重ね合わされるのである。

ファシズムの強制収容所においては生と死のあいだの境界線が取り払われた。（……）カフカの倒錯した叙事詩におけるように、そこでは、その最後まで生き切られた生というものは滅びたのだ。[41]

39　テオドール・W・アドルノ「カフカおぼえ書き」、『プリズメン』渡辺祐邦／三原弟平訳、ちくま学芸文庫、一九九六年、四五四頁。

40　同、四五六頁。

41　同、四三六頁。

したがってアドルノにおいては、無用の事物は呪いから完全に解き放たれているわけではない。それが映し出しているのはむしろ現世の暴力である。だが同時に、それはそのような否定性の経験を通じて主体に反省のきっかけを与えもする。つまり、役に立たない事物は、合理化としての啓蒙のプロセスをいったん宙吊りにするとともに、そうした啓蒙を主体による反省(すなわち否定弁証法)として再び作動させる。主体は自らに抵抗するような事物に躓くことがなければ野蛮へと転落する。しかし、死せる事物そのものは最悪の野蛮の現れであり、それには主体の反省が加えられねばならない。

しかし他方では、主体ではなく事物、人間ではなく非人間的なものという契機に注目することで、いわゆる「事物の哲学」への端緒が開かれるかもしれない。例えば、「新しい唯物論」の立場に立つ政治学者ジェーン・ベネットは、アドルノが「非同一的なもの」という名のもとに、主体でもなければ、単に主体の認識対象としての客体でもないような、事物の実在そのものを追究していたと解釈している。[42]ベネットによれば、そのような事物は主体に抵抗し続ける頑なものであるだけでなく、それ自体として「肯定的で産出的な力」をも有している。[43]事物は、人間が使うことができず、うち捨てられた商品になったように見える場合でも、なお「生きた物質性」であることをやめず、その活動を継続している。[44]「オドラデク」のような非有機的な生にこそ目を向けるべきだというのである。ベネットはそうした「事物の力」を問題にすることで、存在論の新たな地平を開こうとする。とはいえ彼女によれば、アドルノ自身はこうした非人間的なものの実在性を見通していながら、結局は人間主体にこだわっている。同じく新しい唯物論を代表する哲学者グレアム・ハーマンが、「客体」とは区別される「物」の哲学を視野に入れながらもなお人間的なものの領域にとどまっているとハイデガーを批判するように、[45]ベネットもまたアドルノの不徹底を難詰する。無用の事物をその無用性においてではなく、その産出性において認識するときに、「事物の哲学」への転換が可能になるというわけである。

アドルノのように主体の反省を促す否定性の経験とみなすのであれ、あるいは「新しい唯物論」のように肯定的な存在論に向かうきっかけとするのであれ、役に立たない事物の無能力は、いまある世界とは別の世界を可能にする潜勢力へと転化しうるも

42　Jane Bennett, *Vibrant Matter: a Political Ecology of Things*, Duke University Press 2010, pp. 13–17.
43　Ibid., pp. 1–2.
44　Ibid., p. 6.
45　Cf. Graham Harman, "Heidegger on Objects and Things," in Bruno Latour/Peter Weibel (eds.), *Making Things Public: Atmospheres of Democracy*, MIT Press 2005, pp. 268–271.

のである。そして、既存の機能連関からこぼれ落ちたものを通じて別の連関を指し示すというのは、アドルノの理論に見られるだけではなく、二〇世紀以降の芸術実践で頻繁に用いられる手法でもある。クルト・シュヴィッタースの「メルツ絵画」に始まり、ロバート・ラウシェンバーグ、アルマン（アルマン・フェルナンデス）、イリヤ・カバコフなど、廃物やゴミを組み合わせることで資本主義消費社会とは異なるエコノミーを呈示する芸術作品はすでに馴染みのものである。また建築史家のマンフレッド・タフーリが、いかなるユートピア的な目的も断念する「純粋建築」の「崇高な無用さ」を称揚したのも[46]、こうした観点から理解することができる。まさに誰にも必要とされないもののうちに世界を変革する力を見出すことが、芸術の使命とみなされているのである。

だが誤解してはいけないが、この場合、芸術作品自身がこの使命を成就できると考えてはならないだろう。無用の事物としての芸術作品の役割は逆説的なものである。アドルノの表現で言えば、芸術作品は「物である」と同時に、「自己自身が物であることを否定する」[47]。つまり、一方で芸術作品は、自らが非人間的なものであることによってこの世界の非人間性を顕わにする。その限りで、アドルノがベンヤミンの言葉を引用して述べるように、「芸術作品は救済されない」。しかし他方で、芸術作品はそのように「死」あるいは「戦慄」の模倣《ミメーシス》であることによって[48]、いつの日かそうした非人間性が揚棄され、自らが人間と宥和するだろう来たるべき世界を憧憬する。「芸術は人間に対して非人間的なものである場合にのみ、人間に対して忠実なものとなる」[49]。要するに、芸術作品は自らの非人間的なあり方を正当化してはならない。無用のものがその無用性に意味があると主張するなら、それは依然として自らがこの世界で機能を担っていることを主張しているに過ぎなくなるだろう。それは非人間的で、ときに残酷なものとして現れるような、人間たちの目的の純粋な中断の経験にとどまらねばならない。無用の事物たちからその潜勢力を汲み出すことは、むしろベンヤミン＝アガンベンが「遊び」と呼ぶところの政治的な実践に委ねられる。

46　マンフレッド・タフーリ『建築神話の崩壊』藤井博巳／峰尾雅彦訳、彰国社、一九八一年、ⅵ頁（原文参照のうえ訳文変更）。
47　テオドール・W・アドルノ『美の理論』大久保健治訳、河出書房新社、二〇〇七年、二九八頁。
48　同、一三七、二二八頁。
49　同、三三五頁。

4　遊びのパフォーマティヴィティ――政治的なものの無目的性

機能を失ったもの、無用のものは、それ自体として「救済」されているわけではない。それは来たるべき世界のうちではじめて救済されるだろう。そうした別の世界への移行を可能にするものが、遊びという実践にほかならない。アガンベンが言うように、法を無用のものにする「勉学」は同時に「遊び」でもある。それは、法を使用価値から解放するとともに、それを来たるべき「新しい使い方」へと引き渡す。[50] 子供たちががらくたを最高の遊び道具に、廃墟を最適の遊び場にするように、誰も利用できない、絶対的に所有不可能なものによってこそ、人はもっとも良く遊ぶことができる。周知のようにベンヤミンは複製芸術論のなかで、近代芸術においては「仮象」や「アウラ」が没落する一方で「遊び」の要素が増大していることを指摘し、それによって「巨大な遊びの空間」が生み出される可能性を述べていた。[51] 事物や世界をいかなる美しさも奪われた瓦礫として眺めることは、それを遊びのためのがらくたにすることである。「真の政治」はまさにそのような遊びとしての性格を持つ。

遊びのなかで事物は引用可能なものとなる。つまり、遊びは事物をある文脈から無用のものとして引き離すとともに、それを別の文脈で用いることを可能にする。ブレヒトの叙事演劇において、行為（筋）を中断し、演技をとめることで取り出される「身振り」がそうであるように、[52]ある文脈で機能を停止したものは、別の文脈で「引用可能」となるのである。無用のものの潜勢力は、それがこのような中断とずらしをもたらすところに、つまり、それ自身とは異なるものになりうる可能性にある。それは芸術作品としては、まったく新しいものの天才的な創造でも、いまあるもののリアリスティックな再現でもなく、いまあるものから潜勢力を引き出すための「実験」である。そのような実験こそ、子供の遊びに頻繁に見られるものである。というのも、子供は大人から与えられた物を、大人が想定していたのとはまったく違った仕方で用いて遊ぶことがあるからだ。子供は役に立たないものや時代遅れになったものから、新たな世界を生み出すことができるのである。

50　アガンベン『例外状態』、一二八頁。
51　ヴァルター・ベンヤミン「複製技術時代の芸術作品」、『ベンヤミン・コレクション1』、六三四、六三一頁（原文参照のうえ訳文変更）。複製技術論における「遊び」の概念とそれに対するアドルノの応答については、ミリアム・ブラトゥ・ハンセン『映画と経験』竹峰義和／滝浪佑紀訳、法政大学出版局、二〇一七年、「第7章　第二の自然の遊戯形式」、参照。
52　ヴァルター・ベンヤミン「叙事演劇とは何か〔第二稿〕」、『ベンヤミン・コレクション1』、五四三―五四五頁。

子供は同じおもちゃで繰り返し遊ぶ。このような子供の遊びは、病理現象としてのフロイト的な反復強迫に尽きるものではなく、むしろ治癒的な意味をも持っている。遊びのなかで繰り返し引用されるものは、絶えずその役割を変容していく。そうして、恐ろしいものや残酷なものも、遊びによってその恐ろしさや残酷さを取り払われる。その限りにおいて、「遊ぶことはつねに解放である」。

現実に取り巻かれ、脅かされて逃げ道をもたない大人の男は、巨大な世界を縮小した模像という手段によって、この世界からその恐ろしさを取り去るのだ。耐えがたい生活を些細なことと見なす傾向は、戦争が終わるとともに子供の遊びや子供の本に対する関心が高まってきたことに、大きく関与している。[53]

言葉を変えれば、遊びにおける反復は「現実を遊戯的に縮小[54]」するという意味を持つ。それはバロック悲劇が「劇中劇」という反復的な入れ子構造の手法によって、その悲劇性から脱しようとしたのに似ている。現実のうちでは真面目なものや残酷なものも、遊びのうちでは不真面目で愉快なものに変容する。まさに子供が、「経済や戦争や法律」あるいは「自動車、銃器、法的な契約」などさえも、遊ぶためのおもちゃに変えてしまうようにである。[55] そのような不適切な使用は、それ自体解放的である。子供の遊びは、事物をその本来の機能から切り離し、それを新たな使用へと開くのだ。

ベンヤミンの「真の政治」は反復としての遊びである。それはシュミットにおける「政治的なもの」とは対極を成している。シュミットにとっての政治的なものは、ある特定の具体的状況のうちで下される決断に存する。そうした状況はそのつど一度限りのものであり、それゆえ決断はひとたび下されたら取り返しがつかない。そのことが決断の「悲劇性」をも生み出すのである。政治的な決断の「真剣さ」は、そのように一回的な現実と向き合うところから来るものである。政治的なものの真剣さは反復を許さないのである。それゆえシュミットは遊びの概念をたびたび批判している。遊びは「真剣な事例への原理的な否定[56]」である。だが、「黙した石塊」としての「覆すことのできない現実」にぶつかるとき、「遊びはそこで砕け散り、真の悲劇性の波飛沫が泡立つ[57]」。

53　ヴァルター・ベンヤミン「昔のおもちゃ」、『ベンヤミン・コレクション2』、五六―五七頁。
54　ベンヤミン『ドイツ悲劇の根源（上）』、一六三、一五六頁。
55　ジョルジョ・アガンベン「瀆神礼賛」、『瀆神』上村忠男／堤康徳訳、月曜社、二〇〇五年、一一〇頁。
56　シュミット『ハムレットもしくはヘカベ』、五〇頁（原文参照のうえ訳文変更）。
57　同、五七頁（原文参照のうえ訳文変更）。

しかし、ベンヤミンにとって重要なのは、悲劇ではなく遊びであり、決断の一回性ではなく実験の反復なのである。この対置は複製芸術論では、一回性のアウラを帯びた対象をもたらす「第一の技術」と、対象を無限に複製する「第二の技術」との対置として現れる。[58] ベンヤミンにすれば、「一回は数のうちに入らない（Einmal ist keinmal）」。遊びとは、第二の技術による実験のための「無尽蔵の貯蔵庫[59]」である。事物の潜勢力は尽きることはなく、実験のうちで絶えず新たな可能性を産出する。そうした潜勢力は、事物をある一つの文脈で真面目に使用することによってではなく、さまざまに異なる文脈で繰り返し引用して使用することによってはじめて汲み出すことができる。

遊びはある文脈で何らかの意図や目的を遂行しようとするものではない。逆にそれは、目的を持たずに繰り返される反復である。その限りにおいて遊びは、シュミットの言うように、ある特定の文脈のなかに自らを位置づけ、そのなかで取り替えもやり直しも効かない役割を引き受けようとする「真剣さ」を欠いている。すでに良く知られているが、ジョン・L・オースティンもまたその言語行為論において、いかなる行為も遂行しないような、言語の「真面目」でない「寄生的な」用法に触れている。[60] それは例えば舞台の上での役者の発言のように、「通常の状況」でなされる言語の用法ではなく、何らかの意図や目的を実際に実現しようとするものではない。オースティンにとってこうした用法は、およそ発言というものをそのつどの具体的な行為の遂行を目指す真面目なものとして分析するためには、不正常で例外的なものとして考慮の外に置かれねばならなかった。

しかし、同じく有名なデリダのオースティン批判が示すように[61]、いかなる発話も、ある一つの文脈での真面目な行為遂行を宙吊りにされる可能性を孕んでいる。ある発言は、それが文脈のなかで実現しようとしている意図や目的によってではなく、そのものとして文字通りに受け取られることで、もはや「行為遂行的（performative）」なものではなく、逆に「遂行中断的（afformative）[62]」（ヴェルナー・ハーマッハー）なものとなりうるのである。それは、言語外在的な目的が失われ、言語がその物質性において、

58　ベンヤミン「複製技術時代の芸術作品」、『ベンヤミン・コレクション1』、五九八頁。
59　同、六三四頁。
60　ジョン・L・オースティン『言語と行為』坂本百大訳、大修館書店、一九七八年、三八頁。
61　ジャック・デリダ「署名　出来事　コンテクスト」、『有限責任会社』高橋哲哉ほか訳、法政大学出版局、二〇〇二年、七一五六頁。
62　ハーマッハーがベンヤミンの『暴力批判論』を題材としつつ、この「遂行中断性」の問題を論じているのは、Werner Hamacher, »Afformativ, Streik«, in: Christiaan L. Hart Nibbrig (Hg.), *Was heißt »Darstellung?«*, Frankfurt am Main 1994, S. 340–371.

メディアそれ自体として取り出されるときである。そのとき言語は、もはや誰かの意図や何らかの意味を伝達する透明な媒体ではない。それはもはやコミュニケーションの道具ではなく、むしろコミュニケーションを阻害する無意味な言語となる（ベンヤミン＝アドルノはそれを「文字（Schrift）」と呼ぶ）。だが、そのような言語こそが、遊びのなかで反復的に引用できるようなおもちゃとなるのである。ある文脈のなかでの言語や事物の真面目な使用は、より根源的なこうした遊びの忘却に基づいている。文脈からの切断としての遊びは、今日のカルチュラル・スタディーズやクィア理論ですでに馴染みとなった、濫喩《カタクレーシス》を通じた言説戦略にも似ている。つまり、引用して使用することである概念の意味をずらし、それが機能してきた支配的な文脈を転覆する実践である。こうしたラディカルな意味でのパフォーマティヴィティは、特定の革命的な目的を持つわけではない、終わりなき遊びの活動となる。

　言葉や事物をこのように自由な使用に委ねることを、アガンベンは「世俗化（secularization）」とは区別されるものとして、「瀆神（profanation）」と呼んでいる[63]。世俗化においては、聖なるものはただその場所を変えるだけで、その排他的な聖性は手つかずのまま残される。それはシュミットの政治神学において、神学における神の超越が、国家のうちで主権者の超越としてそのまま再現されるのと同じである。それは、聖なるものを別の領域で同じく聖なるものとして再使用するだけである。しかし瀆神は、そのように変わることのない事物の聖性を奪い去る。そこでは、アウラを帯びたものや聖なるものは、人々の「共通の使用」へと引き渡される。そうしてそれらは、そのアウラや聖性を失い、人間たちによって無遠慮で不適切に使用されるものとなる。子供たちの遊びにおいて、しばしば物がその本来の目的から離れた、とんでもないやり方で使用されるようにである。

瀆神はいわば事物を「コモンズ」へと変容させる。無用となった事物は、誰でも使用することができるが、しかし誰も自分だけのために排他的に我がものにすることはできない。そうした事物は、自らがそのつど新しい仕方で使用されることをすべての人に対して許すのである。それゆえ遊びとしての瀆神は、「古い使用を無力化し、それを不活性化すること」を通じた「新しい使用の創造」である。[64] 無為はそのように絶えず新しい使用に開かれてこそ、主権者に聖性を帯びさせるものになることなく、統治機械との結びつきからも解放され、「オイコノミアや栄光の彼方」にあることができるだろう。

だが、ある事物の元々の機能を中立化し、それを誰もが任意に使用できるものに変

63　アガンベン「瀆神礼賛」、『瀆神』、一一一頁。
64　同、一二五頁。

えるというのは、ハイデガーやシュミットが、あるいはアドルノを始めとするフランクフルト学派の理論家が警戒したような、技術（もしくは道具的理性）による支配と何が違うのか。瀆神としての遊びは、事物を主体が自由に利用できる道具にすることであり、結局のところ、事物をそのつどの人間の目的に奉仕する手段にしてしまうのではないか。事物の単一の使用をやめ、それを普遍的で開かれたものにすることは、それが恣意的に道具化される危険と紙一重ではないか。

しかしながら、遊びは主体が何らかの客体を操作する行為ではない。遊びにおいては、ある能動的な主体が単に受動的な道具としておもちゃを使用するわけではない。むしろガダマーの言うように、「遊ぶということのもっとも根源的な意味は中動相的《メディア》な意味である[65]」。つまり、遊びにおいては、主体は遊ぶと同時に遊ばれる。そこでは、遊ぶ者とおもちゃとのあいだに主体‐客体関係があるわけではない。「遊びの本来の主体」は「遊びそのもの」である。遊びは遊ぶ者の意識から独立して展開する過程であり、彼の主体性はそのなかに否応なく巻き込まれる。ベンヤミンの複製技術論における「第一の技術」と「第二の技術」という対置は、主体の道具としての技術と、主体を解体する運動としての遊びとの違いにも対応している。前者が「自然の支配」を目指すのに対し、後者が目指すのは「自然と人類との共演〔共同の遊び〕」である[66]。つまり、人間が自然を意のままにする手段として使用されるのが第一の技術だとすれば、第二の技術においては、人間と自然とのあいだの主客関係自体が一つの遊びのプロセスのうちで融解する。

とすると、カントやシラー以来、遊びは人間的自由の証とされてきたが、もはやその解放的性格を「人間的」と形容するだけでは不十分かもしれない。遊びとしての政治は、(ベンヤミンが「コミュニズム」と名指すような)集団的な実践であるが、しかしこの集団性は人間のそれにとどまることはない。遊びは、人間が一方的に物質に働きかけるのではなく、人間と物質が一元的に把握される存在論的なプロセスである。そこでは、もっぱら人間だけが行為者《アクター》なのではなく、人間と事物が同じ「アクタント」(ブルーノ・ラトゥール)として共働するのである。事物が人間にとって絶対的に無用のものとして、あるいはときに戦慄をもたらすものとして立ち現れるのは、それが人間世界のなかで機能するものとしてではなく、そうした中動相《メディア》的なプロセスにおける物質そのものとして顕わになるときである。このような出来事は、人間主体の意図とは無関係に、それゆえ人間にとっては偶然的なものとして到来する。しかし、そうした

65 ガダマー『真理と方法I』、一四九頁(原文参照のうえ訳文変更)。
66 ベンヤミン「複製技術時代の芸術作品」、『ベンヤミン・コレクション1』、五九八頁(原文参照のうえ訳文変更)。

出来事と遊ぶことができるなら、人はいま支配している既存の機能連関から逃走することができる。そしてそれは、もっぱら言説によって遂行される、それゆえいまだ人間の行為者を前提とした（ジュディス・バトラー的な意味での）パフォーマティヴな転覆の実践でさえなく、むしろ「新しい唯物論」で言われるような「ポスト・ヒューマン的なパフォーマティヴィティ」にさえなるかもしれない。[67] そのとき、もはや政治は人間に固有の領域としては把握されなくなるだろう。それは、「新しい唯物論」への傾斜を急速に強めている政治学者ウィリアム・コノリーが言うように、「事物の脆弱性」への感受性をもった、決して目的論的でも全体論的でもない仕方で「エコロジカルな」政治となるだろう。[68]

たしかに、人間の目的から自由な活動としての遊びは、必ずしも解放的たりうるとは限らない。実際アドルノは、遊びに対するベンヤミンの楽観的な見方に一貫して懐疑的である。ベンヤミンの複製芸術論への応答として書かれた論文「音楽における物神的性格と聴取の退化」（一九三八）から晩年の『美の理論』に至るまで、アドルノはしばしば、遊びが創造的というよりも、単に目的なしに同じものを反復する幼児期への退行にすぎないことを指摘している。[69] 彼にとっては、それは太古からの自然必然性の呪縛にとらわれたものであり、フロイト的な「死の衝動」の現れである。そしてそのような幼児性は、容易に既存の機能性のエコノミーに回収され利用される。それがホルクハイマー／アドルノが『啓蒙の弁証法』で言うところの「文化産業」にほかならない。彼らに言わせれば、そのような娯楽は資本主義下における労働の延長にすぎず、人間が労働過程に新たに耐えられるようになるために存在しているだけである。「結局、娯楽と気晴らしへの要求のうちに、目的は無目的性の王国を吸収してしまった」[70]。ノイマンもまた『ビヒモス』のなかで、労働者にレジャーを提供するために作られたナチス体制下の「歓喜力行団（ＫｄＦ）」に触れながら述べている。「余暇を労働の単なる補助物にしてしまうことが国民社会主義《ナチズム》の公式的余暇哲学である」[71]。した

67 「新しい唯物論」の立場からのジュディス・バトラー批判の一例としては、Karen Barad, "Posthumanist Performativity: Toward an Understanding of How Matter Comes to Matter," in *Signs: Journal of Women in Culture and Society*, 28, 2003, pp. 801–831.

68 Cf. William E. Connolly, "The 'New Materialism' and the Fragility of Things," in *Millennium: Journal of International Studies*, 41, 2013, pp. 399–412.

69 テオドール・W・アドルノ「音楽における物神的性格と聴取の退化」、『不協和音』三光長治／高辻知義訳、平凡社ライブラリー、一九九八年、七六―七七頁、および、アドルノ『美の理論』、五四九頁、参照。

70 ホルクハイマー／アドルノ『啓蒙の弁証法』徳永恂訳、岩波文庫、二〇〇七年、三三二頁。

71 ノイマン『ビヒモス』、三六七頁（原文参照のうえ訳文変更）。

がって、合目的的な活動を停止する無為そして遊びは、労働や生産と単純に対立するわけではない。むしろ、無為や遊びといえども、そうした目的性のエコノミーのうちに捕捉され、そのなかでイデオロギー的な隠蔽機能を担うことがありうるのである。

無目的性はそれ自体、決して危険から逃れているわけではない。にもかかわらず、それは合目的的な世界のなかで自由の痕跡をとどめていることはたしかである。そして政治的なものとは元来、そのような自由な遊びとしての性格を持っていたはずである。それは何かを達成するための手段ではなく、何かの役に立つためのものでもない。今日政治の目的とされるもの、例えば治安の維持や国の防衛、国富の増大や経済成長、さらには国民の福祉や幸福といった諸目的は、たとえそれがいかに必要であるように見えようと、決して政治的なものに固有のものではない。そうした諸目的の実現は、政治ではなく、むしろ行政によっても可能である。つまりそれは、いわば「ポスト政治的な」ガヴァナンスに委ねても差し障りがないものであると言える。

たしかに、こうした行政管理としての「政治」は古代から必要とされてきたし、これからも必要とされ続けるだろう。だが、政治の本来の潜勢力は、ガヴァナンスの目的合理的な達成に尽きるわけではない。それゆえジャン＝リュック・ナンシーとフィリップ・ラクー＝ラバルトは、「中国の歴代皇帝、ベナンの国王、ルイ一四世、ドイツ社会民主主義」等々、いつの時代にもどの場所にも存在してきた「政治（la politique)」とは異なるものとして、「政治的なもの（le politique)」を思考するし[72]、ジャック・ランシエールも「ポリス（la police)」に対して「政治」を対置するのである[73]。いかに「良い」目的を目指す政治（むしろ統治）であろうと、それによって自由をその本質とする政治的なものが見失われてはならない。政治的なもののもつ至高性は、それがそのつど人間たちが設定する諸目的には絶対的に無関心であるところに存する。

ヨーロッパの多くの政治思想家たちにとって、真の政治はまさに無目的な自由の活動であった。アレントがキプリングの小説の主人公キムの「目的に堕した世界における無目的の魅力[74]」について語るときに念頭に置いているのは、まさにそのような意味での政治である。キムが夢中になるスパイ・ゲームは、たとえイギリスの帝国主義的な目的に利用されるものであったとしても、本来の政治的なものの残滓をとどめているのである。アガンベンが目的合理的な執行の空間としての例外状態に対して、「か

72　フィリップ・ラクー゠ラバルト／ジャン゠リュック・ナンシー「政治的なものの「退引」」柿並良佑訳、『思想』、一一〇九号、二〇一六年九月号、一三頁。
73　ジャック・ランシエール『不和あるいは了解なき了解』松葉祥一ほか訳、インスクリプト、二〇〇五年。
74　アーレント『全体主義の起原2　帝国主義』、一七五頁。

っては「政治」という名前を自らに要求していた人間的活動のための空間」の回復を主張するときも[75]、これとそう異なることを考えているわけではない。法の適用と執行を宙吊りにし、目的から解放されて無用となった法と遊ぶことで、そうした政治的なものの空間が開かれる。政治についてのこうした思考はたしかに、西洋固有の伝統に属するものかもしれない。しかしそれは、西洋においてさえ決して完全には現実化したことのない、それゆえ非西洋を含むあらゆる場所でつねに生じうる出来事としての政治的なものなのである。

むろん統治はつねに必要なものであるかもしれない。しかしながら、もし政治がもっぱら軍事上、経済上さらには福祉上の目的の効果的な達成にのみ自らの使命を見出そうとするなら、このような「良き統治」のもとで危機に晒されるのは、主権や民主主義のような狭い意味での政治的なものにとどまらない。そのときには、近代政治のなかで獲得されたこれらの制度の根底につねに存在してきた政治的なものの潜勢力それ自体が忘却されてしまう。こうした潜勢力がなお「民主主義」という名を求めることができるとしたら、それはいかなる者もそこから排除されることがないからである。「〜のため」という目的が措定されるときには、そのための犠牲を強いられる者がつねに生まれるだろう。だが無目的性の政治は、そうした機能主義的もしくは功利主義的な論理によって要求される犠牲を全面的に廃棄する。それは、強い意志をもった政治指導者や、技術的な専門知を有したテクノクラートだけではなく、無能な者たち、無力な者たちもが等しくその関与者となるようなラディカルに平等な政治である。そのような政治は、これまで政治的なものの主体とは決してみなされなかったものたちをも包摂するような政治として、もしかしたら非人間の政治、あるいは事物の政治と呼べるものにさえなるかもしれない。

75　アガンベン『例外状態』、一七八頁。

補論　統治 vs ポピュリズム？

技術化された統治の論理がますます拡大していくなかで、今日の政治にはいかなる可能性が残されているのか。ヨーロッパを中心に見られる近年のポピュリズム現象は、その一つの可能性を示しているようにも見える。それはテクノクラシーに対する一種の「民主主義的な」リアクションであるとみなすことができる。統治の合理性を貫徹しようとするテクノクラートがしばしばその障害となる民主主義に苛立つ一方で、いまや統治が自分たちを置き去りにして進んでいくように感じる人々は、ポピュリズム政治家に頼ることで、民主主義のいくばくかの残滓を守ろうとしている。彼らはポピュリズム的な喝采によって、危機に瀕している主権という栄光の場を再び取り戻そうとしているようである。

テクノクラシーかポピュリズムかという対立は、とりわけ今日のヨーロッパを悩ませるジレンマとなっている。ヨーロッパ統合の深化と拡大は、同時に「民主主義の赤字（欠如）」と呼ばれるEUテクノクラートの専門家支配をもたらし、それが反動としてのポピュリズムの台頭をひき起こしているのである。二〇〇五年に欧州憲法条約がフランスとオランダの国民投票で否決されたのを始め、二〇一六年にはイギリスが国民投票でEUからの離脱を決めるなど、EU各国の国民は、国民国家の頭ごなしに進められるEUのガヴァナンスに対して少なからぬフラストレーションを溜めている。そのように不満を持つ人々にとっては、しばしばフランスの国民戦線やオランダの自由党のような右翼ポピュリスト政党が唯一の代替案のように思えるのである。

こうした右翼ポピュリズム現象は多くの場合、政治の病理的な徴候として捉えられている。しかしそれは少なくとも、「ポスト政治的な」行政統治への異議申し立てとして、一片の民主主義的な真理を有していることも確かである。一九六〇年代の反体制運動の季節が過ぎ去り、八〇年代に社会主義国家の実験が最終的に失敗した後、既存の秩序のラディカルな変革はもはやありえないと思われるようになった。だがそうして、批判や対立が忌避され、技術的な専門知に基づく「建設的」で「生産的」な政治が求められるなかで、自らの素朴な不満を表明することすら封じられてしまう人々も出てくることになる。彼らにとって、ポピュリスト政治家はまがりなりにも、現状に対する自分たちの違和感の代弁者である。ポピュリズムの危険を喧伝することがしばしば胡散臭いものに思われるのは、それが往々にして、「われわれは統治者に身を委ねるべき」であり、「われわれは他に選択肢がない」という暗黙のエリート主義的な要求を含んでいるからである。[1]

　それゆえ、エルネスト・ラクラウとシャンタル・ムフのように、ポピュリズムをむしろ積極的な意味を持った政治実践として評価する人々も現れる。彼らのラディカル・デモクラシーは、今日の新自由主義のもとでますます脱政治化されていく自由《リベラル・》民主主義《デモクラシー》とは一線を画すような、民主主義のオルタナティヴである。しかしながら、新自由主義的な統治に抗うような民主主義実践が、必然的にポピュリズムというかたちを取るかどうかは検討の余地がある。ラディカル・デモクラシーはポピュリズムの実践を通じて、政治的なものの主体としての「人民」を新たな仕方で構成しようとする。それは大まかに言えば、(1)いかなる社会的実体にも基礎付けられないヘゲモニー闘争、および、(2)「われわれ」と「彼ら」のあいだに境界線を引く敵対性、によって行われる。こうした政治実践は、ポスト政治的な状況のなかで民主主義を再興するのに十分なものと言えるだろうか。

(1)ラディカル・デモクラシーのポピュリズム戦略は、伝統的な階級闘争ではなく、さまざまな社会集団を一つの統一的ブロックへ結合するヘゲモニー闘争に基づいて展開される。階級闘争からヘゲモニー闘争へのこうした転換は、すでに一九七〇年代にロナルド・イングルハートがその到来を指摘していた「ポスト物質主義」の時代に対応するものである。[2] 一九六〇／七〇年代の反体制運動を境として、貧困問題の解決を主眼としてきた旧来の労働運動に代わり、反人種差別、多文化主義、フェミニズム、エコロジーなどの新しい種類の社会運動が台頭してくることになる。つまりこの頃から、人々のあいだに物質主義から非物質主義への価値観の変容が見られるようになり、それに伴って、雇用や経済的安定よりも、アイデンティティの承認のような非物質的な政治目標を掲げる運動が数多く現れてくるのである。

こうした「アイデンティティ・ポリティクス」の出現は、労働こそが人間存在の本質であるとする考え方を揺るがし、政治闘争におけるプロレタリアートの中心的役割を失わせることになる。もはやプロレタリアートは政治闘争の特権的な主体ではない。あらゆる社会問題は貧困・労働問題に帰着するとか、労働者の階級闘争こそがすべての政治闘争の根幹を成すといった考えは、必ずしも自明ではなくなるのである。

このようなポスト物質主義的な傾向は、今日のポピュリズム現象の背景を成してい

1　ジャック・ランシエール「不在のポピュリズム」、『人民とは何か』市川崇訳、二〇一五年、以文社、一五七頁。
2　ロナルド・イングルハート『静かなる革命』三宅一郎ほか訳、東洋経済新報社、一九七八年。

る。貧困農民層に支持された一九世紀アメリカの人民党、都市下層労働者の人気を集めたアルゼンチンのペロン政権、あるいは没落しつつある中小商工業者の運動であった一九五〇年代フランスのプジャード運動といった旧来のポピュリズムが、ある特定の社会層の物質的利害を表出しているとすれば、今日のポピュリズムはそれとは異なる特徴を帯びている。つまり今日のポピュリズムの特徴は、何らかの社会層の利益を代表するのではなく、しばしば相反する利害を持つようにさえ見えるさまざまな人々から同時に支持を動員するところにある。

これは利益代表に基づく伝統的な政党政治の危機に対応した現象である。利益代表のこうした機能不全はたしかに、マルクスが『ルイ・ボナパルトのブリュメール一八日』で分析したような「ボナパルティズム」の危険、すなわちルイ゠ナポレオンのように、すべての人の利益に応えるかのように見えて、実のところ誰の利益も代表していない空虚なポピュリズム政治家を生み出す危険もある。しかし同時に、このポスト物質主義的な状況は、「ラディカルで複数的な民主主義」としてのラディカル・デモクラシーのポピュリズムを可能にする条件でもある。つまりそれは、労働者階級のように唯物論的に基礎付けられた主体とは異なった、さまざまな社会集団あるいは多様なアイデンティティの節合を通じて構成される新たな政治主体の可能性をも開くものなのである。

ラディカル・デモクラシーにおけるポピュリズム的な主体形成は、社会の客観的現実なるものを基礎として行われるわけではない。そもそも、社会というものが自明の前提として存在していると考えることは誤りである。ラディカル・デモクラシーは、社会についての本質主義的な理解から離脱する。それを理解すれば社会の全体が理解でき、その問題を解決すればすべての社会問題が解決するような、社会的なものの本質などはありえない。史的唯物論における経済・物質的土台のように、社会的なものの基底を成す何らかの最終審級を想定することはできない。社会をまとまりのある一つの全体性として呈示することは不可能であり、社会的なものはつねに「不完全で開かれた性質」[3]を持つ。マーガレット・サッチャーの有名な言葉とは異なる意味においてではあるが、「社会は存在しない」。その限りで、社会はいわば「不可能な対象」[4]である。

社会的なものはいかなる根拠にもなりえないことから、「社会的なものに対する政治的なものの優位性」[5]が出てくることになる。社会的なものはそれ自体では何らかの

3 エルネスト・ラクラウ／シャンタル・ムフ『民主主義の革命』西永亮／千葉眞訳、ちくま学芸文庫、二〇一二年、二九九頁。

4 エルネスト・ラクラウ『現代革命の新たな考察』山本圭訳、法政大学出版局、二〇一四年、一四二頁。

統一的な主体を生み出すことができない。むしろ政治的なものこそが、そうした主体形成の役割を引き受けるのである。それはラディカル・デモクラシーにおいては、まとまりのないまま社会に浮遊している諸々のアイデンティティをヘゲモニー的に編成するポピュリズムの実践となる。この編成は、貨幣という一般的等価物がさまざまな商品を通約可能にするように、普遍的な地位にまで高まったある個別的アイデンティティが、他の諸々のアイデンティティを等価性の連鎖で結び付けることによって行われる。この等価性の連鎖を拡張し、より多くのアイデンティティを節合することが、ポピュリズム実践の目的なのである。

　このラディカル・デモクラシーのポピュリズム的動員は、合意内容の実質的な正しさを棚上げした形式的な編成という性格を帯びている。社会の本質を成すものがもはや何もありえないとすれば、普遍的なものはただ、さまざまな個別によって代わる代わる満たされるだけの無内容な場（「空虚なシニフィアン」）として残るに過ぎない。そのさい、どの個別的アイデンティティがそのつどの普遍の場を占めるかは、まったく偶然的である。したがって普遍性は、あくまでも相対的な普遍性にとどまる。重要なのは、いかなる合意内容のもとで結束するかよりも、結束することそのものである。何が争点となるに値する有意味な社会的内容であるかは、一種の形式としての政治的なものがそのつど規定するのである。

ところで、こうした意味での「社会的なものに対する政治的なものの優位性」は、カール・シュミットの思考のうちにも見出すことができる。それは、シュミットにおいてもまた、政治的なものがいかなる社会的実体からも解放された自律的な性格を持っているからである。つねに変わることなく政治対立を規定するような、本質的な社会問題が存在するわけではない。経済関係を基礎とする階級闘争だけが、とりわけ激しい政治対立となるわけではない。宗教、経済、道徳等々いずれの領域も、等しく高度に政治的になりうるのであり、その意味において、誰も政治的なものからは逃れることはできない[6]。政治的なものは実体的な内容を欠いているがゆえに、他の諸領域とは異なり「独自の領域」を持たない。だが、まさにこうした形式的な性格ゆえに、政治的なものはあらゆる領域に遍在し、社会生活のすべてが政治的になりうるのである。

政治的なもののこうした形式性を前提とするなら、政治対立は主張内容の真偽をめぐる争いとみなすことはできなくなる。シュミットにとって重要なのは、ある主張が内容的に正しいかどうかではなく、その主張がいかなる具体的文脈においてなされて

5　同、六〇頁。
6　カール・シュミット『政治的なものの概念』田中浩／原田武雄訳、未來社、一九七〇年、三二―三三、三五―三六頁。

いるかである。たとえ普遍的に正しい内容を持った大義であったとしても、それは必ずその内容の正しさとは別に、ある特定の目的を持っているのであり、場合によっては、それを主張する者の特殊な利害関心を隠し持っている。それゆえ、「人類を口にする者は、欺こうとするものである」[7]という言葉に見られるように、シュミットにおける政治闘争はしばしば普遍主義の欺瞞を暴くイデオロギー批判として行われる。政治的主張の内容の真理性よりも、その主張が実現しようとしている効果こそが注目されるべきだというのである。

ニュアンスの差はあれ、ラディカル・デモクラシーの政治実践においても、シュミットのそれにおいても、政治的なものが物質的基礎や社会的実体から解放されるとともに、内容の実質的な正しさをめぐる争いは副次的なものとなる。こうした形式主義的な把握にはたしかに、政治的なものの本性に起因するもっともな理由がある。つまり、政治とはそもそも本来的に行為なのであり、ある主張をその内容の真偽に関わりなく自己成就的に実現しようとする行為遂行《パフォーマティヴ》的な性格[8]を持っているのである。だがここには同時に、すでにアレントが指摘していたような、事実と嘘が区別できなくなる「ポスト真実」の危険が潜んでいる。すなわち、リアリティについてのあらゆる基準が失われ、リアルな現実は各々の政治的立場に左右される相対的なものにすぎないとみなされる危険である。

たしかに、デリダが「嘘の歴史」を追究するなかで指摘しているように、政治は「嘘にとっての特権的な場」[9]であり続けてきた。その理由は、政治支配者というものがつねに民衆に対して真実を隠そうとするからというだけではない。むしろ、あらゆる嘘は行為という性格を持っているからでもある。嘘をつく人は、その主張の内容の正しさとは別に、何かの実現を意図する一つの行為を行なっている。したがって、この場合に問われるべきは、「嘘をつくことは何をなすのか」[10]である。政治的な観点からすれば、ある主張はその事実確認的《コンスタティヴ》な内容の正しさよりも、その行為遂行的《パフォーマティヴ》な効果こそが重要だということになる。

しかしながら、政治実践の意義をその行為遂行的な効果のうちにのみ見るとすれば、それはやはり問題含みである。シュミットにおける政治的なものの概念がそうであるように、ある政治的主張はその字義通りの内容よりも、それが特定の文脈で果たす機能のほうが重要なのだろうか。あるいはラディカル・デモクラシーのポピュリズム戦

7　同、六三頁。
8　ハンナ・アレント「真理と政治」、『過去と未来の間』、三〇七―三六〇頁。
9　ジャック・デリダ『嘘の歴史　序説』西山雄二訳、未來社、二〇一七年、二八頁。
10　同、一九頁。

略のように、合意内容の真理性については問うことなく、より多くの社会集団やアイデンティティを動員できれば良いのだろうか。政治的なものが全面化した世界は、ともすれば悪しき相対主義が支配する諸力の抗争の場となる。本質主義から解放された政治実践は、素朴な社会構築主義に委ねられてしまうようにも見える。ここには、しばしばラクラウがそう批判されるように、あらゆるものをいかなる実体的根拠もなしに言説的に構成されたものとみなす「言説中心主義」の陥穽がある。ポスト物質主義的な趨勢のもと、政治実践における実質的な内容の意義を棚上げし、それをもっぱら形式主義的な観点から把握することは、果たしてどこまで適切なのだろうか。[11]

(2) ラディカル・デモクラシーのもう一つの特徴を成しているのは、敵対性を通じたポピュリズム動員にある。これに影響を与えたのが、官僚機構や労働組合を敵と名指すことで大衆の広範な支持を獲得した一九八〇年代イギリスのサッチャリズムである。この右派ポピュリズムに対する対抗戦略として構想されたラディカル・デモクラシーは、そのような敵対性の政治を肯定的に評価する。ポピュリズムの主体形成はまさに敵対性を通じて行われる。政治的結束は敵の存在を前にして作り出されるのである。

なぜ政治的な主体形成は敵対性を伴うのか。それは、社会的なものを一つの全体性として構築することは決してできないからである。先述のように、社会にまとまりなく存在している諸々のアクターは、ヘゲモニー節合を通じて一つのブロックへと政治的に編成される。だが、普遍そのものは不在である以上、この節合は決して完全な全体性に到達することはできず、そのつどの暫定的なものとしてしかありえない。すべてのアクターが節合されることはありえず、全体化されない残余はつねに残り続ける。この残余が敵という形象として現れるのである。それは諸々の社会的アクターの節合の限界を徴づけるものであり、「社会が自らを完全に構成することの不可能性[12]」を示している。社会的なものの閉域化は不可能であるがゆえに、その限界の経験としての敵対性がなくなることはありえない。

敵対性としての政治的なものが決してなくならないというのはシュミットのテーゼでもあり、実際、ムフなどは彼の有名な友敵理論から大きな影響を受けている。シュ

11　例えばジジェクはラクラウにおける形式主義もしくは「カント主義」を繰り返し批判している。ジュディス・バトラー／エルネスト・ラクラウ／スラヴォイ・ジジェク『偶発性・ヘゲモニー・普遍性』竹村和子訳、青土社、二〇〇二年、三三七頁、スラヴォイ・ジジェク『厄介なる主体1』鈴木俊弘／増田久美子訳、青土社、二〇〇五年、三二七頁、ジジェク『大義を忘れるな』、四四一頁。

12　ラクラウ／ムフ『民主主義の革命』、二八二頁。

ミットは、「中立化と脱政治化の時代」、すなわちポスト政治的な時代状況のなかでも、政治的な敵対の可能性が残ることにこだわり続けた。それは、彼においてもまた、例えばヘーゲル＝マルクス主義において想定されるような、歴史の全体性を実現する主体の形成は不可能だからである。

シュミットはこの点をめぐって、戦後の社会福祉国家の全盛期とも言える一九五〇／六〇年代に、ヘーゲル主義者のアレクサンドル・コジェーヴと論争を行っている。当時コジェーヴは、八〇年代の冷戦末期にフランシス・フクヤマが提起することになる「歴史の終わり」のテーゼを先取りするかのように、今日ではもはや有意味な政治的闘争はありえないという時代診断を下していた。いまやあらゆる政治対立は、人々の生存配慮のための行政統治のもとで中立化されるというのである。これに対してシュミットは、歴史的全体性の実現を目指すヘーゲル＝マルクス主義的な歴史哲学に反対し、人間の分裂と抗争は決して消滅しないことに固執する。

シュミット最後の著作『政治神学Ⅱ』（一九七〇）は、神学的パラダイムによる議論を通じて、普遍的人間性による和解という歴史哲学的な目的論を批判している。シュミットが強調するのは、歴史は架橋しえないある分裂を不可避的に伴うがゆえに、全体性の完成は不可能だということである。この著作ではそれが、ヘーゲル歴史哲学の基礎でもあるキリスト教の三位一体論の解釈を通じて主張される。シュミットが言うところの「政治的キリスト論[13]」においては、三位一体論は、父と子の和解の教説としてではなく、両者の敵対の教説として捉えられる。下からの（子あるいは人間の側からの）救済である歴史哲学は、歴史の進歩が最終的に普遍的人間性の到来によって完成すると考える。他方、上からの（父あるいは神の側からの）救済である政治神学の観点から見ると、こうした考えは子あるいは人間の側の傲慢であり、人間性の理念のもとで歴史の全体性が実現することなどはありえない。普遍的人間性のもとで全体化することのできない、人間には予見も計算もできない残余は残り続けるというのである。

歴史哲学と政治神学のこの対立は根源的である。和解の歴史哲学は、和解に抗う政治神学を究極的な敵とする。これはいわばあらゆる敵対に先立つ「原‐敵対」である。いかなる和解の教説も、この敵対そのものを廃棄することはできない。人間性による和解の理念が、敵対を一掃できるわけではない。戦争禁止や世界内政の実現によって、人間同士の敵対関係が世界から消えてなくなるわけではない。もはや敵対のない、脱政治化された人間主義的な世界の到来を信じる者はそれでもなお、政治的な敵対にこ

13　カール・シュミット「政治神学Ⅱ」新正幸／長尾龍一訳、『カール・シュミット著作集Ⅱ』、二三二頁。

だわる者を最後の敵として持つ。父に対する子の、神に対する人間のこの反逆は、とりわけ激しい敵対となるだろう。その限りで、何者も政治的なものから逃れることはできない。

しかしシュミットにとって、こうした敵対の消滅不可能性は、一つの歴史過程を構成する条件でもある。歴史は和解のもとで完成することはないが、敵対のうちである種の統一性を形作る。シュミットにおける敵対は「弁証法的な」性格を持つ。つまりそれは、主体を引き裂くと同時に、主体を構成する分裂でもある。シュミットはこれを、グノーシス的な二元論を引き合いにして、一なる神の自分自身に対する反逆として説明している。すべての一者には「二一性」あるいは「叛乱可能性」が内在している[14]。つまり、敵とは自分自身の分身なのである。シュミットは、人類最初の敵対がカインとアベルという兄弟間の対立であったことに注意を促している[15]。敵はたしかに私の前に立ちはだかり、私が自分自身について完全に自由に決定することを妨げる。しかし、私は敵を通じてこそ、自分自身の何たるかを知ることができる。それゆえシュミットが繰り返し言及するように、「敵とは人の姿としてのわれわれ自身の問いである」[16]。敵の存在はたしかに完全な主体化の不可能性を示すものであるが、しかし、主体化の遂行を可能にする条件でもあるのだ。

ラディカル・デモクラシーにおいてもまた、敵対性はアイデンティティ構成的な性格を持っている。「私は私自身に対して完全に現前することは不可能[17]」であり、社会が自分自身の姿を十全に認識できるような全体性に至ることはありえない。それゆえに自らの自らに対する不透明性の経験としての敵対は残り続けるのであり、「われわれ」が存在するときには、不可避的に「彼ら」も存在している。ムフはシュミットの友敵理論に触発されつつも、そうした「われわれ」と「彼ら」の区別を、馴致された「対抗者」同士の関係として捉え直し、脱政治化された自由民主主義《リベラル・デモクラシー》とは異なった「闘技民主主義」の理論を作り上げる。[18]

このとき、「彼ら」は単に「われわれ」から排除されているわけではない。「われわれ」の一体性（これはシュミット的な「同質性」というより複数のアクターの節合から成る「共通性」だが）は、まさに「彼ら」の存在を通じて創出されるのであり、その限りで、「彼ら」は「われわれ」からいわば包摂的に排除されている。「彼ら」の存

14　同、三一九頁。
15　カール・シュミット「獄中記」長尾龍一訳、『カール・シュミット著作集Ⅱ』、一七九頁。
16　同、一七頁（原文参照のうえ訳文変更）。
17　ラクラウ／ムフ『民主主義の革命』、二八一頁。
18　シャンタル・ムフ『民主主義の逆説』葛西弘隆訳、以文社、二〇〇六年。

在は、「われわれ」の集団的アイデンティティがつねに不完全であることを示すと同時に、そのアイデンティティを構成するものでもある。外部の敵とは、内部の構築の不可能性の条件であるとともに、その可能性の条件でもある。

しかしながら、敵の存在によって構成されるアイデンティティというものには疑問が残る。たしかに主体は自らのうちに全体化できない残余を残すとしても、それを何らかの敵の姿に投影することは、社会の複雑性を切り詰める陰謀論的パラノイアの変種にすぎないのではないか。ジジェクが批判的に指摘するように、ポピュリズムの主体は「敵を分かりやすい侵入者／障害に外面化することによって保証される」[19]。そのさい、自らのアイデンティティの完成を妨げる残余は、ある明確なかたちを取った敵の姿へと単純化される。この敵はときには大企業、官僚機構、労働組合といった既得権者、またときにはユダヤ人やムスリム系移民といった他者へと具体化され、「われわれ」の結束はこの虚構された不安の対象に対抗して維持される。こうして構成される集団的アイデンティティが拠り所としているのは、結局のところ、自らの作り出したファンタジーに対する恐れである。その限りで、ポピュリズムは「基本的に反動的なもの」であり、単なる「不穏な侵入者に対する反応」[20]にとどまる。たしかに敵対性としての政治的なものは、ポスト政治的な状況においても無くなることはないかもしれない。だが、それだけが今日、政治的なものに残された唯一の可能性であると考える必要はない。

ポスト物質主義の時代は政治的なものを本質主義から解放し、それを古代ギリシアにおけるような、人間の自由な行為という本来のあり方に差し戻したように見える。たしかに人間のアイデンティティは自然的・物質的条件に拘束された労働人であることに尽きるものではなく、労働運動にとどまらない様々なアイデンティティ・ポリティクスが生じることは不可避的であると言える。しかし、新たなアイデンティティを次々に承認していく多元化の戦略にせよ、既存のアイデンティティをずらしていく（ジュディス・バトラー的なパフォーマティヴィティの）戦略にせよ、反本質主義的なアイデンティティ・ポリティクスは社会構築主義の考え方に接近する。それはしばしば、すべてを言説的な構築物とみなす言説中心主義に陥り、あらゆる政治実践が単なる文化戦略の問題に還元されてしまう可能性もある。おそらくいま一度考えてみるべきなのは、物質的なものから完全に解放された政治的なものという想定がどの程度適切なのかということであろう。

19　ジジェク『大義を忘れるな』、四二三頁。
20　同、四五五頁。

とすると、政治実践の中心に来るべきなのはやはり伝統的な経済闘争ということになるのだろうか。たしかに今日の新自由主義的なグローバル化の進展に伴い、貧困や経済格差の問題は再び重要な政治的課題として浮上してきている。そうしたなかで、左派オルタナティヴは、アイデンティティ承認やマイノリティ差別に関わるポリティカル・コレクトネスなどよりも、雇用・賃金・労働環境といった人々の生活に直結するもっと身近な経済問題に取り組むべきという要求も現れてきている。社会的なものを欠いた政治的なものは空虚であり、生存のための物質的基盤を保障することこそが政治の第一の任務であることをいま一度想起すべきだというのである。

そのような社会政策が重要であることに疑いはないが、問題は、経済の発展、生活の安定、暮らしの豊かさなどを保障するのに、強い意味での政治的なものは必ずしも必要ではないということである。このことは、ケインズ主義型福祉国家がもっともうまく機能していた一九五〇／六〇年代のドイツで、すでにシュミットやハーバーマスが（正反対の政治的立場からではあるが）懸念していたことである。つまり、福祉国家パターナリズムのもとで、市民は単に自らの物質的ニーズの充足を求めるクライアントになり、政治は財と利害を配分するための脱政治化された技術的操作になるという事態である。単に社会的なものの欲求を充足することを目的とした政治は、ポスト政治的なガヴァナンスに容易に従属しうるのである。

アイデンティティ・ポリティクスも、貧困や格差を是正するための政治も、その重要性は何ら否定することはできない。しかしまた、社会的なものから自立した政治的なものの可能性を、ポスト物質主義的な言説闘争とも異なるかたちで構想することもできるはずである。ここではただ展望を示すだけにとどめるが、そうした政治的なものは、主体の能動的な行為のうちに現れるのではない。人間の潜勢力が社会政策によって充足される諸々の物質的ニーズの束によって汲み尽くされないことはもちろんである。だが、(例えばワークフェア等の施策によって)自立した労働の主体となることで、そうした潜勢力の十全な発現が可能になるわけでもない。むしろ思考すべきなのは、労働の主体であれ、ポピュリスト的な主体であれ、そうした主体として行為することのできない無能さのうちで示される政治的なものではないだろうか。

ラディカル・デモクラシーは、言説編成や行為遂行が中断を余儀なくされるようなこの反構築主義的な契機を十分に思考できているだろうか。たしかに敵の存在はポピュリスト的な主体の限界を徴付けている。しかし敵とは、それとの闘争のなかで主体のアイデンティティが構成される弁証法的な他者でもある。主体にとってよりラディカルな中断を成しているのは、このような敵対性よりも、自らが行為もコミュニケーションもできない無力な「モノ」であることを意識させられる瞬間のほうではないか。たとえ何らかの身体的・精神的障害を負っているのでなくとも、そうした倫理的とも言える感覚に見舞われることは誰しもあるはずである。政治的なものは、何らかの生物学的本質を指示しているのでないのはもちろん、生存のための社会的条件に尽きるわけでもない、この物質的なものの経験を決して忘却してはならない。このような栄光なき主体の不能性の経験から、「弱さによる連帯」や「無為の共同体」としての新たな民主主義がいかに生じうるかについての検討は置いておく。だが少なくとも今日、それが政治的なものを思考するにあたっての不可欠の条件であることは確かであろう。

あとがき

本書は二〇一二年二月から二〇一六年二月まで雑誌『atプラス』(太田出版)で一四回にわたって連載された「公開性の根源」に加筆・訂正を加えて、単行本化したものである。この連載の話は元々、当時太田出版の編集者であった小原央明氏(現・亜紀書房)から持ちかけられたものだった。小原氏は拙著『正戦と内戦――カール・シュミットの国際秩序思想』(以文社、二〇〇九年)に注目して下さり、今日の民主主義の状況に関する連載原稿を私に依頼してきたのだった。私の選んだテーマはおそらく小原氏が当初期待したようなものではなかったかもしれないが、幸い氏にも興味を持っていただくことができた。以後、『atプラス』誌上で四年間にわたり、決して一般向けの内容とは言えないこの連載をいわば好き放題に書かせてもらうことになった。このような取っ付きにくいテーマの文章を商業誌上に載せることはいささか後ろめたくもあったが、多少は関心を持ってくれている読者もいるらしいということで、それに勇気づけられて何とか最後まで書き進めることができた。

本書は先に挙げた前著『正戦と内戦』の継続としての性格を持ち、とりわけその第六章で扱ったシュミットの「権力の前室」論から得られた洞察を思想史的に展開したものである。それは、彼の有名な例外状態論の再解釈を通じて、今日における国家主権の危機の一因を探るという作業である。シュミットの思考には、シュミット自身を裏切るような契機が内在している。つまり彼は意図せずして、自らがこだわった主権概念の危機を明るみに出してしまっている。本書が試みたのは、シュミット自身を超えて、あるいはシュミット自身に抗して、シュミットを思考することであった。

本書のタイトルはベンヤミンの『ドイツ悲劇の根源』とアレントの『全体主義の起源』を多少意識して付けたものであるが、単にタイトルのみならず、これらの著作の記述スタイルにも本書は大きく触発されている。どちらの著作も、文学史あるいは歴史の記述を通じて高度に哲学的な洞察を展開しており、読み返すたびに新たな理論的発見を得ることができる。たしかに本書は筆者の知識の不十分さもあり、本当の意味での思想史的な深みは欠けているかもしれない。だが、歴史性と理論性の融合によって生み出されるスリリングな記述こそ、まさに本書が目指したものである。

「公開性の根源」の連載の執筆を進めるにあたっては、私が連載という仕方で原稿を書くことに不慣れだったこともあり、少なからぬ紆余曲折があった。大学内外の他のさまざまな仕事もあって原稿執筆が追い付かず、『atプラス』には途中で連載を中断するなどの迷惑をかけることもあった。また、連載後の単行本化に向けた作業も遅々として進めることができず、ずいぶんとお待たせすることになってしまった。この連載の担当編集者は、途中で小原氏に代わって落合美砂氏に受け継がれた。また、単行本化にあたっては、中村大吾氏の丁寧な校正にも助けていただいた。いずれの方々も私の都合に配慮しながら、本書がかたちになるまで辛抱強く付き合ってくださった。『atプラス』という雑誌のなかではある種異質であったこの連載を温かく見守り続けてくれた編集者の方々に心から謝意を表したい。

二〇一八年春

大竹　弘二

人名索引

ア行

カ行

サ行

タ行

ナ行

ハ行

マ行

ヤ行

ラ行

この論考は、atプラス11号（二〇一二年二月）〜19号（二〇一四年二月）、atプラス23号（二〇一五年二月）〜27号（二〇一六年二月）に連載されたものです。

単行本化にあたって、大幅に加筆修正し、序論、補論を書き下ろしました。

大竹弘二　おおたけ・こうじ
南山大学国際教養学部准教授。専門は現代ドイツ政治理論、政治思想史。主な著作に『正戦と内戦―カール・シュミットの国際秩序思想』（以文社、二〇〇九年）、『統治新論―民主主義のマネジメント』（國分功一郎との共著、太田出版、二〇一五年）、訳書に『友愛と敵対―絶対的なものの政治学』（共訳、アレクサンダー・ガルシア・デュットマン著、月曜社、二〇〇二年）、『思惟の記憶―ハイデガーとアドルノについての試論』（アレクサンダー・ガルシア・デュットマン著、月曜社、二〇〇九年）、『真理と正当化―哲学論文集』（共訳、ユルゲン・ハーバーマス著、法政大学出版局、二〇一六年）などがある。

公開性の根源――秘密政治の系譜学

二〇一八年四月三〇日　初版第一刷発行

著者　大竹弘二
ブックデザイン　鈴木成一デザイン室
発行人　落合美砂
発行所　株式会社太田出版
〒一六〇-八五七一　東京都新宿区愛住町二二　第三山田ビル四階
電話〇三-三三五九-六二六二　FAX〇三-三三五九-〇〇四〇
振替〇〇一二〇-六-一六二一六六
ホームページ http://www.ohtabooks.com/
印刷・製本　株式会社シナノ

ISBN978-4-7783-1600-6 C3031 ©Koji Otake 2018, Printed in Japan